国家社科基金
GUOJIA SHEKE JIJIN HOUQI ZIZHU XIANGMU
后期资助项目

新时代中国特色社会主义伦理问题

Ethical Issues of Socialism with
Chinese Characteristics in the New Era

余达淮 刘沛妤 张文彬 伍丽 著

上海人民出版社

国家社科基金后期资助项目
出版说明

后期资助项目是国家社科基金设立的一类重要项目,旨在鼓励广大社科研究者潜心治学,支持基础研究多出优秀成果。它是经过严格评审,从接近完成的科研成果中遴选立项的。为扩大后期资助项目的影响,更好地推动学术发展,促进成果转化,全国哲学社会科学工作办公室按照"统一设计、统一标识、统一版式、形成系列"的总体要求,组织出版国家社科基金后期资助项目成果。

全国哲学社会科学工作办公室

目　　录

绪论……………………………………………………………………… 1

　　一、中国特色社会主义伦理思想的形成与发展 ……………… 1

　　二、传统伦理精神与当代伦理精神的契合 …………………… 9

　　三、中国特色社会主义伦理思想的主要成果 ………………… 22

　　四、新时代中国特色社会主义伦理思想的关键问题 ………… 29

　　五、中国智慧在构建新时代伦理学中的作用与价值 ………… 39

第一章　社会主义核心价值观与新时代中国特色社会主义伦理精神 … 45

　第一节　社会主义核心价值观与文化建设制度 ……………… 45

　　一、核心价值观与中国特色社会主义伦理相契合 …………… 45

　　二、社会主义核心价值观与资本主义价值观的比较 ………… 53

　　三、以社会主义核心价值观积极引领文化建设制度 ………… 59

　第二节　新时代中国特色社会主义伦理精神 ………………… 68

　　一、伦理精神源于伟大实践 …………………………………… 69

　　二、伦理精神引领社会思潮 …………………………………… 71

　　三、伦理精神凝聚社会共识 …………………………………… 74

第二章　走向共享发展的新时代中国特色社会主义伦理 ……… 77

　第一节　经典作家对共享发展的理论奠基 …………………… 77

　　一、新时代共享发展理论论域的廓清与定位 ………………… 78

　　二、共享发展是对社会矛盾问题的讨论延续 ………………… 81

　　三、共享发展是对反剥削与贫困理论的深化 ………………… 85

　第二节　新时代对共享发展的伦理要求 ……………………… 92

　　一、新时代共享发展理念与传统发展伦理的区别 …………… 92

　　二、共享发展理念符合于新时代发展的价值诉求 …………… 95

1

　　三、共享发展理念深化了发展伦理的方向性认识 ……… 98

　第三节　中西方发展伦理的比较诠释……………………… 101

　　一、比较语境中共享发展的普惠性 ………………………… 101

　　二、中西方包容性增长的伦理探析 ………………………… 108

　　三、新时代国家经济安全的伦理向度 ……………………… 111

第三章　气候变化与信息革命背景下的共享伦理走向 ……… 116

　第一节　人类的危机:共享发展的气候条件 ……………… 116

　　一、气候的变迁与当代危局 ……………………………… 117

　　二、人类命运共同体的担当 ……………………………… 121

　　三、气候伦理的原则 ……………………………………… 123

　第二节　共享发展的政治与文化分歧 …………………… 126

　　一、大数据改变认知 ……………………………………… 126

　　二、基本益品与道德偏好 ………………………………… 128

　　三、文化多样性与道德进步 ……………………………… 131

　第三节　大数据下的伦理关系与问题 …………………… 134

　　一、大数据技术推动实现共享发展的现有应用 ………… 135

　　二、大数据技术对共享发展伦理的潜在风险 …………… 140

　　三、新时代构建大数据治理的伦理约束机制 …………… 146

第四章　中国特色社会主义的资本伦理及其使命……………… 151

　第一节　经典作家对资本批判及其伦理意蕴的阐释……… 151

　　一、马克思的资本批判及其伦理意蕴基本内容………… 152

　　二、马克思的资本批判及其伦理意蕴的中国化进程…… 155

　　三、新时代马克思的资本批判及其伦理意蕴的深化…… 158

　第二节　后疫情时代资本伦理与双循环新发展格局……… 162

　　一、后疫情时代的发展对资本批判及其伦理意蕴的新要求…… 162

　　二、构建后疫情时代的发展伦理秩序支持双循环新发展格局 … 165

　第三节　扩大金融开放力度的伦理规约与双循环新发展格局 169

　　一、扩大金融开放力度对资本批判及其伦理意蕴的新要求…… 169

　　二、以扩大金融开放力度的伦理规约促进双循环新发展格局 … 173

第五章　自由人联合体及其新时代伦理观 ······· 175

第一节　经典作家共产主义理想论述的伦理解读 ······· 175

一、马克思"自由人联合体"是一种新的伦理走向 ······· 176

二、马克思"自由人联合体"是一种新的实践观 ······· 178

三、马克思"自由人联合体"还是一种新的历史向度 ······· 180

第二节　自由人联合体的伦理范畴 ······· 183

一、自由的伦理规约与实践呈现 ······· 183

二、正义的价值责任与澄明理路 ······· 192

三、义务的伦理辩证与价值自觉 ······· 200

第三节　自由人联合体的价值走向——人类发展 ······· 204

一、人类中心价值诉求：发展目的 ······· 204

二、可持续性价值尺度：发展特征 ······· 206

三、人与自然同命共生：发展导向 ······· 209

第六章　人类命运共同体：世界历史通向自由人联合体 ······· 212

第一节　人类命运共同体思想的创新体现 ······· 212

一、承认并尊重国家差异 ······· 212

二、实践性特征更加明显 ······· 213

三、更加注重人与人、人与自然的和谐发展 ······· 214

第二节　中国共产党人对人类命运共同体的价值理念阐释 ······· 216

一、毛泽东、邓小平为提出人类命运共同体奠定了思想基础 ··· 216

二、江泽民深入阐发建立国际秩序的新理论 ······· 217

三、胡锦涛提出建设和谐世界和人类命运共同体的重要理念 ······· 217

四、习近平深入阐述人类命运共同体愿景与理念 ······· 217

第三节　人类命运共同体思想与"自由人联合体"思想的内在关系 ······· 218

一、人类命运共同体的"主体"与"自由人联合体"的"主体"尚有差别 ······· 219

二、人类命运共同体是基础，是中国立足于当下国际形势所提出的新型发展战略 ······· 219

三、虚幻的共同体转化为真正的共同体 ······· 220

第四节　人类命运共同体在世界历史发展过程中走向"自由人

联合体” ……………………………………………… 221

一、世界历史的开端：资本主义生产方式下的世界普遍交往 … 221

二、世界历史发展的必经之路：国际联合的无产阶级革命 …… 223

三、世界历史发展的归宿：自由人联合的共产主义社会 ……… 224

参考文献 …………………………………………………… 226

后记 ………………………………………………………… 230

绪　　论

当今世界人类道德的发展,既要回到传统中去汲取营养,又要深入现实的蔓花深径,重建一种公序良俗的和谐生活。当下各个国家的联系空前密切,依存程度日益加深,人类交往愈加呈现出你中有我、我中有你的命运共同体范式。命运共同体的现实背景催生了探寻与其相适应的伦理规范的诉求,中国特色社会主义进入新时代的理论判断,打开了作为意识形态自觉的核心价值观建构的崭新的现代性历史境域。回顾中国特色社会主义伦理思想的进程,从创立到发展,从不同路径的探索到体系的相对完善,都在一定程度上引领了社会思潮并调适了伦理生态和社会心态,对社会主义经济基础和政治上层建筑的社会结构性功能起到了推动和发展作用。"理论正是以其理想性的世界图景和理想性的目的性要求而超越于实践,并促进实践的自我超越。"①新时代,中国特色社会主义伦理,如何通过核心价值观的引领,获得社会成员基于伦理安全感的心理认同,从而提升国家、社会和民族的精神信仰? 如何在以人民为中心的价值追求中实现核心价值观与公民价值理性认同的"伦理—道德"生态在制度伦理维度的良性互动? 如何深化与扩展新时代中国特色社会主义伦理的理论空间? 这些共识性的问题在本书中的尝试性回答,是为社会主义核心价值观建构和新时代中国特色社会主义伦理问题提供的致思路径作有益探索。

一、中国特色社会主义伦理思想的形成与发展

中国特色社会主义伦理伴随中国特色社会主义的建设历程的形成和发展,上承马克思主义伦理学和中国伦理文化的理论内蕴,下启在经济全球化的现实背景下新时代中国特色社会主义面临的机遇与挑战。理论自信与实践选择的糅合体现了新时代中国伦理学人的自觉担当和时代使命。

---

① 孙正聿:《理论及其与实践的辩证关系》,《光明日报》2009 年 11 月 24 日。

（一）理论内涵：中国伦理文化向何处去

作为以人类道德生活为基本研究对象的一门科学，伦理学发展至今绽放出愈来愈耀眼的光芒，呈现出多样化的发展态势。西方伦理学作为伦理学学科的重要理论组成部分，经历了两千多年的发展历程，整体视之，理性主义、经验主义及宗教伦理学表现为其三大重要方面，宗教伦理是其发展之主导线索，理性主义和经验主义作为相对应的两种倾向相比较而存在。因此，系统而深入地考察西方伦理学的历史发展和趋势，探讨其演变规律与社会文化背景，批判地把握其理论宏旨，对于我们建构新时代中国特色社会主义伦理学、把握人类道德进步的世界性图景、坚持和发扬新时代中国特色社会主义伦理思想这一重要人类文明成果、塑造中华民族良好精神风貌，具有重要的借鉴意义。

中国特色社会主义伦理思想，极大地影响了 20 世纪中国人的精神世界和道德风貌。相比西化伦理思潮因深陷困境而举步不前，现代新儒家伦理思潮抱残守缺、故步自封的窘迫，中国特色社会主义伦理思想获得了广泛受众，指引着中国人民的精神航向。它不仅真正实现了伦理学的实践特质，而且更是在这种实践中使伦理学的社会改造功能得以充分彰显，成为真正的社会科学。20 世纪孕育了中国特色社会主义伦理思想，中国特色社会主义伦理思想反过来也为时代提供了深切的现实关照。

马克思主义伦理思想以无产阶级的解放为目标，致力于树立共产主义道德，是对封建主义剥削道德和资本主义压迫道德的否定和超越，因此它不仅有批判功能，更重要的是有建构功能。近代中国封建道德的解体和资本主义道德面对道德危机的无力，呼唤一种全新的道德体系；正是在此背景下，马克思主义伦理学才登上历史舞台，因此，表现为历史选择的必然。

五四运动及社会主义运动论战为中国马克思主义伦理思想的形成提供了丰厚的文化滋养，是其形成之重要条件，但从其萌发来看，西方伦理文明起到了一定的参考作用。因此，中国的马克思主义伦理思潮是作为重要伦理文明成果的马克思主义伦理思想同中国具体道德实际相结合的产物。毛泽东、邓小平等都为繁荣和发展中国特色社会主义伦理思想作出了开创性、奠基性的贡献。中国马克思主义伦理思想的发展决不能抛弃传统，而是应该以中华民族优秀传统文化为根，以马克思主义基本原理为指导，但不能拘泥于经典作家的条条框框，而应在坚持中谋发展、继承中谋创新。就对中国革命和建设的道德实际的把握与分析而言，中国的马克思主义者主张，只有运用马克思主义伦理思想的基本原理来予以分析、把握，才能在错综复杂的情境中抓纲治本、理出头绪,才能对症下药、有所依循,才能避免经验主义和实用主义的诸多缺陷。就对中国传统道德的清理总结而言,中国的马克思主义者认为,只有运用马克思主义阶级分析法和历史分析法,批判继承与超越创新相统一的方法,才有可能对中国传统道德作出科学的系统的清理与全面的深入的总结,也才有可能作出客观公允的评价。中国的马克思主义者主张用中国特色社会主义伦理精神来对待马克思主义伦理思想,这本身就是创造性地发展马克思主义和科学地坚持马克思主义伦理思想的生动表现,是中国马克思主义伦理思潮的一个基本特征。从其本质特征来看,马克思主义伦理思想与中国特色社会主义现实的共同融合,辩证统一,相互依存,形成既是中国伦理思想"马克思主义化"又是马克思主义伦理思想"中国化"的双重维度。

概而言之,中国特色社会主义伦理思想是具有中国经验和现实问题导向的思想体系在新的历史条件下的铺陈的一个理论路径。中国特色社会主义伦理思想内涵丰富,底蕴博大。首先,新时代中国特色社会主义伦理思想植根于中国传统伦理思想的土壤。在承续中华民族传统道德和延展中华传统文化的基础上,伦理价值观念、道德思维方式和道德关怀等方面等浸染着中国特色。其次,中国特色社会主义伦理思想立足于新时代中国的现实发展状况。中国特色的社会主义发展的道路,是历史和实践得以证明的成功的中国道路。虽然在伦理道德建设和文化价值上存在一些问题,但是,解决这些问题不可能脱离当代的中国国情和中国独特的道德实践环境。这些也就决定了中国特色社会主义伦理学的中国风格不是理论思辨,而是一种实践目的。最后,中国特色社会主义伦理着眼于中国及世界的重大伦理问题,彰显了中国气派。以"现实问题"为中心是伦理学的重要特征。在当今,没有任何一个国家的现实问题是孤立的。世界作为一个互为联系的世界,对世界发展给予中国的价值关切,这是中国作为负责任大国的伦理担当。

(二)形成土壤:全球现实背景与中国特色社会主义的新问题

以经济全球化为中心的全球化消弭了国家之间、地区之间的隔阂,使得资源能够在全球范围内自由流动,但全球化同时也带来了不同经济规则、政治利益、意识形态和文化间的纷争,成为新的不安因素,这直接导致了后危机时代风险社会的形成。目前美国的现状是:强调美国优先,政治正确和国际正义让位给民族主义。美国正在逐步取缔因经济全球化或者经济全球化并未完全实施带来的贸易政策,加大知识产权保护,加强霸权主义和经济制裁措施。中国虽然在经济全球化中要付出土地代价、税收代价和环境代价,但经济全球化为中国带来了发展契机,为中国发展经济提供了国际背景和舞台,特别是在经济相互依存度越来越紧密的今天,寻求全球性的伦理规范对经济生活进行规约显得迫在眉睫。

1. 后危机时代与风险社会的形成

早在马克思那里,就曾对现代社会的"金融资本统治"本质做过剖析。这种趋势在过去的 100 多年间仍然不断加强,其直接后果就是世界的不确定性越来越大。今天我们的生活所呈现出的矛盾日益纷繁复杂,已经超出了传统经验解释框架及我们的理性范围。历史越是成为世界历史,这种趋势就越超出人类掌控范围之外。后危机时代,一定意义上说,就是马克思所言之金融资本统治之世界。金融资本从未远去,而是在更大程度上宰制着人们的生活,持续而不间断的金融危机的爆发,是马克思这一论断最好的佐证。

吉登斯指出:"现代性以前所未有的方式,把我们抛离了所有类型的社会秩序的轨道,从而形成了其生活形态。"①"它被引入系统的再生产每一基础之内,致使思想和行动总是处在连续不断地彼此相互反映的过程之中。"②现代性不仅包括对所有事物的反思,而且包括对反思自身进行反思。断裂、脱序及信任的丧失等是现代性所带来的严重后果。德国著名政治理论家贝克首次以"风险社会"一词来描述当前生产力高度发达的现代社会:"现代性正从古典工业社会的轮廓中脱颖而出,正在形成一种崭新的形式——(工业的)风险社会。"③"风险"这一论断基于现代社会的不确定性而提出,为了克服风险,现代社会应当在科学技术与社会制度之间寻求一种合理张力。实然,现代社会正面临技术理性支配,科学技术不仅威胁着人们的生活,例如核泄漏、大气污染、食品安全问题等,而且科学技术本身似乎也成了一种虚假意识形态,统治着现代社会的人们,社会正越来越变得"不可控制"。金融危机的频频爆发应验了曼德尔所言的"晚期资本主义"时代:资本主义生产方式已进入结构上的危机。"晚期资本主义生来就不可能把第三次技术革命或者说自动化的广泛可能性加以推广普及,这构成了晚期资本主义在这一趋势中的一种有力的表现。"④与此同时,后现代主义思潮也蔓

---

① [英]安东尼·吉登斯:《现代性的后果》,田禾译,译林出版社 2011 年版,第 4 页。

② 同上书,第 33 页。

③ [德]乌尔里希·贝克:《风险社会》,何博闻译,译林出版社 2004 年版,第 33 页。

④ [比利时]厄尔奈斯特·曼德尔:《晚期资本主义》,马清文译,黑龙江人民出版社 1983 年版,第 241 页。

延开来,其去中心化、反对整体性和寻求多样性的解构主义特征成为当前应对风险社会与后危机时代的重要依据。

在分析资本主义社会时,恩格斯指出:"文明每前进一步,不平等也同时前进一步。随着文明而产生的社会为自己所建立的一切机构,都转变为它们原来的目的的反面。"①资本主义社会是一个野蛮与文明共生、富裕与贫困共存的社会。资本逻辑主导下的资本主义社会将一切东西都湮灭其中,并产生诸多问题,吉登斯之"自反性现代性"、贝克之"风险社会"、齐格蒙特·鲍曼之"后现代道德的碎片化"及贝格尔之"世俗化的现代社会"都是针对这些问题提出的。"对实践的唯物主义者即共产主义者来说,全部问题都在于使现存世界革命化,实际地反对并改变现存的事物。"②资本逻辑主导下的金融资本统治无疑给世界带来了巨大的不确定性和深重的灾难,但辩证地来看,危机总是与机遇并存,合理应对危机能够"转危为机"。

经济危机及金融危机的背后,是美国文化与信仰的危机。不同历史时代、不同生产方式中的人们所面临的生产对象不同,所使用的生产工具的区别,生产需要的差异都决定着特定的意识形态,从而也决定着特定的伦理道德体系。马克思称之为:"手推磨产生的是封建主的社会,蒸汽磨产生的是工业资本家的社会。"③2008 年的全球金融危机又一次证明了马克思所言之资本主义弊病的正确性。金融危机爆发之时,资本主义国家采取各种手段转嫁国内危机,这不仅是一种严重的经济结果,更给正常的全球伦理秩序造成了巨大冲击。如何克服风险社会之风险,化解后危机时代之危机,构建起公平、正义、互助、平等的全球伦理秩序,成为当务之急。

2. 经济全球化与主权国家经济规则之间的冲突

经济全球化是以发达国家为主导的、旨在全球范围内实现最优资源配置和产业结构调整的一种趋势。经济全球化既为广大发展中国家提供了世界性的历史机遇,同时也会有将它们置于不平等的、被扭曲的国际秩序的风险,发达国家如若不能充分利用自身优势站稳脚跟,将会在这场浪潮中处于极端被动的境地。中国作为最大的发展中国家,经济体制正处于由传统高度集中的计划经济向市场经济的转变,经济规则与国际标准还有着相当的距离,仍然很不协调。这就要求作为 WTO 成员和联合国安理会常任理事国的中国充分发挥自身影响力,着力推动构建公平合理的国家经济新秩序,

① 《马克思恩格斯文集》第 9 卷,人民出版社 2009 年版,第 147 页。
② 《马克思恩格斯文集》第 1 卷,人民出版社 2009 年版,第 527 页。
③ 同上书,第 677 页。

坚决避免全球化成为少数发达国家主导谋取自身特殊利益的工具。另外，在参与国际事务时，中国应当保持自身的坚定立场，不畏强权，不惧恫吓，以国家利益为先，探索全球经济伦理规则的构建，兼顾好发展中国家利益，做好平衡。因此，中国经济伦理学须具有全球视野，谋求经济事务中道德准则的"最大公约数"。

3. 经济发展与政治、文化因素的矛盾

经济全球化使得全球经济伦理相较于其他应用伦理领域，顺其自然地成为当今伦理学的重要议题，它有助于调整国际关系，优化资源配置，塑造共享发展的国际伦理。实际上，这已经超出某个或某几个主权国家的职能范围，但国际问题的日益凸显，亟待全球伦理的建立。全球化建立在各国金融、生产一体化的基础之上，相应地，经济、政治和文化也越来越趋于同质化，在这一过程中如何保持各国的民族性，构建"和而不同"的世界体系，是全球化的重要内容。

全球化是一个同质化的过程，而各个国家由于历史文化传统、风俗习惯的差异使得异质性存在仍然是一种客观事实，这使得这一过程中碰撞、冲突甚至对抗成为我们不得不直面的一个问题。因此，我们必须处理好一般与特殊、普遍性与特殊性的关系。西方国家主导的全球化进程确实蕴含着一些人类社会生活的"共同价值"，但这些价值从来都是具体的、特定的，是放置于特定社会历史条件下的价值，而不是西方国家所宣扬的无差别的、不分地域的、超阶级的、抽象的"普世价值"。因此，一方面，必须警惕西方国家打着人类文明旗号、包藏自身私利为实的意识形态陷阱；另一方面，也不能故步自封，在全球化浪潮中抱残守缺，闭关自守，从而违反人类文明交融发展的共通大势。只有这样，才可以谈复兴中华民族的"中国梦"。

加大对普遍和共通价值的探索，是构建全球经济伦理的理论基础，但不同国家由于社会制度、政治立场、文化传统的差异导致普遍价值难以确立，甚至存在着根本对立的价值观念，其结果就是各国之间经济、政治和文化纷争不断，造成全球秩序的不稳定。全球伦理为调适国家社会秩序提供了良好的伦理规约和道德准则，任何社会行为背后都受特定的伦理观念支配，这对中国来说，就是要以"和合文化"来调解全球价值观中的差异尤其是冲突部分，借助全球化的舞台将中国伦理文化推向世界，打造中国伦理文化"名片"，推动全球伦理学和中国伦理学学科发展。

(三) 发展进程：新时代中国特色社会主义伦理思想的机遇与挑战

中国特色社会主义建设的伟大事业进入了一个新时代，中国社会发展

面临新的机遇和挑战,确切来说,我们正处于"两个一百年目标"从第一阶段向第二阶段迈进的时期,力争到 2035 年基本实现社会主义现代化,到本世纪中叶将我国建成富强民主文明和谐美丽的社会主义现代化强国。这一目标的实现,不能脱离我们目前亟待解决的问题来考察,即引领新技术革命和全球突发公共危机之后的世界格局。

一方面,5G 网络是未来人类生活的基础,它将改变我们的生活方式、国际格局乃至人类的生存家园。截至2020 年,世界上 5G 设备安装量已经达到 310 亿台,这不仅对硬件设备和技术的研发提出了前所未有的要求,更是对整个物联网生态系统都提出了空前的要求。通过弥合智能设备之间的鸿沟,5G 的应用将产生海量数据,无论是从远程传感器捕获数据并将其传输到大型数据中心,还是在 5G 网络下将人工智能(AI)和机器学习应用于实时分析的解决方案,都将彻底改变人类与数据相处的模式。毫无疑问,5G拥有改变现有伦理难题的力量,中国正引领这场技术革命。这不是"如果"的问题,而是"何时"的问题。例如,现在全球有一半的人口无法获得基本的卫生服务,十分之一的人仍然在饮用未经处理的水,发展中国家的污染速度比世界其他地区的增长速度更快,而中国 5G 的研发是以如何让全人类受益为目标,这也凸显了物联网技术对于发展中国家的重要性:稳定的连接性将使得分散的医疗保健模式成为可能,除了医疗资源较为集中的地区之外,医疗条件较为薄弱的国家可以通过物联网享受较高水平的医疗服务,另外,通过大数据实时监控水质变化,并通过智慧城市计划减少温室气体排放,都会使发展中国家不必再走以往"先发展后治理"的老路。但是,值得注意的是,随之而来也会带来巨大的伦理道德挑战。亚里士多德在其《形而上学》中开宗明义地指出,自古以来,我们一直在寻求知识。作为人类社会的价值基石,我们长期以来一直都统一公开地获取信息的价值,并认识到限制知识获取和发展的尝试所产生的问题。但是,也已经有历史先例表明,如果从现在起开放获取知识和无限发展知识,也会使人类面临危险,追求知识的前提是保守那些人类社会长期存在的基本信念。也就是说,移动数据流量的爆炸式增长、连接设备的迅速增加、云储存的海量内容、融合服务的超现实媒体及大数据分析支持的服务,都必须以保障全人类都能从这项技术中受益及全人类都能公平地享有利用这项技术实现自身发展的机会为前提,必须以安全和隐私问题的保证为前提,也必须以人类的自主权不被数据和机器所遮蔽为前提。因此,我们可以说,5G 的研发必须是合乎道德的。大数据技术如何推动共享发展,现在已经有哪些应用,大数据技术对共享发展伦理存在哪些潜在风险,以及新时代如何构建大数据治理的伦理约束机制? 这些问题会在本书的第二章详细阐述。

另一方面,自 2020 年以来,新型冠状病毒的大流行对人们的生活和未来世界的发展都产生了深刻的影响,德尔塔病毒更是给人类带来了对世界范围的侵害与恐慌,世界各国只有合作抗疫才能真正取得这场攻坚战的胜利,这更加凸显了从人类命运共同体的视角对公共突发事件的考察的重要性。在世界共同抗疫的过程中,遇到了一些类似的伦理难题:第一,在资源紧张的情况下,应该首先将医疗资源尤其是疫苗用于哪些患者的救治? 从功利主义或结果主义的角度来看,尽可能医治更多的患者,或者关注那些有更大可能性治疗成果的患者,具有更大的伦理意义;但是,如果我们从道义论的角度出发,则是应该首先治疗处于最危险状况中的患者,譬如那些情况最为严重的有基础病的老年患者。或许这个问题不应该从抽象的理论流派的立场出发轻易地得出答案,甚至不应该将这一决定留给一线的医疗工作者,而是可以提供指导以减轻他们的道德压力,以便他们能够更好地关注治疗过程本身。第二,对于正在研发的新型冠状病毒疫苗和药物,是否能够保证其成为"全球公共物品"? 这个问题已经在电影《传染病》中被提出,但事实上可能是我们今后必须回答的问题,即疫苗研发出来之后首先给谁使用,是给更加弱势的群体使用还是给具有更高的社会效用的人群(如医疗工作者)使用? 疫苗的研发很重要,但是一旦有了疫苗,疫苗的分配就会成为一个重要的伦理问题。疫苗的分配短时间内无法遵循供求曲线,因为一旦这样做,就会使一些富裕的国家优先购买和储存疫苗以保护本国公民,而贫穷国家将面临严重的疫苗供应问题,因为暂时还没有监管机构强制要求开发疫苗的国家与其他国家共享这种疫苗。那么,从人类命运共同体的角度出发,是否能给这一问题带来新的思考? 第三,对于新型冠状病毒感染者和密切接触者的管理,是否一定与个人隐私的保护存在冲突? 全世界已经尝试使用实时个人位置信息来跟踪和管理感染路径,尤其亚洲国家(如中国、韩国)正在积极尝试。这些数据采集是否合乎规范、能否得到妥善保管? 公共卫生部门可以与通信公司配合,使用智能手机或智能手环跟踪位置信息,以到达切断传染源的目的,这在目前确实发挥一定作用;但是,这也引发了关于个人信息访问的道德争议。从功利主义道德规范来看,遵循"个人利益最大化"的原则追踪此类个人信息是合乎道德的,因为通过牺牲个人隐私来保护社会大众免收感染,这一措施也逐步在欧洲的一些国家开始被接受。在美国,Apple 和 Google 正在合作通过 Bluetooth 追踪患者的踪迹。但同时也要做到保护公众安全和保护个人隐私之间的平衡。这是一个新的挑战。第四,新型冠状病毒大流行之后,是否改变了资本主义社会的本质逻辑?美国商学院以往支持股东至上的模式,强调股东价值的最大化,但这一观念在新型冠状病毒大流行后也许会有所改变。我们已经看到了一些例子。在新型冠状病毒爆发期间,Facebook 和美光科技向每位员工提供 1 000 美元,以支持他们。此外,汽车保险公司还向客户提供退款和信贷。服装公司开始生产防护装备。微软正在与约翰霍普金斯大学的冠状病毒追踪软件合作。这些公司认识到,要以负责任的态度对待员工,客户和社会,他们的思维方式貌似从"股东资本主义"转变为"利益相关者资本主义"。但是,我们不能完全依靠一些优秀的企业家。在过去的几十年中,制药公司开发的疫苗急剧减少,还减少了在生产新药上的投资。部分原因是研究、开发和测试的成本很高,并且存在很高的失败风险。而且,与其他药物相比,疫苗的市场较小,一旦大流行结束,就没有市场了。也就是说,资本主义社会的发展归根到底无法摆脱资本逻辑的支配,也许新的公共危机的出现会改变资本逻辑的表现形式,但是,是否会带来资本逐利性本性的改变,仍有待研究。关于上述这些问题,会在本书的第三章和第四章详细阐述。

二、传统伦理精神与当代伦理精神的契合

"道德概念不仅体现于社会生活的方式中,而且部分构成社会生活方式。"[①]人类不同的社群有不同的道德体系,任何道德体系的内容和框架都受到生存方式的影响。伦理思想及道德观念是人与人之间伦理关系的反映,是人类主体对其自身关系的认知,这种认知关系体现在血缘关系体系之上的差异性和直接性,体现在启蒙思想冲击下的思想转型,体现在百年未有之大变局下,如何吸收外来文化发展中华优秀传统文化以适应当现代性视域下中国发展格局。全球化背景下,中国传统伦理道德固有结构逐步崩溃,开放的、世界的、现代的伦理道德新样态和新结构诞生并发挥重要作用,其体现了中国传统伦理精神与当代伦理精神的内在契合。

（一）中国传统伦理精神:伦理、政治、宗教三位一体

社会生产理论是马克思考察人类社会历史发展的根本方法,人们要想实现"创造历史"的使命任务,必须要"能够生活"即实现生产物质生活本身,随后才是"新的需要的生产"和"人自身的生产繁衍"。马克思在重视物质生

---

① ［美］阿拉斯代尔・麦金太尔:《伦理学简史》,龚群译,商务印书馆 2003 年版,第 1 页。

产的同时并没有忽视精神生产,在《神圣家族》中首次使用"精神生产"概念。"纯粹"意识并非一开始就为人所有,"'精神'从一开始就很倒霉,注定要受到物质的'纠缠'"①。"仓廪实而知礼节,衣食足而知荣辱"(《管子·牧民》),"为善恶之行,不在人质性,在于岁之饥穰"(《论衡·卷十七·治期篇》)等思想,强调揭示了伦理道德依赖于物质生产条件。人们思想观念、意识形态、道德原则在此境遇下是"物质关系""物质生产"的直接产物,各民族不同的哲学、法律、政治、道德等精神元素的生产过程也是如此。"意识在任何时候都只能是被意识到了的存在,而人们的存在就是他们的实际生活。"②人们生产方式、生活模式的不断跃迁,随之带来的价值观念、道德准则和意识形态也相应地发生变化。

在人类发展的历史初期,物质资料相对匮乏带来了精神生产埋没和微不足道,社会结构仅仅局限于家庭的扩大和人身依附关系。原始人在进化过程中的每一步,都要经历过异常艰苦的生存抗争。"猛兽食颛民,鸷鸟攫老弱"(《淮南子·览冥训》),"猰貐、凿齿、九婴、大风、封豨、修蛇,皆为民害"(《淮南子·本经训》),在如此恶劣环境中,维持生活、获取满足其基本生存物质资料,成为"每日每时从事的历史活动"③。要实现获取基本生存资料抵御恶劣生存环境并实现民族存续和发展,原始人们不得不结成特殊的社会关系,以群体模式共同劳动、相互保护、生存发展。而在这种彼此交流、共同劳动中形成了调节人与人之间、个人与集体之间关系的道德情感、道德观念和道德规则。"意识在任何时候都只能是被意识到了的存在,而人们的存在就是他们的现实生活。"④中国伦理精神源于中华民族的"物质生产活动""物质交往过程"和"实际生存状态",包括自然环境、人口因素和物质生产方式。

任何民族,要想实现其生存繁衍,必须依赖自然环境这一生存空间。远古时期,中国地域极其广袤,西起帕米尔高原,东临太平洋,北部沙漠面积广漠,南有横断山脉,巨大地理单元内部平原广阔。我国经济、政治、文化、军事等方面较之西方海洋岛屿国家更利于大一统,古代中国精神文明重要特点就是持续性和统一性,没有明显的停顿和文化断层。尽管历史上也有强悍的游牧民族入侵,但与其他被征服国家不同,中国并没有接受入侵者的语言和文化,反而能够在对入侵国和周边民族潜移默化中,保持自身文化的民

---

① 《马克思恩格斯全集》(第3卷),人民出版社1960年版,第34页。

②④ 同上书,第29页。

③ 《马克思恩格斯文集》(第1卷),人民出版社2009年版,第531页。

族化和系统性,并使其绵延不断、源远流长。以"日出而作,日落而息,凿井而饮,自给自足"为特点的发达农业经济,不仅为中华民族生存发展提供必要有力的物质基础,而且也形成了中华民族重家族伦理、宗法伦理、人伦关系、人本精神、公私关系、义利关系的伦理、政治、宗教三位一体的伦理精神。

人类历史发展规律性必然是由无阶级、无国家的原始社会进入到有阶级、有国家的文明社会。受时下生产力水平制约,古代奴隶制社会形成存在不同进路,"如经典著作中所指的希腊的古代、罗马的古代、日耳曼的古代、亚细亚的古代"①。有别于古希腊城邦为代表的"古典的古代",在最野蛮生产方式基础上产生具有科学性和民主性的古典传统;古代东方社会"亚细亚古代"的路径,是由原始血缘家庭逐渐演变成血缘氏族、形成部落发展成为国家的,从而形成了国家与血缘氏族相结合的组织形式,尤其体现为将父系氏族血缘关系与王位继承、基于血亲关系的等级分封制度相结合。这就使得中国伦理观念的形成与其宗法血缘关系和制度密切相关。自殷周起,伦理道德就已经具有宗法特性和政治特性。早在《尚书·舜典》中,就有"百姓不亲,五品不逊"记载。"五品"即以家族为本位的父、母、兄、弟、子这五方面关系,"修其五教"(《左传·桓公六年》)实现了"父义、母慈、兄友、弟恭、子孝"的伦理要求。儒家"亲亲,仁民,爱物"的伦理道德核心范畴"仁爱",就是奠基于血缘亲族关系基础上,强调对于不同对象实惠力度具有差异性。这种差异性充分体现了社会共同体成员依据各自血缘亲疏和身份高低在严苛的封建等级体系中各在其位、各谋其政、不能僭越,在享受血亲地位所带来权利同时,履行作为家族成员所应当履行的义务。处于这种严苛人伦关系中的个体,渐渐地被分化成两个极端对立两方,"一端是至尊、至贵、至高,一端是至卑、至贱、至低一端的人"②,体现了在共同体当中个体角色差异导致不同地位。由于在人伦关系中个体永远处于从属地位,从而不得不为所属国家、家族、阶层尽伦尽制尽责;进而,"人人平等的意识或者人人共享的普遍道德便很难拥有生存空间"③,人们也根本无法或不能背叛逃离所在家族所构建的社会关系网络。

远古时期,生产力水平极其低下所导致的氏族血亲关系前提,首先是保证种族的繁衍和人自身的生产,精神生产在此表现出一种宗教色彩,例如图腾崇拜、神话传说等。"一切宗教都不过是支配着人们日常生活的外部力量

---

① 侯外庐、赵纪彬、杜国庠:《中国思想通史》(第一卷),人民出版社 1957 年版,第 3 页。
② 罗国杰:《中国伦理思想史》(上卷),中国人民大学出版社 2008 年版,第 15 页。
③ 甘少平:《伦理学的当代建构》,中国发展出版社 2015 年版,第 11 页。

在人们头脑中的幻想的反映,在这种反映中,人间的力量采取了超人间的力量的形式。"①人们并不了解自身肉体和灵魂的关系,也不了解当人肉体死去、灵魂将往何处安放,为此就生成了图腾崇拜、神、上帝的观念,产生了自然崇拜和祖先崇拜。远古时期,人们对其赖以生存又无法掌控和驾驭的自然界从心理上产生畏惧感和依赖感,并将外在自然界作为具有生命特质的神灵加以崇拜。在阴虚占卜的卜辞当中,就有将人或者牺牲加以焚烧以求雨的记载。随着调和个人利益与特殊利益的"虚幻共同体"国家的出现,奴隶制生产关系的正式确立,宗教崇拜已经由自然宗教转向反映统治阶级意愿的"至上神",最早被称作"帝"或"上帝"。凡自然界和社会一切事都由其主宰,其命令是至高无上的权威,不容置疑和违反,例如"帝令雨足年"(《殷墟书契前编》一·五〇·一)。《尚书·舜典》中记载,舜在担任首领时,主持了庄严肃穆的宗教仪式,祭祀"上帝"天神和自然神灵,以期取得统治的合法性。除此之外,上古时期人们还信奉"祖先神",祖先死后成为氏族的保护神,从而作为家族长期祭祀对象,执行上帝旨意"鲜以不浮于天"(《尚书·盘庚》)。伦理思想的宗教特点对人们的言论和行为产生重大甚至是决定性的影响,上帝、祖先的崇拜决定着人们的旦夕祸福,繁多隆重的庄严祭祀就是要让后人获得幸福,祛祟避祸,求顺致福。统治者只有遵循和实行先祖王者之德,"惟王其疾敬德,王其德之用,祈天永命"(《尚书·召诰》)。

中国古代关系的基本结构和天然形式就是宗法等级关系,其形成也必然维护政治统治秩序,其中内蕴的伦理道德原则和行为规范与国家治理密切相关,形成了伦理思想的政治性。殷周时期,君主的权威具有至上性,君主代上天统治管理人世间一切,"普天之下莫非王土,率土之滨莫非王臣"。臣民为国家、君主无条件牺牲、无条件服从就是符合道德原则的,否则就是不德。君主之大明之德就是敬上帝先祖以及"朕及笃敬,恭承民命"(《尚书·盘庚下》)。在总结以往历史经验的基础上,周朝统治者提出了"以德配天""敬德保民""克明峻德""明德慎罚"的政治伦理思想。"德"之一词最初含义,就是作为天赐的、"授予天命"特质和统治阶级特权,是天子或者统治阶层用来感化、统治、管理普通百姓的手段,"正直、刚克、柔克"。后来,儒家以"仁爱"为核心,反对"以力服人"之"霸道",主张"以德服人"之"王道",不仅调和"天命"与"人道"之间的关系,而且"天国到了人世间",重视在伦理道德观念上如何构建道德原则和道德规范,更好地调节"人"与"人"之间的关

---

① 《马克思恩格斯选集》(第3卷),人民出版社2012年版,第703页。

系,使统治阶级的统治更加安稳,社会更加和谐。

　　和西方伦理道德载体是个体之人,强调"公共善""个体自由""抽象性""平等性"道德原则不同,中华大地给予我们重视人伦关系、重视整体精神和集体主义、重视个体的道德修养。中国古代伦理、宗教、政治三位一体的道德特性,根植于当时社会道德生活中,使道德成为整个中国文化的基础和根基,遵循共同的价值取向和道德诉求。"君为臣纲""父为子纲""夫为妻纲"是最高的政治原则亦是最高的道德原则,"忠""孝""节""义"等价值理念,以善良本性不忘"初心"、发扬"本心"、高扬"良知"、涵养"良能",这些都成为共同体成员必须遵守的道德准则,也是统治阶级维护其宗旨秩序的重要手段。但精神生产却从未摆脱物质"纠缠",随着社会生活变化,伦理精神也相应发生着系统转型。

　　(二) 现代性道德困境:封建伦理衰落与启蒙伦理兴起

　　中华传统文化多元性所映射的中国伦理思想也呈现多元趋势,例如以儒家思想为根基的"王道"与以商鞅学说为基础的"霸道",还有"黄老之学"及作为稷下显学的儒、墨之道,从儒、释、道三教之辩,到儒、释、道三教合流;然则从伦理思想而言,儒家仍为主流。上古时期社会历史条件决定了中国伦理思想"圣人社教,为万世不易执法"的思维模式,先构建尽善尽美的礼教制度,后世人则按照周礼要求"克绳其法",尽管也会有一些变革,也只不过是"托古更化",即便"六经皆我注脚",也逃离不开传统观念的影响束缚,这就为文化保守因素留下地盘。"一切社会变迁和政治变革的终极原因,不应当到人们的头脑中,到人们对永恒的真理和正义的日益增进的认识中去寻找,而应当到生产方式和交换方式的变更中去寻找;不应当到有关时代的哲学中去寻找,而应当到有关时代的经济中去寻找。"①"社会变化不仅使曾经是社会所接受的一定类型的行为成了问题,而且也使得那种已经界定了先前社会的道德结构的概念出了问题。"②中国历经百年历史巨变,政治、经济、教育、思想、文化等各个层面的社会大转型,历经了器物层次、制度层次、思想层次的现代化。中国自给自足从而孤立于世界秩序的"隐士王国"在西方文化挑战与冲击下逐渐被打破,从而呈现西方价值与中国价值的交锋与对立。

　　封建制度自春秋战国以来,历经两千多年的发展演进,从繁荣发展已经

---

　　①　《马克思恩格斯文集》(第 3 卷),人民出版社 2009 年版,第 547 页。

　　②　[美]阿拉斯代尔·麦金太尔:《伦理学简史》,龚群译,商务印书馆 2003 年版,第 28 页。

走向逐渐没落,土地兼并空前加剧,封建税赋愈加严苛,封建统治更加残酷,阶级斗争日益激化。与此同时,资本主义生产关系萌芽却只如一叶扁舟般微弱,相反,欧洲资本迅速发展以及西方传教士的文化输入,冲击着中国传统伦理的价值取向和思维定式,这些都预示着中国文化尤其是伦理思想发展呈现出新的动向。"要研究精神生产和物质生产之间的联系,首先必须把这种物质生产本身不是当作一般范畴来考察,而是从一定的历史的形式来考察。"①中国传统伦理思想转型的最终动因和根源在于中国近代社会的发展,尤其是资产阶级的发展对于新伦理的要求使得儒家思想为主体的中国传统伦理思想产生危机并逐步遭到扬弃。明清之际,由于物质资料生产方式整体变迁,社会已然融入世界近代化的历史进程中。

伦理思想作为文明社会发展的价值目标,指向了社会共同体当中主体间关系及其道德意义。中国传统自然经济与集权政治解体,使得中国传统伦理承受着批判和拒斥。近代伦理转向首先体现为对封建道德腐朽性的揭露批判,从而实现价值观转型。封建社会为了维持君君、臣臣、父父、子子的封建等级关系,建立了以礼义廉耻、三纲五常为核心的礼教道德原则,提出"克己复礼""忠恕之道""尽心知性""五伦之教""允执其中""修齐治平""穷理居敬"等,都是为了明人伦、明亲疏、明尊卑。恩格斯说:"每一种新的进步都必然表现为对某一神圣事物的亵渎,表现为对陈旧的、日渐衰亡的、但为习惯所崇奉的秩序的叛逆。"②启蒙运动以来,所谓"新的"世界体系,即现代性的制度推进了民族国家的历史实践,塑造了民族国家的政治理念和法律观念,建立了机制高效的社会组织,并伴随一整套以自由、民主、平等、人权为核心的价值理念。由于资本主义的发展所带来的世界历史的形成,使得作为单独地域、孤立的个人,被世界历史性的、经验的、普遍的个人所取代,这不仅出现在物质生产领域,同时出现在精神领域。在思想领域,人从神的禁锢中解放出来,开始逐步反思自身的认知体系和价值体系,各种思想流派和社会思潮持续发展。而由理性代替宗教观念在个体上表现为个人合法权益与权利的正当性,理性个体拥有自由自觉的权利当且仅当在法律的底线之上。在现代性影响下,近代中国在意识形态领域表现为对自然经济相适应的宗法权威主义价值观和道德观的批判,从而追求个性的自由解放。

近代思想家李贽主张"为己""务自适""不求庇于人",反对封建半依附

① 《马克思恩格斯全集》(第33卷),人民出版社2004年版,第346页。

② 《马克思恩格斯文集》(第4卷),人民出版社2009年版,第291页。

关系所呈现的奴役人、束缚人、控制人;黄宗羲从"天下之利"的伦理道德原则出发,批判了封建腐朽落后的道德习俗,认为其是"怪物公行"(《南雷文约·七怪》),破坏了人类社会正常的道德伦理关系;唐甄以"大地之道故平"(《潜书·大命》)的道德原则,批判封建"君为臣纲"尊卑等级伦常关系;龚自珍"以教之耻为先",提出"众人之宰,非道、非极,自名曰我",标志着中国近代"自我意识"的觉醒;康有为、谭嗣同"扫荡桎梏,冲决网罗",对以"三纲五常"为内涵的封建纲常名教进行激烈批判,反对其动辄给人加上"腹诽""讪谤""大逆不道"等罪名,主张用新的资产阶级道德取代封建专制主义旧道德;章太炎站在反对保皇派立场上,批判儒家伦理思想,提出"无道德不能革命"的论断;新文化运动当中,陈独秀、李大钊、胡适、鲁迅等都强调对权威主义的批判反对,以期"重新估定一切价值"。"一切人,作为人来说,都有某些共同点,在这些共同点所及的范围内,他们是平等的,这样的观念自然是非常古老的。但是现代的平等要求与此完全不同;这种平等要求更应当是从人的这种共同特性中,从人就他们是人而言的这种平等中引申出这样的要求:一切人,或至少是一个国家的一切公民,或一个社会的一切成员,都应当有平等的政治地位和社会地位。"①这种平等、自由观念就是中国近代知识分子在汲取辛亥革命失败与反思封建道德糟粕的基础上,认为"欲图根本之救亡"在于改造中国的国民性,而启蒙运动的目的就在于廓清蒙昧、启发理智,使人们从封建思想束缚中解放出来,"冲破历史之网罗,破坏陈腐学说之囹圄",真正实现思想解放。

弗兰克纳在《为什么要道德?》一文中问道:为什么人类社会除了公约与法律之外,还需要一套道德系统?"因为如果没有这一系统,则人与人之间就不能有在这一集体中共同生活的令人满意的条件。"②中国传统伦理重视对个体私德涵养,强调个体"良知""良能""本心"重要价值,将"修身""慎独""养气"等个体修养,内化融合到人们的思想感情中,成为个体道德品质。无论是国家、民众,对于君主来说都是私产,为保护好这些私产,必须"勤政""爱民",施行仁政进行国家、社会治理。这与西方完全不同。西方从古希腊雅典城邦政治开始,就强调公民依据城邦法律享有平等的政治权利,同时承担平等的政治义务,公民有共同决定城邦政治经济事物的权利。西方思想的涌入使近代思想家们关注公共道德,将伦理的政治价值从王权主义转向

---

① 《马克思恩格斯文集》(第9卷),人民出版社2009年版,第109页。
② 甘绍平:《伦理学的当代建构》,中国发展出版社2015年版,第52页。

民主政治。近代伦理学重视强调培养国民"公德",也就是"泰西新伦理",即"社会国家伦理",其基本内容就是"利群""爱群、爱国、爱真理",强调个体对于全体的关注。梁启超表示,中国"家族伦理"更重要的是要求"独善其身",强调人身依附关系,无法形成独立自主的人格,因此具有深深的"奴隶劣根性"。"言学问,则依赖古人;言政术,则依赖外国。官吏依赖君主;君主依赖官吏。百姓依赖政府;政府依赖百姓。乃至一国之人,各各放弃其责任,而惟依赖之是务。究其极也,实则无一人之可依赖者也。……故今日欲言独立,当先言个人之独立,乃能言全体之独立;先言道德上之独立,乃能言形势之独立。"(《十种德性相反相成义》)这种"独立之德""自由之德"正是中国传统伦理思想所欠缺的精神特质。孙中山明确表示,要建设好国家,需要公民具有"好人格",其内涵就是"公共心",就是国民公仆的"服务道德"。例如,"舍生救国、视死如归的牺牲精神","服务尽职之观念,履行公仆精神",这就是世界道德的"新潮流"。这些观念充分体现了由于受西方思想的影响,近代思想观关注行为主体在公共生活领域侧重公共道德,行为主体的道德修养、精神境界和公共意识,直接关涉公共生活和谐理想状态。

马克思主义思想在中国的传播,对中国伦理思想的发展产生了重要影响。马克思伦理思想以辩证唯物主义和历史唯物主义为指导,研究道德本质和发展规律,尤其是共产主义道德形成和发展的规律。马克思恩格斯在历史和现实维度下,通过对欧洲资本主义当下剥削、异化等现象的批判,进而深入资本主义剥削制度、生产方式的批判,从而得出伦理学最终归宿即实现精神自由、获得全面自由的发展、形成自由人联合体。中国先进知识分子透过巴黎和会的现象,得出帝国主义联合欺压中华民族的本质,其"近代转向"与马克思主义思想在中国的传播也是随着西方帝国主义的侵略压迫不断深入而起的。李大钊于 1919 年 9 月、11 月在《新青年》第六卷第五号、六号上连续发表《我的马克思主义观》,对马克思主义思想进行了全面系统的介绍,并在唯物史观的立场上对道德起源和本质问题进行深度思考。例如,道德本质是"便于一社会生存之习惯风俗也",是社会生活存续的需要,其变化要依据生活变动、社会需要、实践的变革。所有道德原则都不是万事不变的法则,人们精神的改造,要与物质改造一致进行。通过对道德问题和经济社会发展现状的深刻剖析,李大钊提出了"劳工神圣"新伦理观。1920 年,张东荪与梁启超的共同社出版了包括《资本论解说》《文化史底马克思》等书;同年 8 月,陈望道翻译了《共产党宣言》第一个中文全译本。除此之外,陈独秀"客观的物质原因可以变动社会，可以解释历史，可以支配人生观"①，恽代英批判个人主义并对社会主义道德观的宣传，毛泽东包括革命利益与个人利益、道德评价动机论与效果论统一等相关论述，传播、发展了中国伦理思想。马克思主义在中国历史出场是在半殖民地半封建社会历史境遇下，承接中国理论自主创新和构建的产物，也印证了观念并非头脑主观自生，而是人类实践活动即物质生产和物质交往的产物。

中国封建社会走向衰落、资本主义萌芽悄然而至，中国经济、政治、思想等领域发展变化相适应的中国传统伦理也相应发生变化。中国社会所呈现的社会腐化、矛盾尖锐、西学渐入、危机渐深等弊端，伦理学界进行了深刻的历史反思和自我批判。随着对封建腐朽道德进行系统批判，对于西方文明涌入进行系统阐释，尤其是马克思主义传入中国后，共产主义道德范式逐步影响着争取国家独立、民族复兴的中国人民。改革开放以来，中国伦理文化也历经重大现代转型，伦理学的出现主要面对调节人与人不同利益、面对社会共同体的道德危机和道德困境。现代性到来，使中国成为全球浪潮中的重要一环，中国伦理精神的转型就是要与当代文明契合，以期解决个人危机、社会危机、国家危机、全球危机。

（三）中国伦理精神与当代文明之契合

自启蒙运动以来，所谓"新的"世界体系，即现代性的制度推进了民族国家的历史实践，塑造了民族国家的政治理念和法律观念，建立了机制高效的社会组织，并伴随一整套以自由、民主、平等、人权为核心的价值理念。正如黑格尔用"自由"和"反思"来解释现代性视域下人的存在样态，认为现代的伟大之处就在于自由承认，精神从本质上是自在的。然而，"由于现代性的到来而引入了一种新的风险景象"②，财富的社会生产系统地伴随着风险的社会生产，并与短缺社会的分配相关问题和冲突叠加。同时，经济全球化对世界文化也产生了重大影响，"经济全球化并不一定会消除不同国家、民族之间的冲突，在某些情况下还有可能加剧不同传统文化的国家、民族之间的冲突甚至斗争"③。这也就使得中国转型期人们伦理道德观念受到前所未有之挑战，改革开放、市场经济所带来的物质财富的增多，反而使人们充斥着焦虑感、无归属感、无认同感、无价值感、无意义感。现代市场经济社会片面"物化"的发展忽略甚至放逐了精神家园、意义价值和人性追求，社会出现

①　《陈独秀文章选编》（中卷），生活·读书·新知三联书店出版社1984年版，第354页。
②　［英］安东尼·吉登斯：《现代性的后果》，田禾译，译林出版社2011年版，第96页。
③　国家图书馆：《大国精神》，国家图书馆出版社2017年版，第39页。

大量道德问题,也因此,人们把由现代"物化"生活模式、规则功利主义而发生道德社会规导的局限,称作"现代性的道德困境"。社会和谐需要伦理规约,经济发展需要伦理规约,美好生活需要伦理规约。资本主义世界历史形成,尤其是经济全球化与科技信息一体化所带来的世界一体,无法使各个国家民族各自为政、孤立发展,而形成"全球意识关照下的文化多元发展新格局"。中国文化尤其是伦理精神也需要融合西方文化,但"不失故我之认同",使之与现代文化、现实生活相融相通,成为全体人民精神生活、道德实践的鲜明标识。

1. 人与自然、人与人、人与自我关系和解需要中国伦理精神

艾伦·麦克法兰表示,当今中国面临着同西方现代化过程中所遇到的同样的问题,那就是社会凝聚问题。伴随着现代化进程,人权与人道理念更加深入人心,"人性化"的价值观念伴随着物质生活的提高及民主权利的增进得以实现。作为"一切社会关系总和"的人来说,是否具有伦理共同体的自由自觉意识,是人之所以为人及其发展水平的重要标志。随着现代性的到来,伦理共同体不仅应置于具有认知和行为能力的主体的自我关涉视域之中,而且应回归交往共同体当中加以阐释。在现代社会,这种交往共同体范围逐步扩大,从私有空间逐渐扩大到了社会公共空间。空间本身越大,交往关系当中比例越大。作为交往关系之中的主体来说,更重要的是处于社会、人类的大格局中,拥有纯粹基于同类本能以及社会性而产生出来道德观念和道德行为。

从人与自然层面,从人在自然面前的无能为力到人能够改造自然使其能够更加符合人的生存和价值需求,在此过程中,主体自身本质力量得到确证。人从惧怕自然到征服自然,过去的平衡慢慢被打破,各种"生态危机"所带来的"灾难疫情"也就随之对人类产生极大的危害和影响,人类可生存的生态环境面临崩溃的危险。伦理学的关切点从人际道德关怀延展到人与自然关系的生态伦理。利奥波德"大地伦理"理念体现伦理主体转变:由人与人、人与社会关系转向人与大地同生共长的动植物之间的伦理观。大儒张载所提出"民胞物与"突破了人伦藩篱和人物界分,体现了善待人类、善待自然的伦理立场。"仁"丰富内涵不仅是人伦之爱的道德情感,也代表着生命的同情与关怀,希冀"万物各得其所"。因此,人与万物"并生于天地之间"的伦理前提与道德责任,要求借助"道德武器",树立"爱自然""爱环境"之大伦理观,实现人与自然彼此平等、和谐共生理念的伦理诉求。

从人与社会层面看,归根到底是个人利益与社会整体利益的关系问题。

而当今中国,出现许多与过去时代不相适应的道德危机和道德失范,更需要立足新时代、新特征凝聚新价值共识来调整矛盾,树立公共观念、公共意识。从人与他人层面看,在人与人之间的关系中,就每个人都是主体的角度来说,似乎个人只会将自己视为目的,将他人视为手段。只有当涉及"我"的自私的欲望或自私的利益时,才将他人视为"手段",目的和手段之间的关系仅建立在自私的欲望或自我利益领域。解决各种道德危机需要我们树立"爱社会""爱他人"之大格局,"己欲立而立人,己欲达而达人"(《论语·雍也》),"己所不欲,勿施于人"(《论语·颜渊》)。作为拥有个性、自由、权利、自我的主体来说,对于处于困境当中的自我不会无动于衷,那么推己及人,对于需要帮助的他人也应当存有"善心",扶危济困、善以待人。

从人与自我层面看,加拿大学者泰勒在《现代性之隐忧》一书中强调,价值层面现代性带来意义是,意义的丧失,道德视野的褪色,工具理性猖獗面前的目的的晦暗和自由的丧失等"三个隐忧"[①]。自我对生命心理体验和生存理性自觉是否有值得期待的价值目标,从而获得实际的生存动力和满足感,这是自我生存的意义和价值所在。西方社会将自我生存信仰完全依托于宗教的境遇,已然导致人生无意义、无价值的思想滋生蔓延,其原因在于个人主义极度扩展所带来的自我封闭、自我孤立,从而失去对社会的关心及生存的意义感。中国传统文化所设定的生存方式是"人类大爱"之共同体,"己所不欲,勿施于人""义利之辩"与"人禽之辩""民胞物与"等,充分体现自我生活目标、生命意义,内蕴调节自然、人、社会之间和谐共生的道德标准和行为准则,要求道德主体具有对国家、民族与社会的使命责任与政治伦理义务,由家及国的政治结构,乃至调节国与国之间的政治规范原则,实现从小"自我"到"大我"的和谐。

2.消解资本逻辑构建全球命运共同体需要中国伦理精神

从马克思精神生产的视角看,中国近代出现"三千年未有之剧变"真正的根源,不是文化的落后,而是传统的生产模式和生存方式由于西方工业文明的模式导入产生了深刻革命,导致了整个社会发展的不平衡。某种文化样态是否具有价值以及价值大小,其根本原因在于其能够满足当下时代需求的程度。资本是现代社会的基础和根据,资本逻辑则成为现代世界的核心逻辑,成为人们无可争议的生存样态。在马克思看来,货币转化为资本带来价值增殖必然引起商品拜物教或资本拜物教。资本逐利本性所带来的社

---

①　[加]查尔斯·泰勒:《现代性之隐忧》,程炼译,译林出版社2001年版,第12页。

会价值扭曲异化、资本失序及其霸权统治导致的社会公平、贫富差距、生态危机、道德危机和资本扩展带来的经济全球化伴随着强权统治、血腥暴力、剥削干涉等不平等、不公正的合作关系,尤其21世纪资本金融化使整个社会秩序以及人生存的物质层面和精神层面发生了转变。资本"若隐若现地在世界各国之间穿梭、周转,对世界经济、政治和文化产生着不容忽视的巨大影响"①。同时,资本拥有者借用这一工具,推行资本所属国的经济制度、发展模式和价值观念。基于此,作为全球化经济浪潮重要一环的中国社会,金钱化、资本化趋势慢慢浮现并不断拓展,"拜金主义""金钱至上""人为财死,鸟为食亡"的理念开始流行,并从经济领域向其他一切领域铺开。在"现代性"与"全球化"的"世界历史"宏大叙事框架下,如何消解资本逻辑所带来的困境成为当代伦理学必须思考解决的实践课题。

中国传统伦理讲仁义、倡忠勇、敬孝悌、重民本、守诚信、崇正义、尚合和、求大同等思想,以及"养性、修身、齐家、治国、平天下"的抱负,"先天下之忧而忧,后天下之乐而乐"的情怀,"苟利国家生死以,岂因祸福避趋之"的精神,"为天地立心,为生民立命,为往圣继绝学,为万世开太平"的使命感,从道德主体层面、道德主体间层面、道德主体与自然层面提出行为要求,体现了中国传统社会主体精神的价值诉求。在国家层面,它体现了以"至善"为伦理基础的价值尺度;在社会层面,它体现了"公正"为尺度的价值追求;在个人层面,它体现了"仁爱"为核心的伦理诉求。同西方文化相比,中国伦理思想更加重视道德主体对家庭、国家伦理共同体所应尽的义务与责任,更加重视道德主体崇高的精神境界,更加重视"仁者爱人"的人本主义精神,更加重视"舍生取义"的民族心理最高价值。中国伦理思想蕴含的重义轻利、重公轻私的道德原则,克己、内讼、慎独的道德修养,忠孝节义的道德品质,立德立功立言的人生价值,等等,有助于在资本逻辑语境下遏制市场经济条件下的拜金主义与个人主义恶性发展,端正追求物质利益的态度,在一定程度上消解私利化倾向。市场经济的运行主体是"理性经济人",其最主要目标就是要追求个人利益的最大化,社会主义市场经济重视"信用性""契约型",而资本逻辑金钱化倾向会带来社会诚信精神的阙如。中国伦理精神内蕴的"仁义礼智信",强调"君子养心莫善于诚,致诚则无他事矣"(《荀子·不苟》),有利于归导由资本逻辑所带来的个体私利化倾向。

一个国家、民族是否具有文化自信,关键在于对自己文化是否具有礼敬

---

① 向玉乔:《英美新马克思主义伦理思想》,中国人民大学出版社2019年版,第34页。

感与自豪感,对外来文化是否有吸收与改造的勇气与魄力,对文化发展繁荣前景是否有崇敬感与自信心。资本逻辑之下,由于不同国家、民族政治制度、意识形态、文化基因、价值理念等方面差异,一些国家各自为战,甚至诋毁别国文化传统、互不信任、彼此隔阂。中国伦理思想充分表达了中国人特有的处理事务的方式,与西方人在和外界相互冲突中建立民族外显形象和特征认同不同,中国人是在与周遭外界和谐共处中把握自身文化、精神和本质。"人类命运共同体"思想传承了中国传统伦理精神,体现了在与西方文化碰撞过程中所表现出来的文化自信。这种文化自信的前提就是文化认知,认知本身所蕴含的是对5 000多年来的中华优秀传统文化的认同,体现了凡是人类所创造的一切积极的好的东西,都可以吸收,彰显了尊重世界文明的多样性,提倡文明交流、文明互鉴、文明共存。

3.道德主体之底线伦理与价值自觉需要中国伦理精神

弗朗西斯·福山在《信任:社会美德与创造经济繁荣》当中指出:"一个繁荣昌盛的文明社会依靠的是人们的习俗和道德——这些属性只能通过有意识的政治行为间接地形成,并且在对文化的不断关注和尊重的过程中得到滋养。"①也就是说,道德来源于人们的社会习俗,其重要性是随着社会生活的变化而变化的。道德必须张弛有度,"各种各样的规范、法规、道德义务和其他习俗将许多经济行为交织在一起"②。随着"现代性"在全球范围内的扩张,现实问题都是以往不曾遇到的。为什么当代人类明明知道物质财富不是人生幸福的唯一来源,却有越来越多的人陶醉于追逐物质财富的游戏?

由此可见,外在道德规约很重要,但内在的心性修养更重要。构建伦理共同体需要其成员自身不仅拥有规则意识,同时注重保有"慎独"的道德取向,即使一人独处也需按照道德原则要求自己。立德之本,莫尚乎正心,只有人心端正之后其行事才能合乎正道,才能影响他人,进而扩展开来,实现天下归心、人心归正。在意识形态领域,自由主义所代表的功利价值取向与传统的"义以为上"的道德原则并驾齐驱的时候,人们就会算计利益与德行所带来后果的对比。此情此景,作为普通公民来说,谁也无法保证其一定能够保有诚信品质。这便是当今诚信问题时有出现却又不至于泛滥成灾的一个原因所在。

---

① ［美］弗朗西斯·福山:《信任:社会美德与创造经济繁荣》,彭志华译,海南出版社2001年版,第5页。

② 同上书,第8页。

因此,对于伦理共同体来说,除了主体自觉地按照伦理精神要求去做,还必须树立底线伦理。这是人们实践行为所必须遵守的最基本、最低限度的伦理要求和规范,是道德的最后边界,是所有人平等的、普遍的,不能违反、不可逾越的基本规则。社会行为一旦突破伦理度的界限,原来居于主导地位的道德秩序就会解体,就会出现道德滑坡乃至道德沦陷。市场经济的到来,给社会成员带来从未有过的自由度和舒适度,在某种意义上说,意味着经济活动进程中自主权更多地掌握在个体经济人手中。由此,共同体成员的自我修养、自我约束、自我控制也就显得尤为重要。在某种程度上,只要不涉及个人利益的触碰,大部分人都能坚守底线伦理。但关键之处在于,一旦利益驱使下坚守伦理底线就必然损失个人经济利益的情况下,是否还能毫无怨言地、自觉自愿地坚守守住伦理底线、坚守正当原则才是重中之重。正因如此,中国传统伦理精神要求"君子必慎其独也"(《礼记·大学》),道德主体即使独处也需要按照道德准则要求自身,不能存在违背和欺瞒自我良知性德的言行,坚守道德底线。

三、中国特色社会主义伦理思想的主要成果

中国特色社会主义伦理思想体系在创立之初,就着眼于世界、奠基于马克思主义伦理学思想、立足于中国的经济现实与人民道德生活的实践。在近三十年里,取得了收获,尤其是伦理思想史学获得了到空前的发展。然而,我们也看到,虽然市场经济体制的创立为伦理学研究提供了新的契机,但是社会经济和各项事业的发展总是日新月异的;当整个社会陷入了伦理困境、道德滑坡等一切问题似乎前所未有地呈井喷式爆发时,应用伦理学理论的发展和伦理学学科体系的完善也就顺理成章地成了中国特色社会主义伦理思想需要关注的重中之重。

(一) 伦理思想体系的创立

在市场化进程不断加深、社会总体开放水平日益提高的新时代条件下,道德问题跨越经济领域涉足社会生活的方方面面,人们对伦理道德和精神文明建设的要求也逐步提高。为了适应新时期所面临的精神文明与道德文明建设中遭遇的问题,我们在实践中形成了中国特色社会主义伦理思想体系,它的完善凝聚了几代共产党人在社会治理方面的经验教训,是社会主义道德文明建设理论与制度创新的智慧结晶与最新成果。中国特色社会主义伦理思想体系是在改革开放的进程中,以客观经济事实与百姓道德生活现状为背景,在吸收优秀传统文化与马克思主义伦理思想的基础上不断充实

丰富的动态体系。同时，它着眼于世界，吸收了一切优秀的人类文明成果，创造性地提及了改善当前社会主义精神文明与道德建设难题的新思路、新方法。它的形成，不仅意味着马克思主义伦理思想中国化的一次伟大胜利与中国特色社会主义发展的新高度，更在世界范围内充实了社会主义道德文明建设的理论内涵，为他国的社会主义建设贡献了思路与经验。

中国特色社会主义伦理思想体系的核心是要解决社会主义市场经济发展过程中所面临的伦理道德难题，它是对我国"两个一百年"奋斗目标实现进程中所遭遇的一系列伦理道德困境的正确梳理与科学认识，是马克思主义伦理思想体系和新时代中国特色社会主义伦理精神文明建设有机结合的产物。它的出现是马克思主义中国化相关理论的一次飞跃式发展，是我党在社会道德建设领域不可或缺的精神源泉与理论财富，是全党全国各族人民努力奋斗共建小康社会的伟大信念与不竭动力。

第一，中国特色社会主义伦理思想体系所面临的首要问题，是"什么是马克思主义伦理思想、怎样坚持和发展马克思主义伦理思想"。它坚持了历史唯物主义与辩证唯物论的科学思想，在实践中摸索，认识社会主义建设中产生的道德现象，并解释无产阶级道德与社会主义伦理规范演化的历史规律。它的建立虽然来源于日常道德生活，但却依据实事求是的总原则对日常道德生活经验作出了总结与升华，是具有丰富的历史内涵、不断完善发展自身、与时俱进的动态思想体系。

同时，坚持马克思主义伦理思想的基本原理对伦理问题的探讨，就是要坚持历史唯物主义的方法论，坚持以人民为中心的发展观，坚持在新时代的条件下以辩证的眼光审视现实的道德困境。推动新时代中国特色社会主义伦理思想问题的研究，不仅是推动中华传统伦理道德持续丰富的过程，也是推动马克思主义伦理思想中国化、时代化的过程。这要求我们在改革开放的历史实践中，时刻保持求真务实的态度，勇于创新、敢于争先，运用科学的方法，加深对人类伦理道德演化规律与社会主义建设的伦理道德规律的认识，在实践中剔除那些老旧的、与时代相脱节的思想认识，冲破惯性思维与固定体制的约束，力图摆脱教条主义，不唯上，不唯书，只唯实，从而挣脱主观主义与形而上学的牢笼，对社会主义建设中遭遇的道德难题作出创造性解答，最终实现马克思主义伦理思想发展的新突破，为马克思主义中国化的进程添砖加瓦，为新时代中国特色社会主义的建设提供新思路。

第二，中国特色社会主义伦理思想体系还着重探讨并解答了"什么是社会主义伦理问题、怎样在新时代条件下建设中国特色社会主义伦理道德"的问题。新时代中国特色社会主义伦理道德文明的建设不是一蹴而就的，而是在中华民族伟大复兴和全面建设小康社会的历史进程中逐渐发展丰富的，它是马克思主义伦理思想中国化的最新成果，具有丰富的理论内涵。具体来说，其中囊括了社会主义核心价值观与新时代中国特色社会主义伦理精神的关系、走向共享发展的新时代中国特色社会主义伦理、中国特色社会主义的资本使命及其伦理规约，以及自由人联合体及其新时代伦理观等，构成了马克思主义伦理思想中国化最新成果基本模块。可以说，对社会主义道德规律的认识本质上解答了如何深化社会主义伦理文化全方位、多领域扩展的问题，为中国优秀传统文化与中国特色社会主义的融合与发展提供了思路。它的完备不仅是人类伦理文明演化史的一次历史性突破，更是中国智慧为世界伦理文化宝库丰富作出的伟大贡献。

第三，中国特色社会主义伦理思想体系丰富了社会主义经济伦理思想体系，尤其对新时代的资本伦理研究作出补充和完善，指出社会主义运用资本同时控制资本失序的道德要求。资本一方面带来了文明，另一方面由于它隶属于资产阶级，根本目的在于攫取剩余价值，加大了贫富差距与社会混乱；中国特色社会主义经济伦理一方面要求促进资本社会化带来文明与进步，另一方面要给资本在社会主义条件下戴上"马嚼子"，设置红绿灯，使之为人民服务。资本伦理学的发展和完善还需要研究资本运行的伦理，研究数字资本带来的人与人伦理关系的变化，研究资本在环境变化和气候变化条件下如何进行伦理制约。

中国特色社会主义伦理思想体系还对"建设什么样的发展伦理、怎样在新时代条件下建设发展伦理"等问题作出了解答。发展才是硬道理，在新时代中国特色社会主义建设的过程中，共产党人一直视发展为第一要务，坚持以人民为中心的发展观，深信唯有通过发展才能带动一系列问题的解决，也唯有以发展促道德，才能真正建立起好的、为人民所认可的社会主义道德文明。中国共产党人关于社会主义建设发展的理论探索，不仅总结了社会主义道德文明建设的一般规律，而且以此为基础，创造性地提出了中国特色社会主义道德文明建设的特殊规律，将马克思主义伦理思想的普遍性理论成果与中国实际相统一，实现了理论与现实的历史性飞跃，为马克思主义在中国特色社会主义建设中的理论指导作用提供了新思路、新成就。

（二）伦理思想史学空前发展

中国特色社会主义伦理思想史作为马克思主义发展史的重要组成部

分,也是伦理思想史的重要组成部分。国内中国特色社会主义伦理思想史成果显现得较晚。严格地说,迟至20世纪90年代,国内学界才逐渐涌现这方面的成果。进入21世纪以后,相关的研究资料才日益增多。例如宋希仁《马克思恩格斯道德哲学研究》(2012)、吴潜涛《中国化马克思主义伦理思想研究》(2015)、安启念教授《马克思恩格斯伦理思想研究》(2009)等。作为马克思主义理论体系组成部分的中国特色社会主义伦理思想,在近三十年的发展的历史进程中,所涉及的主要命题、所发生的主要事件、所经历的主要变化及所表现的主要特征是什么? 它们彼此的联系、背后的原因、内在的规律及未来的趋势又是什么? 中国特色社会主义伦理思想史研究,在整理和研究纷繁而又多样的思想素材的基础之上,对专属于中国特色社会主义伦理思想的"古今之变"作出了有益探索,主要包括两个方面:

第一,作为当代马克思主义经典作家关于道德的论述进行文献摘编与资料整理。在这方面,人民出版社于2011年出版了由王磊选编的《马克思论道德》。该书以马克思论著的发表时间为序,从《马克思恩格斯全集》中选出有关道德问题的论述近200条,汇编成册,以展示和把握马克思伦理思想的发展线索。在中央实施的马克思主义理论研究和建设工程中,"马克思主义经典著作基本观点研究课题组"围绕经典作家关于道德的基本观点展开研究,同时,按照专题对这些基本观点的相关论述进行分类整理,形成了韦冬、王小锡主编的《马克思主义经典作家论道德》,并于2017年正式出版。该书将经典作家的道德观点分为"道德的本质""道德和其他意识形式""道德的历史发展""对资本主义道德的批判""共产主义道德的基本特征"等类别,集中展示了马克思、恩格斯、列宁等人的重要论述600余条。必须承认,这样的文献史料工作是极为必要的。它们既是对我国以往的马克思主义伦理思想史研究的阶段性总结,也为今后一段时期内伦理思想史研究的进一步拓展打下了良好的基础。

第二,从中国伦理学学科的发展历程角度梳理中国特色社会主义伦理思想。在这方面,唐凯麟教授和王泽应教授在1998年出版的《20世纪中国伦理思潮问题》中,就专门开辟两章的篇幅讨论了中国马克思主义伦理思想史上的代表人物,以及中国伦理学学科的发展历程。在此基础上,王泽应教授加以拓展,于2008年推出专著《20世纪中国马克思主义伦理思想研究》。在该书中,王泽应教授以20世纪初中国社会道德文化的激荡变迁和马克思主义的传入作为起点,紧扣20世纪中国马克思主义伦理思想的发展历程和具体实际,着重探讨了20世纪中国马克思主义伦理思想发展的三大成果,对中国共产党的领袖人物和理论工作者的伦理思想给予高度的重视,旨在历史地再现 20 世纪中国马克思主义伦理思想发展史的整体状貌。与王著采用的比较明显的以人物为中心的写法相比,吴潜涛教授 2015 年出版的《中国化马克思主义伦理思想研究》更强调宏观历史进程的阶段性。在该书中,作者将中国化马克思主义伦理思想的发展史划分为"新民主主义革命时期""社会主义革命和建设时期"和"改革开放时期"三个阶段,较为完整地对应着中国现代史的基本脉络。而在各个阶段内部,该书采取的仍然是以问题为中心的写法,突出的是各个时期的主要问题和争论以及由此发生的历史事件。夏伟东教授 2015 年编撰出版的《中国共产党思想道德建设史》更加集中地梳理了中国化马克思主义伦理思想领域中的这个独具特色的重要方面,即中国共产党领导下的道德建设及其自我道德完善问题,从而展示出中国化马克思主义伦理思想与政治实践的密切联系。此外,还有一些学者选取中国马克思主义伦理思想史的代表人物,进行专门的分析。

通过对既有成果的简要描述,我们可以大致了解到这个研究领域的基本状况。总的来说,经过近三十年的发展,关于中国特色社会主义伦理思想的研究为马克思主义理论体系的完整和现代伦理学的完善提供了许多颇有价值的文本或作品。不过,对于这些成果,迄今仍然缺少一部完整叙述中国特色社会主义伦理思想的整体发展历程、准确揭示中国特色社会主义伦理思想的内在规律线索的通史类作品,因此,对新时代中国特色社会主义伦理思想的关键问题也难以做到准确把握。当前,对于中国特色社会主义的建设而言,增强社会主义的文化自觉和文化自信,增强意识形态工作的科学性和有效性,在重要的方面,都依赖于新时代中国特色社会主义伦理思想在学理和逻辑上的稳定性与优先性。而全面推进新时代中国特色社会主义伦理思想的研究,正是为这种稳定性和优先性提供奠基和支撑,为当前的社会主义道德建设提供有价值的论证和建议,从而为人们现实地理解与认同社会主义道路提供助力和保障。

(三)应用伦理学的形成和发展

随着我国改革开放事业的推进和经济的飞速发展,社会陷入伦理困境,道德滑坡、道德悖论频频发生。例如,经济伦理中的发展公正问题、社会救助问题,生态伦理中的资源代际流动问题、可持续发展问题,生命伦理中的生命权利问题、对生命的尊重问题,技术伦理中的技术理性异化问题,政治伦理中个人与群体、国家与国家之间、人与人之间如何相处的问题,生态伦理中自然与人类和谐相处问题、生态补偿的环境伦理基础、生命伦理学视角下的安乐死问题、动物的道德权利以及强/弱人类中心主义、克隆人的道德合法性与道德责任、人权伦理学知情同意权的理论基础,等等。一切问题以前所未有的方式井喷式地爆发出来,因此,应用伦理学在今日社会的重要性不言而喻。

经济伦理问题在 20 世纪 80 年代受到我国的关注,作为调节经济生活的伦理观念和道德准则,无疑具有重大的现实意义。但是,由于相较其他学科起步比较晚,尤其是相较西方社会的研究比较晚,因此,经济伦理学仍然存在着许多争议性的议题。其中一个最具争议的概念即王小锡教授所提出之"道德资本"的概念:道德究竟能不能成为一种资本? 或者说资本具不具有道德性? 一部分学者认为,资本局限于社会生活中以物质实体形式存在的东西,它是资本主义生产关系中最根本和基础的部分,将道德视为资本,在一定程度上消解了道德对于我们物质和精神生活的指导性意义,弱化了其伦理规约作用而强化了其功利主义色彩。倘若以此视之,不仅"道德资本"概念不能成立,而且"文化资本""社会资本"均不能成立,资本仅仅限于狭隘的生产关系层面的理解。但是,应当说,资本具有道德性。马克思早在《共产党宣言》中就论述了资本文明的一面。资本确实有其道德性,它培育了自由竞争、平等、人权等价值理念,只不过这些理念在资本后来的扩张中成了特殊阶级利益的代言人。今天的"道德资本"实质上是在扩大了的层面上对本初意义上资本概念的深化。

尽管作为学科起步较晚,经济伦理学在我国仍然取得了一定成就,但需要注意的是,仍然存在不少的问题。这并不是否定已有任何研究,而是认清客观历史现实,分析与发达国家的差距,从而更好地促进学科完善和发展。从其研究本身来看,薄弱和不足主要表现在:第一,交叉学科研究不足。这是由我国市场经济不完善性的现实状况所决定的,经济伦理学仍然缺少多学科的共同建构。第二,研究方法较为单一。主要表现在我国经济伦理研究重理论阐发而轻实证研究,这恰恰是我们需要向国外经济伦理研究学习和借鉴的地方。第三,对于现实热点问题的关注度不高,仍然停留在理论层面。经济伦理学作为社会科学,最重要的是能够解释并改变现实发生着的事情,对于出现的问题给出合理的对策,充分彰显实践价值。第四,研究成果良莠不齐,创新性成果较为少见。表现在对经典著作解读和研究不够深刻,实证研究没有得到很好利用,研究缺乏深度和可信度。因此,中国特色社会主义伦理研究需要不断加强并呈现出鲜明的时代性,应用研究更加关注热点问题并增强服务功能,体系构建与问题研究同时并进。

(四) 伦理学学科体系的完善

社会主义市场经济体制的确立为伦理学研究提供了崭新的契机。为适应社会发展进步,伦理学及其相关学科不断发展,自20世纪90年代后如雨后春笋般涌现出来,例如中国伦理学、西方伦理学、比较伦理学、应用伦理学、伦理学基本理论等,而且出现了一大批有影响力的专家学者,也出现了一大批有深度、有厚度的学术著作。具体表现出以下特征:

第一,以马克思主义伦理思想作为主导,学科体系建构日趋全面。著名伦理学家罗国杰教授为马克思主义伦理学的发展和完善作出了较大的贡献,编撰了一大批教材,也培养了一大批伦理学学者。罗国杰教授运用马克思主义方法来审视伦理学,紧密结合中国的道德生活实际,充分联系国际伦理大背景,对社会主义道德和共产主义道德作了深刻描述,是理论、规范和实践伦理学的"三位一体",建构起了逻辑严密的马克思主义伦理学,使其体系化、系统化,极大地促进了中国伦理学的发展和繁荣。

唐凯麟教授在20世纪80年代也对马克思主义伦理学进行了相关探索,其主编的《简明马克思主义伦理学》一书对马克思主义伦理学作了理论、规范和实践的三大区分,对社会主义市场经济条件下的道德及道德建设问题作了深刻的思考。

概而言之,马克思主义伦理学也被称作社会本位的伦理学,其最重要的理论基础就是唯物史观,也正因如此,使这门学科凸显其科学性。然而这样一来,伦理学作为一门科学本身张力就显得相对缺乏,凡事都必须置于哲学的二分状态下加以考察。另外,这种社会本位的伦理学毫无疑问在一定程度上对个人伦理进行了遮蔽,容易占据道德制高点对他人进行不合理的批判,从而陷入泛道德化的泥淖。如万俊人教授所言,个人伦理在传统教科书体系中完全被集体伦理所掩盖,生存空间受到了挤压。

第二,伦理学其他路径的探索,同样引人注目。随着经济的不断发展,人在更大程度上被解放出来,因此一些学者提出伦理学要研究现实的人的生存境况,这是一种颇具意义的以主体为基础的伦理学尝试。这样一种尝试打破了传统社会和个人本位伦理学的固有束缚,引入全新研究范式,是伦理学学科的重要创新。伦理学也正是在理论视野的不断开拓中、对现实问题的深刻关照中发展着自身。因此,可以说,伦理学学科的一些新探索是既合规律性又合目的性的。

四、新时代中国特色社会主义伦理思想的关键问题

新的时代呼唤新的伦理理论和伦理问题研究。在发展新时代中国特色社会主义伦理思想时,核心价值观的引领是理论要义,以人民为中心是理论路径,在此基础上,应用伦理学的深化和理论空间的进一步拓展都是这一实践过程中的关键问题。

(一)新时代与核心价值观的引领

中国特色社会主义进入新时代,对中国伦理问题的研究也应当相应得到跟进,这是对我国经济社会发展和伦理问题研究的双重的历史定位。形成于中国特色社会主义建设道路中的中国特色社会主义伦理思想,自然也随着时代的发展进入一个新的阶段,呈现出新的特色。新的时代,我们要着力研究社会主义核心价值观与新时代中国特色社会主义伦理精神的关系问题,分析社会主义核心价值观与文化建设制度的关系,比较社会主义核心价值观与资本主义价值观的区别与联系,以社会主义核心价值观积极引领文化建设制度;着力研究走向共享发展的新时代中国特色社会主义伦理问题,梳理经典作家对共享发展的理论奠基,对新时代发展伦理的论域进行廓清与定位,明确新时代对共享发展的伦理要求,对东西方发展伦理进行比较诠释,研究大数据技术的运用对共享发展的伦理走向的作用;阐明中国特色社会主义的资本使命及其伦理规约,厘清经典作家对资本伦理的阐释,分析资本的伦理使命,探索新时代中国特色社会主义伦理的未来发展;探索自由人联合体及其新时代伦理观,以经典作家共产主义理想论述的伦理解读为基础,分析自由人联合体的伦理范畴和价值走向,树立人类命运共同体的价值旨归,从而推动马克思伦理思想在中国化发展的最新理论成果进一步发展。

我们党要想完成社会主义现代化建设的伟大使命,离不开道德的凝聚力。要想实现中华民族的伟大复兴的历史任务,也离不开科学的伦理规范对人们政治生活与经济活动的整合与协调。历史的教训深刻地证明了纯粹利己主义的局限,它因为过度夸大了欲望在社会中的能动作用而否定了人性的高贵。社会主义核心价值观的具体内涵构成了当今社会主流道德观念的基础。在新的历史时期,深挖社会主义核心价值观中蕴含的伦理深意,是当前构建新时代中国特色社会主义伦理思想体系必不可少的基础性工作。

以马克思主义为指导的社会主义主流意识形态是社会主义核心价值观的灵魂。作为中国社会主义核心价值观的灵魂,以马克思主义为指导的社

会主义主流意识形态,决定了社会主义核心价值观的性质和方向,对我国经济社会发展乃至每个个人的道德修养发挥着重要作用。践行社会主义核心价值观的关键在于坚持以马克思主义伦理思想为指导,牢牢把握马克思主义中国化的相关成果对社会意识形态领域的指导权、主动权、话语权。因此,社会主义核心价值观能够发扬其巨大的凝聚力,成为引领当今中国社会道德生活建设的主流思想。即通过"富强、民主、文明、和谐"的国家价值导向去催发人们实现中华民族伟大复兴的信念,凭借"自由、平等、公正、法治"的社会价值取向去树立积极向上的社会道德风尚,以"爱国、敬业、诚信、友善"的公民道德准则去保障个人道德水平的发展。社会主义核心价值观作为新时代中国特色社会主义伦理精神文明建设领域的活的灵魂,其中不但蕴含了丰富的传统美德,更是吸纳、包容、整合了许多非主流意识形态与优秀人类文明成果,使多样化人类成果服从于中国特色社会主义道德文明建设的需要,又与马克思主义中国化的成果交相辉映、彼此互动,推进社会伦理规范与时代发展相适应。

社会主义核心价值观所蕴含的二十四个字,是爱国主义精神和集体主义伦理思想的具体展现,也将民族精神和时代特色融入中华民族伟大复兴和全面建成小康社会的生动实践中。它从国家层面、社会层面与个人层面三个层次构筑了社会主义核心价值体系的理论结构,简明但内涵丰富。这不仅是对马克思主义伦理思想的高度总结,更体现出共产党人在社会治理层面认识的不断深化。它的提出,不但可以使人们在面对现实生活的道德困境时找到出路,而且为人民群众日益增长的道德文明要求提供了行动指南。在新的历史时期,唯有对道德意识形态注入社会主义核心价值体系和核心价值观这个"魂",才能使其真正具有活力,全方位得以丰富,也才能促使新时代中国特色社会主义伦理精神文明的建设获得质的飞跃。

同时,社会主义核心价值观三个层面的内容还提供了三种不同的道德价值。首先,国家层面的要求不但是建成小康社会,实现中华民族伟大复兴理想的具体表达,更是我党日常执政中所坚守的基本要求与根本方向。它从伦理学的层面指引了国家在施政领域的"应当"与"最高善",这个指向标的作用是规律性的,不以主观意志而转移,坚持了"富强、民主、文明、和谐"的原则,就是坚持了社会主义建设的正确方向。故此,首要层面的8个字,体现出国家层面的道德哲学价值。其次,虽然在社会主义建设的过程中国共产党人坚持社会存在决定社会意识的科学唯物主义精神,但同时也并不否定社会意识对社会存在的反映和能动作用,社会层面的核心价值观之意义即体现于此。社会不是简单地叠加,而是有机的、鲜活的共同体,因此它的正常生长需要一套科学合理的理论为其指引方向,社会主义核心价值观作为社会主义意识形态的最深刻体现,自觉地承担了这一历史任务并展现出社会层面的非凡价值。最后,在强调社会总体价值的同时,个人需要同样不容忽视,这不但是社会主义建设的应有之义,更是一个社会正义与否的最佳体现。而社会主义核心价值观个人层面的要求恰恰契合了社会个体自我实现的需要,在日常生活中推进了公民道德力量的全方位发展。"爱国、敬业、诚信、友善"为人民群众提供了一套合理可行的道德规范与伦理原则,它不但是个人完善的指向标,更是社会主义共同理想实现过程中对每个公民的基本道德要求。所以,核心价值观还对个体道德水平的提升具有重大的理论价值。总而言之,"一个社会根本上倡导什么,张扬什么,以文化价值范畴集中反映出来,就是该社会的核心价值观。社会主义核心价值观不仅具有彻底的理论自觉性,而且具有真切的实践先进性。"[1]在经济体制改革进入深水区、人民物质生活普遍得以丰富的基础上,人们越发迫切地寻求一种主流价值观去带动道德生活的丰富,以此来消弭人们精神生活领域所产生的困境与失衡,完善人们对道德之美的追求。

价值观还需要内化成为具有普遍意义的社会生活方式,才能真正发挥它的内在价值。在宏观角度看来,社会主义核心价值观对于生活方式的改变还发挥着独特的价值。第一,社会主义核心价值观创新性的结构布局,为个人道德实践的伦理理论基础提供了新的划分,传统的道德哲学往往以个人道德为起点,逐步扩展至社会乃至国家。而核心价值观则创新性地将三者视为统一体内的不同方面,国家层面的道德追求同时也是社会共同体发展的要求与信念,而集体的目标又为个人在道德领域的自我实现指明了道路,三者相互协调,共同促进和谐社会的建设与发展。第二,社会主义核心价值观体系具有强烈的集体主义伦理色彩,更多地呼吁以社会共同体利益诉求为核心的道德规范,由集体的道德要求出发,统摄每个个体的道德规范,同时又兼顾个体道德诉求。这样的发展路径,既与传统文化的价值取向相统一,又与社会主义初级阶段的意识形态相契合。从长远的角度来看,集体利益的完善构成了个人利益的前提,这也正是中国文明能够屹立数千年的原因。"按发展和成熟的几乎任何一项标准来衡量,中国至少在 2000 年内如果不是唯一领先的文明社会,也是领先的文明社会之一。中国人在治

---

① 李海星:《社会主义核心价值观论要》,《科学社会主义》2013 年第 2 期。

理一个幅员辽阔而人口众多的社会方面,既无与伦比的,更无出其右者。"①第三,在强调集体利益的同时,也注重对社会个体道德观念的塑造与探索。个体与社会价值观的和谐统一,是中国社会主义核心价值观基本内容的现实要求。按照西方的自然法思想,个体与社会之间相矛盾,所以通过利维坦——法的存在,来迫使每个个体放弃部分自由,受到社会的管控。然而,中国的传统思想却更注重人与社会的圆融,本身就将人定义为社会的动物,这种圆融不但体现在日常行为对"礼"的符合,更体现人与自然之间的和谐、人与人(社会)之间的和谐,以及人自身的内心思想、情感的和谐。这种自古便有"和"的文化传统,为世世代代追求和谐社会秩序的不懈努力提供了动力。第四,社会主义核心价值观注重整体结构下对主流意识形态的引领作用。社会主义核心价值观并不否认价值观的多样化发展,但与西方自由主义思潮不同,主流价值观与非主流价值观之间并非对立关系,而是和谐共存、共享发展的关系。以马克思主义为指导的社会主义主流意识形态不是封闭僵化的纯理论,而是一个随着中国社会主义革命、社会主义建设和改革开放实践的发展而不断发展的充满活力的动态发展的意识形态体系。社会主义核心价值观坚持以马克思主义为指导的社会主义主流意识形态和阶级立场,凸显以马克思主义为指导的社会主义主流意识形态的最高价值理念,又统领中国特色社会主义的社会价值观念,作为以马克思主义为指导的社会主义主流意识形态的新发展和重要组成部分,与社会主义主流意识形态一脉相承。价值观多元化发展的目的,在于促进社会整体价值观的进步,实现个体道德素质的提升、社会风气的净化和民族精神气质的升华,并最终实现国家富强、民族振兴、人民幸福的中国梦。

(二) 以人民为中心的价值追求

以人为本不仅是科学发展观的核心,而且是中国特色社会主义伦理思想体系的价值。"以人为本"以马克思主义群众史观为其理论基础,科学回答了发展的主体、发展成果的归属等重大问题,体现了深切的人文价值关怀。中国共产党作为广大人民的代表,必须依靠而不能脱离人民,这样,党的性质才不能发生根本性的质变,党因而才有了坚固的依靠力量,也才能引领中华民族实现伟大复兴。以人民为中心的发展思想对于实现社会主义初级阶段任务和"两个一百年"奋斗目标具有重大意义。

① [美]吉尔伯特·罗兹曼:《中国的现代化》,陶骅译,江苏人民出版社 2010 年版,第1—3页。

　　资本主义精神作为封建等级主义观念的意识形态,在资产阶级生产方式取得统治地位之后,异变成为奴役人民的自由主义。而重视人民群众的"民本伦理"和注重共享的"社会主义精神"为我们探索新时代伦理思想发展提供了重要基础。"自由人联合体"作为一种崭新的伦理理念,需要不断为其实现创造条件。新时代下的社会主义中国,注重发展利益共享、发展成果共享的观念完全符合这种共产主义伦理,是自由人联合体伦理观念在当下的现实写照,也是迈向共产主义的必经路径。

　　共享发展集中体现了中国特色社会主义人本伦理思想的内在要求。我国是"礼仪之邦",古人早已强调"仁政""德治"。中国特色社会主义伦理思想的道德原则具有"以人为本"的本质特性,属于人本道德原则,有学者因此称为人本伦理。中国特色社会主义人本伦理思想坚持以人为主体,把人作为道德的主人。以人为中心,指道德要围绕人来旋转、运行、改变;以人为目的,指道德要把人始终作为最高的唯一的目的来永远追求。也就是说,将人全面自由发展作为终极目标和最高目的来追求,并使每一个人对全面自由发展的追求在实际效果上同时成为有利于一切人全面自由发展的条件。党的十八届五中全会提出的共享发展理念,集中体现了中国特色社会主义伦理思想的内在要求,就是坚持人民至上,始终围绕"人民对美好生活的向往",把各项工作出发点和落脚点,放在增进人民福祉、促进人的全面发展上,使全体人民生活水平和质量普遍提高,使全体人民共同迈入小康社会。

　　共享发展集中体现了中国特色社会主义经济伦理的内在要求。中国特色社会主义经济伦理是经济领域的道德规范和行为准则,是促进经济健康发展的价值导向和伦理要求。中国特色社会主义经济伦理体现在经济制度的宏观、中观、微观三个层面,体现在经济运行的生产、流通、分配、消费四大环节。党的十八届五中全会提出的共享发展,在指导思想上是经济社会发展的核心理念,在制度安排上是中国特色社会主义建设的重大政策和顶层设计,顺应了经济发展的客观规律,顺应了广大人民群众对美好生活的共同向往,顺应了中国特色社会主义经济伦理的内在要求,因而是一项符合规律的理性选择,是一项深得民心的伦理决策。共享发展的前提是发展,是做大"蛋糕",关键是共享,是"分好蛋糕"。在加快发展的过程中重视调节分配,让全体人民共享改革发展成果,逐步实现共同富裕,是共享发展理念的重要内涵,也是分配伦理原则的题中之义。党的十八届五中全会强调,树立共享的发展理念,守住底线,着眼重点,健全制度,合理预期,为决胜全面建成小康社会做准备,并围绕增加公共服务供给、实施脱贫攻坚工程、提高教育质量、促进就业创业、缩小收入差距、建立更加公平更可持续的社会保障制度、推进健康中国建设、促进人口均衡发展等提出了明确的伦理导向和工作要求。可以说,共享发展集中体现了当代中国的经济伦理原则,闪耀着社会主义制度的经济伦理光辉,是全面建成小康社会的强大精神动力和道德支撑。

(三) 应用伦理学的深化

应用伦理学在中国改革开放当中全方位获得深入思考和反思,尤其是资本伦理学如何深化中国特色社会主义应用伦理学的发展,这是一个值得我们认真审思的真命题。从学界当下的研究现状观之,还没有直接关于资本伦理学学科性质方面的理论成果。以我国为例,当前我国的资本伦理研究主要集中于以下几个方面:第一,对资本的存在条件的伦理反思,对资本的道德属性作探究,并基本肯定了资本的伦理道德属性;其二,从资本与伦理的关系维度去解析资本运行中存在的各种社会现象并进行道德批判;其三,学者们也曾追问资本在社会主义市场经济实践下所衍生的一系列道德问题。例如,对资本的过度依赖带来的劳动异化、自然异化和人的异化等问题。

可见,学术界目前一般还只是把资本伦理作为经济伦理学研究的一个重要领域来进行关注,而没有把它上升到中国特色社会主义伦理思想体系中的一门学科的地位和层次来进行研究。重新审视当前国内外理论界对资本伦理问题的研究,在笔者看来,资本伦理学的理论前提、学科背景及基础、核心范畴、话语体系,以及研究范式等一门学科构成的要件已经生成。可以说资本伦理学在我国已经具备了生成的可能性。

人所共知,经济伦理学作为一门学科诞生于 20 世纪 70 年代的美国,它是一门新兴的交叉学科,既与经济学有关,又与伦理学有关。而我国对包含资本伦理研究在内的经济伦理学的关注则要追溯到 20 世纪 80 年代。但人们对资本伦理问题的思考却由来已久。"资本"一词大致出现于 17 世纪 30 年代,随着经济社会的发展,资本的内涵与外延不断发生嬗变,至今,它已经出现了诸如社会资本、信用资本、人力资本、文化资本、道德资本等多种表现形态。但无论资本的形态或类别如何演化,它首先无疑是经济和经济学的核心范畴。依笔者看,其内涵一般在于具有经济再生价值的价值,然而在马克思和其他诸多思想大师的视域里,资本绝不应当仅仅应用于经济和经济学,它也应该具有社会政治、文化和伦理道德的向度。

这再一次印证了资本伦理学生成的理论前提就是资本与伦理之间存在无法割裂的逻辑关系。历史上,古今中外的许多思想家都曾经对这种关系进行过艰辛的理论求索。而实际上，如若从发生学的角度考察，可以发现，资本与伦理不是疏离的。原因在于从资本产生时，人们对资本的伦理考量和道德批判就存在了。一个明证是代表不同阶级利益的斯密、马克思和韦伯从不同的视角都曾经对资本进行过伦理解读和道德评价，以引导人们厘清对资本的各种认知，进而积极去实现资本"善"的各种道德价值。可见，资本与伦理在人类社会早期就已经具有某种亲缘关系。而联系中国的情况看，对资本伦理问题的研究必须立足于近代中国即中西之间的碰撞，从历史角度进行哲学沉思，并建构起当代中国的资本的哲学理念。这不仅要求对中华民族传统文化的批判性扬弃，而且要求具备世界性的伦理学眼光。由此，这些中西资本伦理思想中的合理因子，便为科学的资本伦理学的生成提供了一定的思想资源。

马克思的资本伦理思想非常丰富，它是马克思主义理论的一个重要组成部分。马克思立足于 19 世纪社会经济的发展状况之上，创立了科学的政治经济学，并在剖析特殊历史阶段的基础上揭示了人类发展的基本伦理规则。马克思的一系列经济学文本尤其是《资本论》及其手稿既是经济学著作，也可以说是经济伦理学或资本伦理学著作。特别值得关注的是，马克思在《资本论》及其一系列经济学手稿中，通过分析资本主义社会中资本与劳动、资本与自然、资本与社会以及资本与人之间的关系，得出资本伦理在资本主义社会表现为相对于前资本主义对劳动者的残酷的剥削与压榨，对自然以及人的异化境况的日益加深，对社会和谐的不断破坏等的恶；但同时马克思也深刻意识到，尽管资本在资本主义社会表征为"恶"，但却仍遮蔽不了其"善"的一面，并从资本能够促进经济的全球化和世界的文明化，推动科技的进步和生产力的发展，为人类的自由全面发展创造条件等维度对资本"善"的道德价值进行了分析和解读。从而为我国建构科学的资本伦理学提供了重要的理论指引。

我国以公有制为主体的社会主义初级阶段的基本经济制度，为构建科学的资本伦理学奠定了坚实的社会根基。社会主义的集体主义本位目标、市场经济以个人本位为基础的自由竞争原则、个人才能发挥所依赖的外部条件，是资本伦理学的三个最重要的条件。我国现阶段以公有制为主体，多种所有制经济共享发展的基本经济制度为建构科学的资本伦理学提供了坚实的制度和社会基础，这充分彰显了社会主义制度的制度优势和价值立场。

此外，也要看到，资本伦理学作为系统研究资本运营过程中的伦理道德现象的一门学科,从学科属性上来说,它属于经济伦理学的一种特殊形态,当然归于社会科学下的伦理学门类。作为一门社会科学,从认识论上说,资本伦理学应当属于人类的认识领域。而按照辩证唯物主义认识论的基本原理,实践决定认识,实践是认识产生的唯一源泉,是认识发展的根本动力,同时实践也是认识的根本目的和最终归宿。

因此,资本伦理学产生及其发展离不开经济运行尤其是资本活动的实践。众所周知,经济伦理学产生于20世纪70年代的美国,距今也仅仅七十年左右。而在这一时期,资本仍然居于世界的主宰地位,它仍然是全球的"普照之光"。当然,资本不光只有"光"的一面,实际上,资本的伦理属性具有双重性,就是说资本在运动中既有善,也存在恶。因此,这就决定了我们既需要利用资本,同时也要限制资本。这种现实的实践需求决定了资本伦理从一直被学界当作经济伦理学研究的核心领域加以关注,到当今被人们把它从经济伦理学中抽出来逐渐加以系统化、理论化的研究,现在已然形成为一门独立的学科——资本伦理学。可见,从资本伦理学的生成之路,不难发现,资本伦理学来自社会实践,最终它也必然要以社会实践即主要以资本的有序运营为其现实旨趣。中国特色社会主义伦理思想史作为马克思主义发展史的重要组成部分,也是伦理思想史的重要组成部分。马克思主义伦理思想史研究这两年发展迅猛,马克思主义伦理思想史研究已经进入学界的研究视野,相关研究已经取得了重大突破和进展。综上可知,资本伦理学一定会在我国建立并发展。

(四) 理论空间的扩展

命运共同体的伦理深蕴是新时代中国特色社会主义思想的重要内容,更是伦理价值实现的目标。从资本逻辑的视角去挖掘人类命运共同体的内在价值,未尝不是一种有意义的尝试。资本的逐利本性所带来的无限扩张便构成资本逻辑。在世界多极化、经济全球化、文化多样化及社会信息化中,资本逻辑已经悄无声息地宰制了全球,深入人类生活的各个领域,它的作用无处不在、无时不有。资本逻辑这种当代最为庞大的异化物严重压制了人的发展,人们迫切需要从其重压中挣脱出来。人类命运共同体思想恰恰是在这样的主导逻辑的时代背景下提出的具有可实践性的理论构想,它在准确把握了人类未来社会发展规律的前提下,进一步发展和创新了马克思的共同体思想,是一株深深地植根于五千年历史的中华文明土壤之中的中国智慧之树。它既可以使世界共享发展机遇,又可以共同化解危机、分担责任,从而实现各国之间的互利共赢,实现全人类安危与共、命运攸关。尽管"自由"价值理念是资本逻辑的应有之义,但在其统治下人的生存状态展现的却是对构建人类命运共同体带来重大挑战的事实。资本逻辑主导下,劳动只能是一种异己的力量,具有破坏性。而作为劳动阶级,他们无一例外地被排斥于社会之外,在承担社会的一切重负的同时,却无法享受应有的社会福利。在这一主导逻辑的挑战下,如何实现人类命运共同体的构建? 迄今为止,学界尚未有从这样的视角对人类命运共同体思想规则体系的构建进行全方位的论述。本研究在前人对于两者研究的基础上,将前提和主体研究实现深层次的理论融合,增补和提升人类命运共同体理念体系,完善人类命运共同体价值理念方面的成果形式,将这一思想的研究引向深入。

深入探究中国共产党人人类命运共同体理念与马克思共同体思想的关联性,也是一种有意义的尝试。共同体思想贯穿于马克思思想发展的始终。马克思基于资本逻辑基础上,探讨资本主义国家不平等的物质财富占有和人的自由普遍缺失,揭示出资本主义国家"虚幻的共同体"这一本质特征,又从资本主义生产力的巨大潜力中看到辩证否定资本主义的可能,进而提出建立"真正的共同体"即"自由人联合体"的目标。中国共产党人特别是以习近平同志为核心的党中央,深化了人类命运共同体理念,立足于当代世界潮流,着眼于人类文明的存续和进步,承接了马克思"真正的共同体"的美好蓝图,不仅是解决当前国际问题的"中国方案",而且推动了马克思共同体思想的当代重构,其价值意蕴和理论旨归远远超出了国际关系领域。从毛泽东的"三个世界"划分,到邓小平、江泽民的国际政治经济新秩序理论,到胡锦涛的"和谐世界"构想,再到习近平的人类命运共同体思想,中国共产党人始终秉承求同存异、协和万邦的精神将"平等公正、包容互惠"的共同体精神写在自己的旗帜上。本书通过相关历史的梳理,展示人类命运共同体思想在历代中国共产党人中的演进过程。

完善资本逻辑挑战下人类命运共同体的伦理理念和实践的规则体系,也是一种有意义的尝试。现有的关于构建人类命运共同体规则体系的研究成果和当前该理念所受到的关注程度和讨论热度并不成正比,与其应有的发展水平也不相匹配。究其原因,很大程度上与学者们对其规则体系如何构建的论证和展开不足有关。本书通过清晰而全面地进行人类命运共同体理论的梳理,可以帮助人们认识到当前所提炼的如何在资本逻辑挑战下构建人类命运共同体与社会主义核心价值观的重要性所在,并以人类命运共同体重塑"资本法则",完善人类命运共同体的规则体系。从人类命运共同体的准入机制到公正的话语权分配体系再到公正合理的仲裁机制的深入研究,在构建人类命运共同体的实践进程中实现对资本逻辑从深刻批判到共生共赢的思维重构,从而发挥其伦理规导作用。

阐明资本逻辑挑战下人类命运共同体价值理念的伦理创化意义,也是一种有意义的尝试。在受全球化深刻影响的当代,在资本逻辑逐利性的驱使之下,追求至善的价值理性日渐式微,人们关注的重心日渐聚集在功利性、市侩性、工具理性、科技理性的追逐上,发展正义、人文关怀、伦理情怀越来越被弱化。构建人类命运共同体不仅关乎人类整体利益、根本利益和长远利益,而且还是关乎人类生存发展的关键性和决定性问题,它深刻洞见了当代国际关系伦理的内在要义,为建立全球伦理的整体架构提供了理论基石。它是在准确把握人类伦理文明发展趋势的前提下,充分发扬中国伦理文明精神的基础上,为当今世界走出全球化危机开出的伦理良方,帮助人们放弃零和思维、抛弃利益对抗,为构建一种新的和谐共生的世界伦理文明提供了价值目标和行为指南。从这个意义上说,人类命运共同体理论构想具有伦理文化革故鼎新和建纲立极的创化意义。本书正是通过对资本逻辑主导下的全球化趋势进行深度把握,进一步阐释构建人类命运共同体的价值理念和战略方案对于正确认识和解决全球化种种挑战的重要意义。人类命运共同体所向往的伦理认同必须避免在资本逻辑下日益成为共同体中非常渺小的原子化的个人,即避免成为"集体的平庸者",而是成为全面自由发展的人。正如康德所说,这个共同体的伦理目标就是:"把人类作为一个遵循德性法则的共同体,在它里面建立一种力量和一个国度,它将宣布对恶的原则的胜利,并且在它对世界的统治下保证一种永恒的和平。"①人类命运共同体的价值理念主张建设"一个持久和平的世界""一个普遍安全的世界""一个共同繁荣的世界""一个开放包容的世界""一个清洁美丽的世界"。本书将从这"五个美好世界"出发,论证这种愿景与"公正、发展、开放、效率、可持续"五个具体理念的辩证关系,在论证资本逻辑对人类命运共同体价值理念的挑战的基础上,进一步提炼人类命运共同体所蕴含的价值理念,为构建人类命运共同体提供明确的目标指向和价值趋势。如何在理论上讲清楚人类命运共同体价值理念的现实性、必要性,如何在效果上提升人类命运共同体理念的影响力、说服力及其"敦勉效用",都需要我们从这一理念的伦理意义和学术前提着手来谋求答案。

---

① 李秋零主编:《康德著作全集》(第6卷),中国人民大学出版社2010年版,第126页。

五、中国智慧在构建新时代伦理学中的作用与价值

在近年来关于新时代伦理学的构建与展望中,学界普遍立足世界百年未有之大变局和中国特色社会主义进入新时代的历史方位,思考当前人类面临的生存危机与伦理困境,对如何走出危机与困境作了集中思考,提出新时代伦理学应当是一种"重写的中国伦理学"。[①]这种"重写"的学术主张以中国智慧本身所呈现出来的独特问题意识、价值取向和思维方式,对新时代中国和世界道德生活的重要问题给予严肃思考。中国智慧之所以能够有此世界担当,是因为其为发展中国家实现符合其自身发展道路的现代化提供了全新选择,[②]为我们重新反思伦理学的时代性与民族性的关系提供了新的可能,这也是我们构建新时代伦理学的基础性工作之一。

(一)新时代伦理学需要回应的时代之问

新的历史方位对新时代伦理学提出了不同以往的时代之问。基于第四节中提出的新时代中国特色社会主义伦理思想的关键问题,我们有必要进一步凝练新时代伦理学亟须回应的时代之问:

第一,既然建立在理性精神之绝对至上性的伦理思维方式和现代性道德是当前人类陷入道德困境的重要原因,那么,新时代伦理学对困境出路的探索,是如何体现着寻求生命意义安顿的智慧?第四次工业革命方兴未艾,人类的生存发展与道德生活形式应当呈现为怎样的状态?

第二,在一个鼓吹人具有史无前例的能力来基于理性提高人类生存条件的社会里,工业革命凯旋高歌现代性的征服性力量和解放性意义,在新冠疫情防控阶段和后疫情时代,人与自然的伦理关系需要再进行怎样的反思与定位?

第三,民族国家的疆界在资本和科技的现代性力量和全球取向之中失去了原有的意义,发展中国家在探索现代化道路和寻求新的全球治理新体系时应基于怎样的伦理原则?

(二)以中国智慧作答新时代伦理学的时代之问

新时代伦理学要对上述问题的回应,必须是基于对西方现代性逻辑所

---

① 李建华:《中国伦理学:意义、内涵与构建》,《中州学刊》2016 第 7 期;江畅:《"中国伦理学"的三种意义之辨析——兼论当代中国特色伦理学构建》,《华东师范大学学报(哲学社会科学版)》2020 年第 1 期。

② 习近平:《决胜全面建成小康社会夺取新时代中国特色社会主义伟大胜利——在中国共产党第十九次全国代表大会上的报告》,《求是》2017 年第 21 期。

导致危机的深刻体察,以及在新时代历史性交汇的时空条件下中国积极探索中国特色社会主义现代化道路的凝练和升华。基于此,才可能更好阐释中国式现代化的主张与路径如何得以孕育,中国式现代化何以取得了历史性成就。具体来讲,至少可以包含以下三个方面。

第一,关于在第四次工业革命背景下探讨人类生存和发展的时代之问,中国智慧作为以道德为终极关怀并推及社会正当性的超越性智慧,孕育出倡导共建共治共享、以实现共同富裕为价值取向的中国式现代化,深化了新时代伦理学在公平与正义层面的意涵。以数字技术为代表的第四次工业革命将计算性主义理性推向新阶段,赋予了现代性新的问题域:现代性生产方式以机器部分替代劳动力,在一定程度上造成了潜在的失业风险,而数字技术的广泛应用使这种风险以自动化的形态运行自身,加剧了被数字技术所边缘化的人群的生存和发展难度,甚至造成由"技术革命—贫富分化加剧—不满情绪—民粹思潮"恶性循环形成的"戈迪亚斯之结"。尤其是新冠肺炎疫情暴发以来,全球数字经济加速发展,在数字技术为抗击疫情和人们日常生活提供便利的同时,处于数字鸿沟弱势的老年人群和低收入人群或将成为新的贫困群体。虽然导致这种恶性循环的成因尚存在争议,但业界和学界都普遍认可,技术革命需要相应的治理机制的革命,才能使分配问题再度趋近平衡。仅依靠产业制造转移和产业空壳金融化的涓滴式经济政策,难以从根本上解决由于技术革命带来的数字贫困。面对这一问题,中国除了采取传统减贫领域的常见措施之外,还积极探索用数字技术破解贫困问题的可能路径,主张打造全民共建共治共享的社会治理格局,如期完成新时代脱贫攻坚目标任务。更重要的是,中国在探索物质层面上解决温饱问题的同时,提振了人民群众的整体幸福感,让发展机会更加均等、发展成果人人共享。由于数字化技术广泛应用而削弱信息弱势群体参与机会和权利所导致的贫富分化加剧,从来不只是一个经济问题,而是一个要从人的终极关怀层面去思考和解决的问题。西方现代性逻辑从知识的角度去考察终极关怀,认为获取知识的便捷性增加便可以削减贫困,但却难以超越物质意义上的贫困。而中国智慧以道德为终极关怀,将追求道德完善视为人生的终极意义,并把道德作为政治秩序和社会行动的正当性最终标准,细化以道德建立社会秩序的方法,提出明确的经济分配原则,以追求社会发展成果或社会资源分配的公正合理性为价值目标。正是这种以道德为终极关怀并推及社会正当性的超越性智慧,着眼"己欲立而立人、己欲达而达人"和"爱利人之亲"等扶危济困的道德修养,契合于社会主义伦理所强调的社会利益和个人利益的辩证统一,才能孕育出共建共治共享的中国式现代化,在第四次工业革命的背景下更有效地缩小地区和城乡之间的收入差距,促进社会公平正义。

第二,关于在新冠疫情防控阶段和后疫情时代探讨人与自然伦理关系的时代之问,中国智慧作为追求非二元对立的整体性智慧,孕育出倡导可持续发展、促进人与自然和谐共生的中国式现代化,深化了新时代伦理学在和谐与协调层面的意涵。新冠肺炎疫情的暴发再次凸显了现代生态危机的深层次根源,使我们更加清晰地认识到当前人类面临的严峻的气候危机、生物多样性危机和废物危机,有机会更加深入地思考人类在地球生命进化中的地位,反思人类中心主义观念和直线式进步历史观带来的危害。同时,也让我们更加清醒地看到人类面临的挑战比我们之前想象的更加相互关联,因此,我们必须继续加强多边主义,携手实现绿色复苏和可持续发展的共同愿景。事实上,尽管面对新冠肺炎疫情的冲击,"十三五"期间,中国仍然在生态文明建设领域取得显著成效:国土空间生态修复取得开创性进展,从开展生态保护修复重点专项行动,到探索实施山水林田湖草一体化保护修复,再到鼓励社会资本投入生态修复领域;在生态环境治理中做到环境保护和经济增长的平衡,再次印证和践行着"绿水青山就是金山银山"的理念;在解决自身环境问题的同时,以理念和行动积极参与全球生态治理,推动实现全球可持续发展,为建设清洁美丽的世界作出贡献。①中国建设生态文明的核心是实现人与自然的和谐相处及经济建设与生态文明建设的协调发展,这是中国智慧追求非二元对立的整体性的生动体现。这种智慧高扬人性的同时,不把人彻底超拔于自然万物之外或之上,与西方现代性逻辑强调以人和自然二元对立为基本特征的世界图式形成鲜明对比,将人作为天地宇宙之间唯一具有灵明的存在者,可以而且应该发挥自己的主观能动性,践行天地宇宙最高的德性——"生生之仁",以最终促使天地万物走向"生生和谐"的理想境界,才得以孕育出倡导可持续发展、促进人与自然和谐共生的中国式现代化。这种谋求人类社会与自然的良性互动关系的整体性智慧,深化了新时代伦理学在和谐和协调层面的意涵,为后疫情时代重建人与自然的关系提供有益启迪。

第三,关于发展中国家探索现代化道路和寻求新的全球治理新体系的时代之问,中国智慧作为对西方主导的全球治理困境的破解性智慧,孕育出

---

① 《2021年政府工作报告生态环境保护工作说了哪些?》,《环境影响评价》2021年第2期。

倡导世界各国合作共赢、和平发展的中国式现代化,深化了新时代伦理学在普惠与包容层面的意涵。"现代化即西方现代化"的逻辑遮蔽了发展中国家独立自主探索现代化之路的可能性和多样性。西方国家长期垄断核心技术,逆全球化思潮愈演愈烈,贸易保护主义倾向有所抬头,尤其是加之新冠肺炎疫情的冲击,给发展中国家抗击疫情和寻求发展带来了巨大挑战。为此,中国倡导并积极践行人类命运共同体理念,携手发展中国家合作抗疫,提出在多边机制框架下突破贸易和技术壁垒,努力为人类和平与发展作出贡献。这充分反映出中国智慧是对西方主导的全球治理困境的破解性智慧:针对西方治理机制难以应对层出不穷、日益迫切的全球性挑战,以致出现世界经济低迷失衡、各国贫富差距不减反增、地缘政治冲突恶化加剧等问题,中国以负责任大国的有力担当,强调应树立命运与共的理念,改变独善其身的意识,摒弃二元对立的冷战思维,创新完善更加公正合理、开放包容的全球治理体系。这种植根于"忠恕之道"价值取向和"和而不同"义理格局的全球治理智慧,蕴含着丰富的全球伦理公正、包容的价值理念,又表现出关乎平等、普惠、合作、共赢的深层次内涵。"忠恕之道"价值取向和"和而不同"义理格局要求人们秉持仁爱之心,既不把自己之所恶强加于人,也不只顾自己之所欲,而是乐于助成他人,通过仁心的发用,不断及于他人与他物,从而达到"天下归仁"的理想境界。而基督教教义中"己所欲,施于人"的价值取向则带有将他人对象化的意味,强调的是施与者的主体性,认为只要有益于施与对象,便可以或必须采取强制的方式。这种带有侵略性和扩张性意味的价值取向,既难以适应当前和今后全球治理思想的理论逻辑,也不符合人类社会发展的实践逻辑。

(三)中国智慧为新时代人类伦理完善提供方案

中国智慧以其独特的问题意识、价值取向和思维方式孕育出中国式现代化的主张与路径,深化了新时代伦理学的意涵,在此基础上,伦理学工作者应该进一步积极介入新时代人类道德生活实践领域,准确把握矛盾和问题的焦点,不断构建和完善体现中国智慧的新时代伦理学,为人们的社会生活提供伦理学规范与引领,进而为新时代人类伦理完善提供有益方案。具体来讲,至少可以包含以下三个方面。

第一,中国智慧作为以道德为终极关怀并推及社会正当性的超越性智慧,可以为第四次工业革命背景下消除贫富分化提供更加公平和正义的方案。消除贫富分化仍然是全人类共同面临的重大课题。中国如期完成脱贫攻坚任务,为人类减贫事业作出重要贡献,并积极探索以数字技术助力乡村振兴,利用大数据对农业生产规划进行指导,实现订单生产、标准化种植、精细化分级、品牌化销售和冷链配送的智能化,在乡村开展人工智能训练项目,搭建集职业培训、创业孵化、灵活就业为一体的平台,同时,以大数据助力农村政务智能化,建立农村远程医疗体系,对留守儿童进行远距离监护,持续巩固拓展脱贫攻坚成果,进一步缩小城乡发展差距。但是,我们也需要认识到,数字技术广泛应用于消除贫富差距的过程中可能存在伦理风险,既要确保从农业物联网上获取合格农产品信息,又要保护农产品生产商和销售商的个人信息安全,在为乡村振兴注智赋能的同时,不使数字技术加大人类减贫事业的潜在伦理风险,为新时代人类伦理完善提供更加公平和正义的方案。为此,针对大数据技术和人工智能研发和应用所带来的对人的理解的物化和去意义化,以及人和机器的边界越来越模糊等问题,新时代伦理学工作者应该积极开展前瞻性科技伦理研究,将人置于核心位置,满足人全面发展的需求,汲取中国智慧中得到的关怀和公平正义的价值理念,优先鼓励人工智能应用于解决社会领域的突出挑战,包括减少贫困和不平等,促进弱势群体融入社会并参与社会发展进程,为人工智能的开发和应用提供伦理指引,并对具有重大公共影响的人工智能产品进行伦理评估。

第二,中国智慧作为追求非二元对立的整体性智慧,可以为后疫情时代我国生态优先、绿色发展为导向的高质量发展提供更加和谐和协调的价值方案。"十三五"期间,我国生态环境保护取得历史性成就,生态环境约束性指标圆满超额完成。然而,新冠肺炎疫情肆虐再次警示我们,需要进一步深化认识人类面临的生态危机的严重性和持续推进生态文明建设的重要性。为了促进生态文明建设,我们必须注重经济发展与生态建设之间的关系,处理好经济效益与环境保护之间的关系,要以生态环境保护推动经济的发展,做好碳达峰、碳中和相关工作,完善综合性生态补偿机制,坚持走绿色低碳发展之路,建设人与自然和谐共生的现代化。中国智慧以非二元对立的整体性智慧肯定了人与自然界之间的内在关联,将伦理关怀的对象延伸到自然界,使人在尊重自然界价值的基础上达到保护生态环境的道德责任目标。在此基础上,需要新时代伦理学工作者进一步以和谐和协调的价值理念实现伦理整合。新时代中国特色社会主义经济、政治、文化、社会和生态文明建设"五位一体"的总布局包含了中国特色社会主义建设的基本领域,是一个相辅相成的有机整体。把社会主义事业全面推向前进需要伦理道德支撑,也就是说,要实现经济伦理、政治伦理、文化伦理和生态伦理的整合。但是,对每一领域的伦理要求和作用机制是清晰的,但是在各大伦理之间是常常不协调的,有时甚至是冲突的,因此,构建新时代伦理学要加强条块伦理之间的连接,汲取中国智慧中和谐和协调的价值理念,构建一种超越五大基本领域局部伦理之上的伦理大思路,统筹疫情防控、生态文明建设、社会经济发展,推动后疫情时代我国生态优先、绿色发展为导向的高质量发展。

第三,中国智慧作为对西方主导的全球治理困境的破解性智慧,可以为完善全球治理格局和全球治理体制提供更加普惠和包容的价值方案。当前全球治理面临多重挑战,公共卫生危机蔓延全球,全球化受重创,经济增长和贸易投资衰退。针对这些人类面临的全球性问题,新冠肺炎疫情的暴发虽然会暂时性地减缓全球化加速融合进程,但是不可能从根本上改变这一趋势。习近平主席在世界经济论坛"达沃斯议程"对话会上的致辞中强调多边主义的全球治理解决之道,主张秉持人类命运共同体理念,开展全球行动、全球应对、全球合作,使其更好地反映新兴市场国家和发展中国家的意愿和利益。①只有坚持共同和普惠的伦理共识、更加开放包容的伦理原则,才能使世界各国的平等参与、协商处理全球事务,真正化解全球治理困境,共同缔造人类美好未来。为此,新时代伦理学工作者应该积极开展国际关系伦理研究,分析新冠肺炎疫情防控阶段和后疫情时代全球治理的伦理挑战,汲取中国智慧中普惠和包容的价值理念,深入研究全球产业重构和全球经济利益重新分配所引发的伦理冲突,仔细考察由于价值体系差异导致的摩擦,推进全球治理体系创新完善,改变广大发展中国家和新兴经济体在全球化进程中所处的不利地位,明确新的全球治理格局中各个国家的伦理责任,为全球可持续发展提供伦理支撑。

---

① 习近平:《让多边主义的火炬照亮人类前行之路——在世界经济论坛"达沃斯议程"对话会上的特别致辞》,《中华人民共和国国务院公报》2021 年第 4 期。

第一章 社会主义核心价值观与新时代中国特色社会主义伦理精神

核心价值观是文化最深层的内核，决定着文化的性质和方向，体现着一个国家、一个民族的精神高度。党的十九届四中全会创造性提出"坚持以社会主义核心价值观引领文化建设制度"。①倡导富强、民主、文明、和谐，倡导自由、平等、公正、法治，倡导爱国、敬业、诚信、友善，积极培育和践行社会主义核心价值观，不仅有助于引领文化建设制度，更是与新时代中国特色社会主义伦理精神高度契合。

第一节 社会主义核心价值观与文化建设制度

社会主义核心价值观植根于中华文化沃土，熔铸于我们党领导人民长期奋斗的伟大实践，是社会主义先进文化的精髓，是当代中国精神的集中体现，凝结着全体人民共同的价值追求，昭示着中国特色社会主义发展方向和光明前景。正是社会主义核心价值观深厚的民族性、鲜明的时代性、内在的先进性、广泛的包容性，决定了其在我国文化建设中居于主导和引领地位。

一、核心价值观与中国特色社会主义伦理相契合

社会主义核心价值观是反映中国特色社会主义伦理的价值本质、指引中国人民共同进步的价值目标、规范整个社会基本价值评判的核心价值追求，在社会发展和人们生活中发挥着不可替代的导向功能、规范功能和动力功能。具体阐明社会主义核心价值观中每个范畴何以与中国特色社会主义

---

① 《中共中央关于坚持和完善中国特色社会主义制度、推进国家治理体系和治理能力现代化若干重大问题的决定》，《人民日报》2019 年 11 月 5 日。

伦理相契合,具有重要意义。

关于"富强"价值观,其内涵在新时代条件下表现为国富民强,是社会主义现代化国家经济建设的应然状态,是中华民族梦寐以求的美好夙愿,也是国家繁荣昌盛、人民幸福安康的物质基础。中国梦的本质是国家富强、民族振兴、人民幸福。实现国家富强是中国梦的首要内容,是我们党和国家的首要奋斗目标。富强价值观契合于中国特色社会主义伦理,中华民族和中国人民对富强有着自己的理解与坚守:崇奉的是"富贵不能淫、贫贱不能移、威武不能屈",鄙薄的是不义而富、为富不仁;强调的是以理服人、以文服人、以德服人,反对的是恃强凌弱、以大欺小、穷兵黩武;追求的是美美与共、协和万邦,唾弃的是唯我独尊、排斥异己。职是之故,惟有自强不息、厚德载物,才能成就中国富强;惟有富而不骄、富而好礼,方有所谓"富强中国"。这样一个"富强中国",永远不会崩溃,永远不会威胁他人;这样一个"富强中国",必将宠辱不惊、迎难而上,充满自尊和自信,巍然屹立于世界民族之林。

关于"民主"价值观,其内涵在新时代条件下表现为人民民主,其实质和核心是人民当家作主。它是社会主义的生命,也是创造人民美好幸福生活的政治保障。邓小平曾讲,没有民主就没有社会主义。民主是社会主义的生命,是实现"两个一百年"伟大目标和中国梦的过程中必不可少的一环。政治民主化已成为现代化的一个重要趋势。党的十八大把"民主"写进社会主义核心价值观的基本内容,体现了国家对民主的孜孜追求,契合了民众对民主的深切期望。民主价值观契合于中国特色社会主义伦理,我们甚至可以说,民主是完善和发展中国特色社会主义制度的生命。之所以将人民民主视为社会主义的生命,主要是因为:其一,人民民主是社会主义的立身之本,因为社会主义制度本质上是人民当家作主的制度;其二,人民民主是社会主义的发展之基,以人为本的科学发展,只有在人民当家作主的民主政治条件下才有可能实现;其三,人民民主是社会主义的活力之源,只有通过人民民主方式充分调动社会各方面的积极性、主动性和创造性,才能形成发展社会主义事业的强大合力。

关于"文明"价值观,其内涵在新时代条件下表现为把建设社会主义文明国家作为国家建设的核心价值理念、基本价值目标与关键价值标准,促进社会主义物质文明、政治文明和精神文明的协调发展,①促进社会主义国家文明、社会文明和个人文明的全面进步,促进社会主义文明理念、文明制度

---

① 虞崇胜:《政治文明论》,武汉大学出版社 2003 年版,第 9 页。

和文明行为的有机统一。文明价值观契合于中国特色社会主义伦理,社会主义文明的价值导向性表现为始终坚持将功利价值导向和非功利价值导向相统一,在社会主义文明实践过程中,充分重视物质价值(自然价值、经济价值)的同时,对精神价值(文化价值、知识价值、道德价值、审美价值)、政治价值和生态价值予以高度重视,正确引导社会的价值评价,进而使社会在持续发展的过程中能够同时获得物质文明的坚实基础和精神文明的理想品质。

关于"和谐"价值观,其内涵在新时代条件下表现为处理人与自然、人与人、人与社会及人与自身关系的价值标尺,是人类社会孜孜以求的价值目标,也是马克思主义创始人所向往的未来共产主义社会的价值理想。和谐价值观契合于中国特色社会主义伦理,集中体现了新时代中国特色社会主义社会学有所教、劳有所得、病有所医、老有所养、住有所居的生动局面。它是社会主义现代化国家在社会建设领域的价值诉求,是经济社会和谐稳定、持续健康发展的重要保证。任何民族和国家的和谐价值观都要同这个民族和国家需要解决的时代问题相吻合。具体来说,我国社会主义和谐价值观的时代价值表现在以下几个方面:第一,有利于在生产生活实践中调控人与人、人与自然、人与社会、人与自身之间的关系,使之走向秩序化和动态和谐;第二,有利于对社会成员进行教化;第三,具有作为主导性意识形态的监督导向价值。

关于"自由"价值观,其内涵在新时代条件下表现为倡导人的自由全面发展,这是马克思主义关于共产主义社会价值的本质规定,是共产主义最感召人、吸引人、凝聚人的价值理想的光辉。自由是人类共同的理想追求,但在不同的民族、不同的时代、不同社会及不同文化传统中,人们对自由的理解以及实践自由的方式、道路必然存在差异。自由价值观契合于中国特色社会主义伦理,社会主义自由价值观是在积极扬弃资本主义自由观基础上,倡导一种更彻底、更广泛、更全面的自由,它总体上代表了人类通向自由解放的正确方向,实践上也开辟了人类自由发展的新道路和新境界。马克思主义以实现人的自由与全面发展为最高目标,把自由作为社会主义核心价值观一个重要内容加以弘扬与践行,是进一步明确我国社会自由全面发展的基本方向的迫切要求。自由问题是当代世界意识形态斗争的焦点问题之一,也是当代中国社会发展中人们普遍关注的敏感问题,更是中国特色社会主义理论与实践不可回避的重大问题。

关于"平等"价值观,其内涵在新时代条件下表现为公民在法律面前的一律平等,其价值取向是不断实现实质平等。它要求尊重和保障人权,人人依法享有平等参与、平等发展的权利。平等是一种价值追求,而且追求平等价值是一种政治美德。相对于其他社会形态,社会主义社会更加注重对平等美德的关切,平等是中国特色社会主义伦理最重要的价值追求。平等在社会主义社会不仅仅表现为一种价值观念,更是一种实践行动。社会主义是在批判资本主义不平等的基础上,把真正的平等作为一种理想目标,更高地举起了人类社会平等的大旗,引导人们为实现这一理想目标而努力奋斗。按照马克思的世界历史理论,作为人类社会的最高发展阶段,社会主义社会必须自觉地把践行平等这一人类社会的至上美德作为己任,在全社会大力培育和践行社会主义平等价值观。平等是一种理想,又是一种实践。社会分工和市场交换是人类社会发展的必然结果,分工和交换客观上形成了人与人之间的依赖关系,而建立人与人之间平等的依赖关系需要靠正义的制度规则来保证。平等是一种政治美德。社会主义社会,每个人都具有同等的生命权利、发展权利和追求幸福的权利,理应受到平等的对待。人是历史的主体而非历史的工具,人类社会文明发展的历史,就是一部从不平等状态向平等状态逐步过渡的历史,人的发展状态是衡量人类社会进步的根本标志。此外,人类社会文明的实质表现为人与人之间在各方面的平等程度,包括物质分配平等、政治地位平等、精神状态平等及人与自然的平等。

关于"公正"价值观,其内涵在新时代条件下表现为社会公平和正义,它以人的解放、人的自由平等权利的获得为前提,是国家、社会应然的根本价值理念。改革开放以来,中国经济社会在取得巨大发展进步的同时,各领域的矛盾和问题也日趋尖锐,区域之间、城乡之间、社会成员之间的巨大差距给实现社会公正带来严峻挑战。近几年来,一些引起社会广泛关注的热点、难点、焦点问题都不同程度地与社会公正问题联系在一起。作为衡量社会文明与进步的一个重要尺度,公正对于保证社会的正常运转和健康发展有着重要意义,可以说,公正价值观是中国特色社会主义最重要的伦理追求,因此,公正价值观契合于中国特色社会主义伦理。同时,公正研究也有着重大的学术价值,它涉及对于政治哲学、经济学、社会学、法学、伦理学及政治学等领域中一些基本问题的理解和解释。不同时代、不同阶级的思想家对公正的理解却有很大分歧。这种关于公正的分歧,甚至被博登海默说成是"一张普洛透斯似的脸,可随心所欲地呈现出极不相同的模样"。①认真追溯

---

① [美]E.博登海默:《法理学——法哲学及其方法》,邓正来译,华夏出版社1987年版,第238页。

和整理人类以往的研究，并以马克思主义的公正理论为指导加以考察，妥善解决社会公正问题，已成为在追逐"中国梦"道路上不得不严肃面对的重大课题。社会公正是千百年来人们追求的理想社会状态，是人类追求美好社会的一个永恒主题，是衡量社会进步的重要尺度。维护和实现社会公平正义，是当前核心价值观研究的内在要求，也是新时代实现中华民族伟大复兴的中国梦的现实要求。

关于"法治"价值观，其内涵在新时代条件下表现为依法治国，是治国理政的基本方式，是社会主义民主政治的基本要求。它通过法制建设来维护和保障公民的根本利益，是实现自由平等、公平正义的制度保证。法治是人治的对立物。与凭据当权者个人意志进行统治的人治不同，法治的基本涵义乃是指"法律的统治"（rule of law），旨在于强调法律高于当权者的个人意志，一切国家机关、社会组织和个人的行为都要遵循法律的规定，受到法律的约束。法治其内容包括法律至上，颁布宪法，立法、司法、行政权分置，以法律保障公民的自由权利，法律面前人人平等，依法行政、不滥用权力，文明执法、公正执法等。法治与"专制"相对应。卢梭《社会契约论·论法律》说："凡是实行法治的国家——无论它的行政形式如何——我就称之为共和国；因为惟有在这里才是公共利益在统治着，公共事物才是作数的。"又说："一切合法的政府都是共和制的。"自戊戌变法以来，中国人民一直致力于建设一个法治国家。社会主义核心价值包含有"法治"内容，正是为共和制政体"正名"的必然选择。法治价值观契合于中国特色社会主义伦理，在新时代条件下，当代中国的全面深化改革已经走进了"深水区"。如何有效化解社会转型期的各种"焦虑"和"纠结"，以最小的代价减少伴随经济社会发展转型的"阵痛"，是我们不得不面对的问题。从表面上看，法治与改革似乎存在某种紧张关系，因为法治注重规则与秩序，强调稳定与预期，而改革强调变化与革新，其结果往往是对既有规则的突破，特别是在改革的初期，往往需要破除一些陈规陋习，需要进行大刀阔斧的改革，这一过程往往表现为对既有秩序的某种冲击。事实上，改革与法治本质上并不是对立的，二者存在着对立统一关系。一方面，从法治文明发展历程来看，法治始终是动态、变革中的法治，这不仅体现在法治模式的最终确立也是变革的结果，而且体现在法治之法本身也随着经济社会发展、社会关系变迁而不断发展变化。另一方面，成功的改革应当是法治规范下的改革。法律譬如大河的两岸，始终引导着改革洪流前行的方向。只有以法治推动改革，才能保证改革的正当性、稳定性和权威性；改革只有在法治的轨道上进行，才能保证其方向始终不偏,成果为全社会共享。将改革置于法治规范之下,正是对法律的尊重和对法治的信仰。如果改革总是意味着朝令夕改和对既有法律的恣意突破,人们就会对法律规则失去信心,这种改革也难以取得稳定而长久的成效。因此,深化改革必须在宪法和法律框架内进行,这既包括改革的正当性应当获得法律的支持,也包括改革进程应当依既定规则开展,改革成果应当以法律加以保护。

关于"爱国"价值观,其内涵在新时代条件下表现为基于个人对自己祖国依赖关系的深厚情感,也是调节个人与祖国关系的行为准则。它同社会主义紧密结合在一起,要求人们以振兴中华为己任,促进民族团结、维护祖国统一、自觉报效祖国。人类在漫长的历史长河中绵延数千年而演绎出精彩的人文历史,其中固有其深刻的社会和文化原因。而无数的内因背后,富有凝聚力、向心力和生命力的爱国精神与作为悠久、优良、深厚传统的爱国主义始终都构成了许多民族优秀的精神内核与独特的民俗气质,甚至成为许多文明的标志性价值特质。爱国价值观契合于中国特色社会主义伦理,在中国特色社会主义建设进程中、在中华民族伟大复兴中国梦的实现过程中,爱国作为社会主义核心价值观的重要环节,它不仅是整个核心价值观的关键承接点,而且是公民道德价值同一性的可能性基础,是公民价值的最大公约数。在社会主义核心价值观中,爱国是基石与核心环节,是整个价值体系的承接点,体现出其价值真理。其中,国家层面的价值是爱国的理想目标,社会层面和个人层面的追求则是"爱国"的价值取向和行为准则。因此,培育和践行社会主义核心价值观,应以爱国为核心,把个人价值追求与共同社会理想归结,统一到爱国精神上来,形成凝心聚力的兴国之魂、振邦之魄。如果说民族精神是一个民族认同的价值取向、思维方式、道德规范、精神气质的总和,那么爱国精神则集中反映了中华民族的心理特征、文化传统和精神面貌,爱国主义的优良传统千百年来已深深融入民族意识,成为中华民族生生不息、屹立于世界民族之林的强大精神动力。在社会主义核心价值观体系中,爱国同样体现了中华民族精神核心的价值诉求。在新的历史时期下,要想更好地在中国发展社会主义,实现中华民族伟大复兴的中国梦思想和"两个一百年"的奋斗目标,就必须认清社会主义爱国主义的今日价值,认清它对于传统爱国主义弊端的扬弃,将爱国主义与社会主义有机统一于实现中华民族伟大复兴的中国梦中。

关于"敬业"价值观,其内涵在新时代条件下表现为要求公民忠于职守,克己奉公,服务人民,服务社会。对公民职业行为准则的价值评价,充分体现了社会主义职业精神。敬业价值观契合于中国特色社会主义伦理，作为社会生活实践主体的人民群众，通过在步入社会中所取得的职业，实现自身价值与社会价值相统一在价值观层面上的本质要求。因此，培育与践行社会主义敬业观是调动与汇集社会主体力量，实现全面建成小康社会、全面深化改革、全面推进依法治国进程、实现中华民族伟大复兴的重要内容。由于中国传统文化的积淀，社会主义中国敬业受到了中国传统文化的影响，形成了具有中国特点的职业价值观念。学习与理解社会主义敬业观的内涵及发展历史，体会社会主义敬业观的时代价值，对我们树立正确的社会主义敬业观有重要的指导作用。敬业作为社会主义核心价值观中的一个重要内容，在当代中国有着其独特的时代价值所在。敬业不是一个空泛的理念，而是紧紧依托于各行各业，依托于劳动者。敬业的时代价值，就体现于各行各业的实践中。当然，必须看到的是，以马克思主义的观点来看，敬业观从本质上而言是一种上层建筑，它在根本上是由物质生活所决定的，但是上层建筑本身具有一定的超前性，同时，以道德等为典型代表的上层建筑，对于物质生活的发展也具有反作用。敬业观时代价值的探讨，实质上也就是探寻敬业这种道德理念，在社会实践的发展中，发挥什么样的作用。具体而言，敬业的这种反作用，可以从中国社会"五位一体"的发展理念中，凸显出敬业观的时代价值。

关于"诚信"价值观，其内涵在新时代条件下表现为诚实守信，是人类社会千百年传承下来的道德传统，也是中国特色社会主义伦理的重点内容。它强调诚实劳动、信守承诺、诚恳待人。诚信是生活中人们很熟悉的德性之一，在中国传统文化的美德系列中并不凸显，没有像"仁、义、忠、孝"等被视为德目之纲，也少有释义诚信的鸿篇大论。诚信只是德性而已，而且诚信德性中个人的成分居多。为什么诚信能够成为社会主义核心价值观的重要内容呢？对这个问题的回答，首先要深刻理解社会主义核心价值观的必要性。核心价值观是一个国家最推崇、最能集中体现国家和社会发展的核心理念，其重要性不言而喻。社会主义核心价值观是我们党根据我国现代化发展要求和人民群众对精神文化发展的要求而提炼出来的价值文化。作为国家最重要的核心价值观，其在当前多元多样思想文化中，起到主导和引领社会发展方向的作用。这种作用覆盖所有领域，包括经济、政治、文化、社会生活各个方面，还包括对人的精神观念的培育。但是具体哪些价值观能够成为社会主义核心价值观？这取决于国家社会发展的需要。应该说，是那些对于国家社会发展极具关键性的且迫切需要的但恰恰又是现实十分缺乏的价值观念,才能成为社会主义核心价值观。习近平总书记在北京大学师生座谈会上的讲话中有明确的说明:"一个民族、一个国家的核心价值观必须同这个民族、这个国家的历史文化相契合,同这个民族、这个国家的人民正在进行的奋斗相结合,同这个民族、这个国家需要解决的时代问题相适应。"①习近平总书记这段话除了指出核心价值观要同一个国家的历史文化相契合,更重要的是提出了核心价值观与解决时代问题相适应的原则,即核心价值观时代性的使命。只有清醒认识这一点,才能理解社会主义核心价值观的组成。根据上述对社会主义核心价值观的理解,可以推断出将诚信列入社会主义核心价值观基于两个依据:一是诚信观已经成为当今国家社会发展迫切需要的精神力量之一;二是诚信观的道德含量在降低,生活中诚信观被边缘化,成为稀缺的道德资源。这两点集中体现为诚信观的需要与缺乏。其实这两者是相互联系的:诚信的缺乏构成现代精神文化问题的主要原因,正因为诚信观缺乏才使诚信观的建设显得分外的迫切;但更重要的在于,提升我国诚信价值观的践行意义正是这个时代发展提出来的重要现实课题。社会主义核心价值观是社会主义核心价值体系的内核,它是社会主义核心价值的集中体现。诚信作为社会主义核心价值体系及社会主义核心价值观的重要内容,它是社会主义道德和公民道德的有机统一。社会主义核心价值体系和核心价值观的提出是对中国特色社会主义道德建设的一个理论提升,使其上升到了世界观、价值观的高度,进而,诚信也就从具体的道德规范、思想道德建设的重点升华为人生观、价值观的重要组成部分。社会主义核心价值观将诚信作为其主要倡导内容之一,凸显了诚信作为公民价值准则的重要性和必要性。的确,诚信既是规范人们行为的准则,也是社会主义物质文明和精神文明建设的精神依托和价值目标;既是社会和谐的风向标,也是经济社会建设的动力源。然而,社会是复杂的。近几年来,诚信缺失的现象时有发生,且严重影响着社会有机体的正常运转。例如,毒牛奶、瘦肉精、地沟油、染色馒头等食品安全问题,在对广大消费者身体健康造成损害的同时,或导致一个企业的毁灭,或影响一个行业的发展,甚至在一定程度上对一个地区乃至整个国家的经济发展产生严重的负面效应,进而影响公众的情绪和社会的稳定。因此,倡导诚信,解决当前我国经济社会发展中的诚信缺失问题,不仅是推进公民道德建设的基本要求,更能以其独特的价值

---

① 习近平:《青年要自觉践行社会主义核心价值观——在北京大学师生座谈会上的讲话》,《人民日报》2014 年 5 月 5 日。

启迪和价值引导作用,促进经济社会的快速和健康发展。

关于"友善"价值观,其内涵在新时代条件下表现为公民之间应互相尊重、互相关心、互相帮助,和睦友好,努力形成社会主义的新型人际关系。随着现代化的发展,原本以自然经济为依托的村落生活方式转向以现代工业为依托的城镇化生活方式,人际交往模式也由以熟人型为主的交往转为以陌生型为主的交往。与此同时,伴随着科技进步,尤其是互联网的诞生与发展,人际交往模式更是摆脱了时空的束缚,足不出户便可结交天下。中国特色社会主义进入新时代,经济的高速发展带来的利益多元化与观念多样化导致人际交往的功利主义色彩越发严重,道德弱化现象屡屡发生,社会笼罩在焦虑的云层之中。那么,该如何拨开云雾,还人际交往的一片青天呢?毋庸置疑,只有将友善价值观契合于中国特色社会主义伦理,才能够在公民道德的培育、社会人际交往环境的优化及实现中国梦等方面发挥重要的作用。作为社会主义核心价值观的内容之一的友善有其基本特征,这些特征不仅能够展现出友善核心价值观的独特内涵,也能够彰显出其所具有的重要价值。通过对友善基本特征的梳理与挖掘,我们能进一步深化对友善概念的认识,也能进一步认清友善在社会主义核心价值观中的重要地位与作用。善包含着善待亲友、他人、社会和自然的意义。善待亲人,可以和谐家庭关系;善待他人,可以和谐人际关系;善待自然,可以形成和谐的生态关系;善待社会,可以和谐社会关系。建设友善核心价值观的重要性表现在以下几个方面:首先,就社会历史的一般发展而言,友善是社会稳定与和谐的润滑剂,是推动社会发展的重要精神力量;其次,友善是中国特色社会主义理想社会的重要组成部分,"中国道路""中国模式"越来越引起全世界人民的高度关注,中国特色社会主义事业要走的就是一条开放、合作、共赢、和谐、共富之路,其国内目标就是社会和谐与中国梦的实现;最后,就个人行为目的的实现而言,友善是我们每个人事业有成和幸福生活所不可或缺的精神要件。

二、社会主义核心价值观与资本主义价值观的比较

新时代中国特色社会主义伦理精神从历史向度和中西之维体现它的精神气质,在中国特色社会主义的生动实践中,实现对资本主义精神和空想社会主义精神的批判和超越、对科学社会主义精神的继承和发展、对中国传统文化的扬弃和对人类文明优秀成果的借鉴。新时代中国特色社会主义伦理精神源于中国特色社会主义的伟大实践,对于当前各种社会思潮具有积极的引领作用,能够有效凝聚社会共识。

1. 资本主义核心价值观的渊源

每当我们开始追问资本主义价值观的历史渊源的时候,首先想到的是法国大革命的《人权与公民权利宣言》中的"人人生而自由平等,公民享有自由传达思想和意见的权利,私有财产神圣不可侵犯"。①可是在人们舍弃自由,臣服于拿破仑的时候,自由好像已经成了"形式的自由"。这时,托克维尔之问似乎也应进入我们的眼球:"为什么革命往往发生在社会状况有所改变的时候,而不是发生在状况越来越糟糕的时候?"②透过这个视角,继续探讨资本主义核心价值观的思想渊源,我们发现,美国《独立宣言》的发表比法国早了13年,其中指出:我们认为这些真理是不言而喻的:人人生而平等……其中包括生命权、自由权和追求幸福的权利。当我们把法国大革命作为资本主义价值观中自由、民主、平等、人权的历史事件时,不可以忽视现代资本主义的价值观念扎根生长的北美大陆。审视全球资本主义的权力中心和意识形态领导权的从传统资本主义强国向美国的转移,肇始于《独立宣言》的美国式"自由、民主、人权",从理论和实践上,都可以代表现代的资本主义核心价值观。回溯托克维尔之问,可以看出,在任何伟大的社会和思想革命得以被动的呈现的背后,其内在动力和运动却是主动的。

资本主义价值观是资产阶级思想家在反对封建专制统治进行资产阶级革命的过程中逐步形成的。虽然各个国家的具体表述和理解上存在一定差异,但是"自由、平等、民主、人权"这些标志性的口号得到了广泛的认可,这也和当时的生产力发展水平是相适应的,是具有历史进步性的。列宁就曾经指出:"资本主义和封建主义相比,是在自由、平等、民主、文明的道路上向前迈进了具有世界历史意义的一步。"③这些发端于古希腊的哲学用语历史悠久,真正制约其演绎和解释的却是"制度"平台不同引发的意识形态自觉和价值认同的差异。

2. 自由——经济基础之异

资本主义市场经济是资本主义核心价值观的经济基础。自由相对于封建专制中不自主的依附,是进步的。建立起来的是生产资料私有制基础之上的资本主义,市场在资源配置中的决定性作用是排除国家和政府的行政干预的。资本的逐利本性使其行为在资本逻辑的运行中日渐疯狂,使手段

---

① [德]耶里内克:《〈人权与公民宣言〉:现代宪法史论》,李锦辉译,商务印书馆2012年版,第12—18页。

② [法]托克维尔:《旧制度与大革命》,高望译,中华书局2014年版,第3页。

③ 《列宁专题文集·论资本主义》,人民出版社2009年版,第248页。

变成了目的本身。整个社会通行的是资本逻辑，也就是说，自由的是资本，而不是劳动者。自由市场经济是西方资本主义核心价值观的基石，经济自由掩蔽了其强制性和个人自由的虚幻性。任何价值观都是对现实的反映，都有其产生的生产条件和现实基础。随着经济基础的不断发展变化，资本主义核心价值观滋生的"金钱本位"的确立，把人的尊严变成了交换价值，每个人行使支配社会财富的权力的原因在于他对货币拥有所有权。以物役人中的主体绝不是自由的，正如马克思笔下所描述的："依靠货币而对我存在东西，我能为之付钱的东西，即货币能购买的东西，那是我——货币占有者本身。货币的力量有多大，我的力量就有多大。"[①]而处于资本主义生产过程里的劳动者，很显然，表面看起来拥有平等的和资本家进行交易的自由，可是实质上，他们身无长物，除了具有出卖劳动力的"自由"以维持生活外，已自由到一无所有。综上所述，依附于生产资料私有制的资本主义核心价值观，真正自由的是四处游弋的资本，而价值主体得到的只是形式上的自由。

无论哪个时代、哪个国家，其核心价值理念，都是对其基本制度性质的集中反映，体现了这个国家在某一发展阶段的核心价值诉求。"社会主义核心价值观是当代中国精神的集中体现，凝结着全体人民共同的价值追求。"[②]社会主义核心价值观的基石是生产资料公有制为主体，广大劳动人民当家作主的社会样态。奠基于这一基石之上的劳动自由，是社会主义社会的本位价值。劳动在一定程度上可以成为评价一个人的价值。比如，他为社会、为国家、为人类提供了什么劳动成果，这就是一种价值的彰显。劳动正在逐渐成为人们的"第一需要"，以劳动自由为内核的自由才是真正意义上的自由。马克思主义区别于其他学说的最根本的理论范畴是物质生产实践也就是劳动。劳动是自由的生命表现，生产出人与人的社会关系，人的解放首先是劳动的解放，是摆脱劳动的不自由的状态。劳动神圣与资本神圣是根本对立的价值观。

3. 人权——理论基础之辩

资产阶级社会的人权所体现的是个体本位的崇尚。个人价值在社会中的体现、个人的意志和自由、个人与个人的平等即是人权的具体表现。在资本主义发展初期，这些价值观的先进性对于反对封建专制起到了积极的作用。但是随着社会的发展，把个人的特殊利益凌驾于社会、集体和他人利益

---

① 《马克思恩格斯文集》（第1卷），人民出版社2009年版，第244页。

② 习近平：《决胜全面建成小康社会夺取新时代中国特色社会主义伟大胜利》，人民出版社2017年版，第11页。

之上的极端个人主义、享乐主义开始呈现。比如在全球新冠肺炎疫情阻击战中,我们看到了反对隔离的个人自由的极端宣扬,看到了不尊重弱势群体生命的医疗资源的倾斜,看到了尊重人权适用的差异化对待。资本主义核心价值观的理论基于抽象的人性论,这一理论认为人类在历史发展中会自然形成一些共同的本性,时代的变迁只会改变他们的具体表现形式,而本质规定不会改变。所以,符合全人类的价值取向和价值追求。也就是说,价值观存在同构性。但是这种推理是脱离了现实和时空维度的价值范畴的抽象化,抽去了价值的具体历史性只能导致虚幻的价值观。"按照他们关于人性的观念,这种合乎自然的个人并不是从历史中产生的,而是由自然造成的。这样的错觉是到现在为止的每个新时代所具有的。"①社会主义核心价值观奠基于马克思主义的意识形态理论,而对于意识形态的丰富内涵的理解又避免了只是基于抽象的观念层面理解核心价值观。把价值观与现实生活联系起来的正是意识形态。社会主义核心价值观的构建正是新时代的意识形态自觉的理论飞跃。社会主义核心价值观的建设与意识形态自觉具有同构性。意识形态所表征和反映的价值与特定的社会主体的根本利益之间,在社会主义制度中,得到了真实的体现。同样是全民战疫,同样是弱势群体,我们动用所有的医疗资源,尽可能尊重抢救每一个患者。截至 2021 年 4 月 6 日,全国新冠肺炎确诊和疑似患者的医保结算,涉及总费用约 14.86 亿元,医保支付 9.9 亿元,总体支付比例为 66.6%。②重于泰山、最根本的人权就是让每一个生命都有存在、都有被尊重的可能。坚持以人为本是社会主义核心价值观的本质要求。历史唯物主义认为,创造历史的主体是现实的人。任何社会形态中,现实的人的存在总是需要社会或者集体的认同,而作为社会结构的有机组成的意识形态正满足了这一精神需求。"统治阶级思想转化为统治思想,主要通过核心价值观的渗透。当人们把本来从属于一定阶级、一定社会形态的核心价值观视为当然如此的'普世价值'时,统治阶级思想就化作了社会广泛认同的统治思想。这种隐性的价值共识,成为人们日常生活的准则,并由以培育生活方式;成为人们判断善恶、是非、美丑的内在尺度,并在重大关口左右着主流民意。"③所以,这就是中国战疫中人民才是

---

① 《马克思恩格斯文集》第 8 卷,人民出版社 2009 年版,第 6 页。

② 仇雨临、王昭茜、冉晓醒:《中国共产党领导下的中国医保:发展道路与经验总结》,《东岳论丛》2021 年第 10 期。

③ 侯惠勤:《关于提炼社会主义核心价值观的几个问题》,《中国社会科学报》2012 年 5 月 7日,第 A07 版。

真正的英雄的原因所在。

4. 结构——伦理价值之路

特定的阶级意识通过意识形态获得自身的表达,资产阶级核心价值观宣扬抽象的平等、绝对的自由、超阶级的民主和超越历史的天赋人权,这种意识形态的虚假性的根源在于其经济基础也就是物质活动方式的局限性和由此产生的社会关系的狭隘性。这种局限和狭隘使资本主义的核心价值观的结构畸形,过于强调个体而忽视了集体意识。对个体意识的凸显和个人自由的追求,会使核心价值观在个人的心理层面趋于工具化,在社会的层面趋于功利化。只看到纯粹的工具理性或者利益机制的价值观会使国家等伦理实体虚化,从而消解价值认同意识。

反观社会主义核心价值观,是国家核心意志、社会制度属性、公民道德原则的三维结构。这一结构,不仅贯通了伦理实体、社会生活和主体德性的价值生态,而且还体现了我国传统伦理的家国一体、由家及国的差序伦理范式。这一结构契合了马克思实践哲学的要求和路径,将"现实的人"植入社会存在的历史视域和运动规律之中,把人的全面自由发展看作人的本质力量在伦理实体中的彰显。而且,这一结构也是对马克思主义整体性特征的诠释,而这种诠释对于思想意识的引领又具有鲜明的导向作用。我国社会主义核心价值观的构建,要立足于社会主义主流意识形态构建与人类基本价值诉求良性互动发展的基准线,探索新的实践路径以适应意识形态存在方式的现代转变。而伦理学作为实践哲学所提供的实践范式能够很好地解决个体意识及其利益诉求和特定的历史发展阶段的社会集体的价值取向的张力,并通过价值评价的作用机制影响核心价值观的认同。

5. 社会主义核心价值观与人类命运共同体的休戚与共

价值理念的契合性。核心价值源自人类的普遍价值,是共同价值的重要组成部分。共同价值是联结共同体的重要纽带。习近平主席在第七十届联合国大会一般性辩论时指出:"和平、发展、公平、正义、民主、自由,是全人类的共同价值,也是联合国的崇高目标。"[①]共同价值是共同利益在价值观上的凝结,是超越意识形态对立的价值观,它是基于对全人类命运的深层关怀,是对人类所面临的时代问题应该秉持的价值理念的诠释。而共同价值与核心价值相互贯通,相互滋养。核心价值是民族、国家与社会生生不息的精神源泉,是具有强大感召力和凝聚力的共同价值。社会主义价值观就是

---

① 《习近平谈治国理政》第 2 卷,外文出版社 2017 年版,第 522 页。

这种核心价值的中国样态。二者共同代表了人们对美好生活和幸福未来的理想追求,秉持了承古明今的价值指向。核心价值作为共同价值的重要组成部分,是共同价值在中国的具体展开。和平发展是当今世界的两大主题,更是我国长期以来一直坚持的国家战略。和平源于人的发展本质,而人的发展本质又基于人的劳动需要。马克思认为劳动创造了人本身,劳动这种需要就是人的本性。劳动不仅使人满足需要,并在不断构建人的发展的意义。开放共享是超越民族的人文精神和现代社会的价值共识,同时也是共同体的本质。从改革开放到合作共享,是中国与世界和谐共生的实现路径。合作共赢,则是一种共识,是社会行为和价值认同的结合点。基于合作的共赢,以共赢为目的的合作,是人类发展的共同价值追求,是步入人类文明新时代的行为准则。

建构逻辑的一致性。首先,从历史逻辑来看,在马克思主义发展史上,关注人类命运和追求人类的解放和全面发展一直是其永恒追求和价值旨归。而社会主义核心价值观所彰显的是对以人民为本的矢志不渝的人文情怀和真实关怀。社会主义核心价值观和人类命运共同体都遵循了历史发展和演变的逻辑,从不同的价值和维度确定了价值理念。其次,从理论逻辑来看,社会主义核心价值观与人类命运共同体都是基于"真正的共同体"的理论路径发展而来。在《德意志意识形态》中,马克思和恩格斯明确构建了"真正的共同体"的伟大思想。他们认为,以前的共同体,是"虚幻的共同体",实质是为维护统治阶级利益的,是广大人民自由发展和主张权利的桎梏。而"真正的共同体",其根本目的是实现人的解放与人的自由全面发展。人类命运共同体和"真正的共同体"一脉相承,强调了人类发展的总趋势,站在人类发展的命运与共的新高度,注重人类社会发展的阶段性的辩证统一。最后,从实践逻辑来看,社会主义核心价值观与人类命运共同体的建构基础都是生产力水平的普遍提高,建构模式是基于世界市场基础上的普遍交往模式。

概而言之,资本主义的价值观会被更合理、更先进的社会主义价值观所取代,这是社会发展的总趋势。但是这种取代不是人为的对立和割裂之后的单纯否定,也不是毫无肯定的全部否定。社会主义价值观是在"否定"资本主义价值观的基础上建立起来的,是对资本主义价值观的扬弃。既批判又吸收,既克服又保留,比如,既吸收了资本主义价值观重视人的个性发展、重视人的尊严和自由,以及开放竞争效率等观念中的合理内容,又在社会主义制度的基础上进行了新的融合和"再创造"。社会主义价值观在"扬弃"资本主义价值观后,使其内容更加丰富、完善,经过自我提升和创造后,社会主义价值观会发展到一个更高的历史阶段。

三、以社会主义核心价值观积极引领文化建设制度

中国特色社会主义进入新时代,培育和践行社会主义核心价值观面临诸多挑战,必须正视世界社会主义发展的相对低迷造成社会主义价值观动摇、西方发达国家的价值观战略对社会主义核心价值观构建的负面影响、中国社会深刻转型带来价值观危机、思想宣传工作的失误与偏差导致一些领域社会主义价值观"虚化"等问题,通过推动理想信念教育常态化和制度化、完善文化建设的法律政策体系、推进中华优秀传统文化传承发展工程和完善诚信建设长效机制等措施来保障社会主义核心价值观的培育和践行,从而积极发挥社会主义核心价值观在文化建设中的引领作用,为文化发展提供价值引导,促进对共同理想价值认同。

1. 培育和践行社会主义核心价值观面临的挑战

(1)世界社会主义发展的相对低迷造成社会主义价值观动摇

不论什么类型的国家或社会,当经济基础和社会结构发展到一定程度的时候,在执政者的自觉或人民群众的要求下进行相应的体制机制改革是很正常的,并且也是非常必要的。不过,社会主义国家的改革有两种:一种是遵循唯物史观实现社会主义自我完善的改革;一种是背离唯物史观的改变社会主义方向的改革,亦即"走老路"或"邪路"的变革。苏东国家采用西方理论家设计的所谓"休克疗法",实行激进的经济社会改革,就是背离了社会主义价值观方向的变革。苏东国家改革的出发点不是要改变原有的社会主义模式存在的弊端,而是认为建立在公有制基础上的社会主义制度本身是注定没有效率、没有前途的。他们进行改革的目的不是为了完善社会主义制度,而是为了用被他们看作富有效率的以私有制为基础的资本主义取代没有效率的以公有制为基础的社会主义;改革的性质不是完善社会主义,而是对社会主义价值观及基本制度的根本否定。因而,这种改革是注定要失败的。特别是苏联作为世界上第一个社会主义国家,其解体的原因固然错综复杂,但其中一个不可忽视的原因就是苏联盲目引入西方所谓的自由民主思想,在指导思想上放弃了马克思主义的主导地位,大搞指导思想多元化,忽视了社会主义价值观的建设、坚持和发展,从而使人们对社会主义价值本质的认识以及对社会主义核心价值观的认识,长期处于模糊之中,极大地影响到人们对社会主义的理解、信念和信仰,影响到社会主义的具体实践,并为资本主义价值观的渗透提供了可乘空间和可乘之机。这正如罗尔

斯所指出的那样："政治价值是极为重要的价值，因之是不能轻易僭越的。"①放弃社会主义价值观及意识形态的主导地位，主张社会政治多元化、指导思想多元化和"非意识形态化"正是苏东社会主义国家易帜改辙的重要原因之一。苏联解体、东欧剧变及世界社会主义国家发展的低迷，必然会影响当代中国社会主义价值观的塑造，但也给我们以警示：无论社会主义国家进行怎样的改革，在任何时候都不能放弃社会主义价值观念，必须不断推进社会主义价值观的构建与发展。

（2）西方发达国家的价值观战略对社会主义核心价值观构建的负面影响

当今时代，就经典马克思主义曾经批判过的资本主义制度来说，它不仅没有消亡，而且还在平稳地发展，并且资本主义社会的表面繁华所虚构的"景观"遮蔽了人们对其社会本质的认知。法国哲学家居伊·德波就曾指出，资本主义业已超越了它的生产阶段，利用饥饿来实现对被剥削阶级的统治已经是资本主义上个阶段的陈年旧事了，当代资本主义已经从生产阶段发展到了一个独特的景观阶段。

"在现代生产条件无所不在的社会，生活本身展现为景观的庞大堆聚。直接存在的一切都转化为一个表象。"②这里，德波借"少数人演出，多数人默默观赏"的"景观"来意指资本主义社会的新特质，人们因为对景观的迷恋而丧失自己对本真生活的渴望和要求。"在真实的世界变成纯粹影像之时，纯粹影像就变成真实的存在——为催眠行为提供直接动机的动态虚构的事物。"③在德波看来，马克思所指认的那个物性的商品经济世界已经转化成景观的总体存在，马克思所面对的人与人关系的经济物化颠倒转变为已经颠倒的物化本身的表象化再颠倒，社会存在表象化已突显为资本主义的主导性范式。德波认为，景观的存在和统治性的布展证明了资本主义体制的合法性，人们在景观当中迷失并丧失了对本真生活的渴望与要求，而资本家则依靠控制景观的生成和变换来操纵整个社会生活。可以看出，德波并没有真正理解马克思的物化批判理论，而他提出"景观"是当代资本主义合法性"永久在场"的观点也是必须批判的。不过，德波"景观社会"却向我们揭示了当代资本主义的价值观战略已经使人们不自觉地处于被麻痹的"催眠"状态。景观的在场就是物质化了、对象化了的世界观、价值观，它通过文化

① ［美］罗尔斯：《正义论》，何怀宏译，中国社会科学出版社1988年版，第18页。

② ［法］居伊·德波：《景观社会》，王昭风译，南京大学出版社2007年版，第3页。

③ 同上书，第6页。

设施和大众传媒构筑起一个弥漫于人的日常生活中的伪世界。从某种意义上可以说,这既是当代资本主义社会人们的革命行动及革命意识已经淡化或者正在淡化的原因,也弱化了人们对共产主义理想信念的信仰及社会主义价值观的构建。

（3）中国社会深刻转型带来价值观危机

一般来说,一个国家或地区经济的快速增长及国际经济、政治地位的提升,这本来有利于这个国家或地区共同理想或价值观的塑造,然而事实并非如此。就我们国家来说,改革开放和中国特色社会主义市场经济的发展,我们国家在政治、经济和社会等各个领域均取得了辉煌成就,国际政治地位和经济地位不断提高。但随着我国社会处于转型时期,受市场经济、多元文化思想和社会逐渐向民主化纵深发展等因素的影响,由于伦理道德关怀和法律准备不足,市场经济的弊端在我国被放大。在商品拜物教的冲击下,越来越多的人醉心于对财富的追逐,这使得社会生活领域呈现出功利化的趋势,再加上贪污腐败和社会冲突管理上的失误,导致享乐主义、极端自私自利、损人利己的思想和行为泛滥。这正如托克维尔所指出的:"不惜一切代价追求财富以及对商业的热衷、对索取的热爱、对舒适的追求和物质的享乐,就成了社会占统治地位的情感。这种情感弥漫到了所有等级,甚至那些对它们一无所知者也不能置身事外。如果它们不被制止,整个社会都会萎靡和堕落。"①再加上伴随着世界经济的全球化及我国改革开放向纵深处发展,西方一些不良的宪政观点、"普世价值"观念及新自由主义文化潮流正在冲击着人们的思想观念;而一些过去长期被认为是"姓社"的东西不再适用,一些被长期认为是"姓资"的东西在中国特色社会主义建设中出现,致使一些人或对党的理论创新不理解,或对改革开放的政策有疑虑,这势必会使一些缺乏必要思想准备的人们在思想认识上出现偏差,从而产生对中国特色社会主义理想信念乃至社会主义核心价值观的怀疑。理想的动摇是最危险的动摇,信念的滑坡是最致命的滑坡。因此,怎样从理论和实践中探讨并解决这些问题,是深化改革开放进程中绕不开而又必须予以回答的问题。

（4）思想宣传工作的失误与偏差导致一些领域社会主义价值观"虚化"

随着改革的全面深化和对外开放不断扩大,我国经济社会发展进程中的各种问题和矛盾叠加凸显,特别是在全球化浪潮与市场经济的冲击下,一些人感到无所适从,他们在精神上失去了信仰,丧失了判断善恶、是非的价

---

① ［法］托克维尔:《旧制度与大革命》,沙迎风译,光明日报出版社 2013 年版,第 28—29 页。

值标准,而一味地追求物质享受和经济利益,从而导致了享乐主义、功利主义与拜金主义等思潮的泛滥。在此背景下,人们的生活方式、行为方式也相应发生了变迁,原有的价值观念也受到了极大冲击,而新的价值观尚未形成,这就使各种观念交相杂陈,各种思潮此起彼伏,不同价值取向相互碰撞,致使一些人的理想信念发生了动摇、思想道德产生了滑坡,从而引发了道德危机、价值迷失以及诚信缺失等现象。再加上一定时期内,"我国社会主义意识形态在传播过程中在一些场合被有意无意地淡化、悬置、疏远甚至背离,在一些场合社会主义意识形态被当成一种摆设、口号或者程式化的东西,传播流于形式",①造成一方面社会主义意识形态在一些地方和部门的实际工作中没有得到应有的重视,另一方面在实际传播中社会主义意识形态的内涵也显得日益空洞单薄,逐渐脱离了时代精神。解决思想宣传工作的失误与偏差所导致的社会主义价值观的"虚化",需要强化中国特色社会主义价值观的引领作用。列宁曾指出:"马克思主义……无产阶级意识形态,我们必须在工人中重视这种意识形态的灌输,否则就是加强资产阶级意识形态对于工人的影响。"②列宁认为,以马克思主义这种"科学的意识形态"来教育工人群众,发展工人群众的政治意识,对于对抗资产阶级意识形态、促进革命的胜利发展是极为重要的。西方马克思主义理论家葛兰西也曾指出,无产阶级在意识形态上的成熟性是革命胜利的保证,"在意识形态是历史所必须的这个意义上,它们是'心理学的';它们'组织'人民群众,并创造出这样的领域——人们在其中进行活动并获得对其所处地位的认识,从而进行斗争"③。因此,构建社会主义核心价值观,不啻是彰显社会主义意识形态话语权的关键之举。

2. 培育和践行社会主义核心价值观需要文化建设的制度保障

(1) 推动理想信念教育常态化、制度化

理想信念是精神支柱、力量之源。习近平总书记指出:"一个国家,一个民族,要同心同德迈向前进,必须有共同的理想信念作支撑。"④回顾我们党团结带领人民一路走来的奋斗历程,之所以能够战胜一个个艰难险阻,创造一个个人间奇迹,迎来中华民族从站起来、富起来到强起来的伟大飞跃,靠

---

① 王家荣:《论我国一些领域社会主义意识形态的虚化现象、成因及应对》,《探索》2014年第4期。

② 《列宁选集》(第1卷),人民出版社1995年版,第121页。

③ [意]葛兰西:《狱中杂记》,曹雷雨译,中国社会科学出版社2000年版,第292页。

④ 习近平:《人民有信仰 民族有希望国家有力量》,《党建》2015年第4期。

的就是共同理想信念的凝聚和鼓舞。历史和现实表明,坚持共同的理想信念,任何时候都是我们的显著优势所在,都是我们前进的根本动力所在。当今世界正经历百年未有之大变局,我国正处于实现中华民族伟大复兴关键时期,改革发展稳定任务之重前所未有,风险挑战之多前所未有。越是形势复杂、任务艰巨、挑战严峻,越需要筑牢共同的理想信念,更好统一全党全国人民的思想和意志,汇集起攻坚克难、奋力前行的强大精神力量。

　　理想信念的确立和巩固是一个长期的、历史的过程,理想信念教育也是一个持续深化的过程。必须把理想信念教育作为基础性工程、战略性任务,做到常态化开展、制度化推进。要深入推进理论武装和宣传普及工作,引导干部群众深化对习近平新时代中国特色社会主义思想的学习,打牢坚定共同理想信念的思想根基,真正做到虔诚而执着、至信而深厚。要持续开展中国特色社会主义和中国梦宣传教育,坚持理论和实践相联系、历史和现实相贯通、国内和国外相对比,引导人们深刻认识中国特色社会主义的强大生命力和巨大优越性,深刻认识实现中华民族伟大复兴的现实基础和光明前景,坚定道路自信、理论自信、制度自信、文化自信,矢志不渝沿着中国特色社会主义道路为实现中国梦而奋斗。加强理想信念教育,既需要"立",也需要"破"。对非马克思主义、反马克思主义的错误思潮,对宣扬西方"宪政民主"、"普世价值"、历史虚无主义等的错误观点,对否定歪曲党的领导和中国特色社会主义制度的错误言论,要旗帜鲜明、敢于斗争,有针对性地进行辨析和批驳,帮助人们划清是非界限、提高辨别能力,自觉抵制错误思想观点的侵蚀。青少年是祖国的未来、民族的希望,要完善青少年理想信念教育齐抓共管机制,调动各方面力量教育引导广大青少年树立正确的世界观、人生观、价值观,立志肩负起民族复兴的时代重任。

　　坚定共同的理想信念,民族精神和时代精神是深厚基础。要大力弘扬民族精神和时代精神,加强党史、新中国史、改革开放史教育,加强爱国主义、集体主义、社会主义教育,引导人们树立正确的历史观、民族观、国家观、文化观,不断增强中华民族的凝聚力和向心力,推动形成团结一心的精神纽带和自强不息的精神动力。爱国主义是中华民族的精神基因,最能感召中华儿女团结奋斗。要大力弘扬爱国主义精神,唱响爱国主义主旋律,引导人们坚持爱国和爱党、爱社会主义相统一,增强爱国意识和家国情怀。要把维护祖国统一和民族团结作为爱国主义教育的重要着力点和落脚点,引导人们不断增强对伟大祖国、中华民族、中华文化、中国共产党、中国特色社会主义的认同,坚决维护国家主权、安全、发展利益,旗帜鲜明地反对分裂国家图谋、破坏民族团结的言行。道德是社会文明进步、团结和谐的基石,要大力实施公民道德建设工程,推进社会公德、职业道德、家庭美德、个人品德建设,引导人们正确辨别是与非、善与恶、美与丑、荣与辱、公与私、义与利,增强道德判断力和道德责任感,自觉讲道德、尊道德、守道德。要积极推进新时代文明实践中心建设,坚持在服务群众中宣传群众、引导群众,立足群众思想实际和生产生活实际开展活动、提供服务,更加注重精准化、实效性,更好地把满足群众需求同提高群众素养结合起来,促进全社会文明程度不断提升。

（2）完善文化建设的法律政策体系

任何一种价值观在全社会的牢固确立,都是一个思想教育与社会孕育相互促进的过程,都是一个内化与外化相辅相成的过程。弘扬社会主义核心价值观,教育引导是基础,但仅靠教育引导是不够的,还要有制度规范、有政策保障。否则,社会主义核心价值观就不容易落地生根,现实中的一些道德失范和价值扭曲现象也不能得到有效约束和遏制。党的十九大以来,我们党在治国理政中坚持德法相济、协同发力,重视发挥法律政策在核心价值观建设中的促进作用,专门制定了推动核心价值观融入法治建设的指导性文件和立法修法规划,推动出台一系列有利于培育和践行核心价值观的法律法规、规章制度和公共政策,在实践中取得了很好的效果。事实表明,以法律政策承载价值理念和道德要求,社会主义核心价值观建设才有可靠支撑。要坚持依法治国和以德治国相结合,完善与弘扬社会主义核心价值观的法律政策体系,把社会主义核心价值观要求融入法治建设和社会治理,体现到国民教育、精神文明创建、文化产品创作生产全过程,增强全社会对社会主义核心价值观的认同归属感和自觉践行力。

完善与弘扬社会主义核心价值观的法律政策体系,首先要强化法律法规的价值导向,推动核心价值观入法入规。要坚持把社会主义核心价值观全面融入中国特色社会主义法治体系之中,贯穿到法治国家、法治政府、法治社会建设全过程,贯穿到科学立法、严格执法、公正司法、全民守法各环节,使社会主义法治成为良法善治。要把社会主义核心价值观的要求转化为具有刚性约束力的法律规定,坚持法律的规范性和引领性相结合,积极推进立改废释,特别是要聚焦道德约束不足、法律规范缺失的重点领域,把实践中广泛认同、较为成熟、操作性强的道德要求及时上升为法律规范,更好地用法治的力量引领正确的价值判断、树立正义的道德天平。各行各业的规章制度和行为准则,是推动社会主义核心价值观渗透到社会生活方方面面的重要保障。要不断完善市民公约、乡规民约、学生守则、行业规章、团体章程等,使规范社会治理的过程成为弘扬社会主义核心价值观的过程。公共政策与群众生产生活和现实利益密切相关,其中蕴含的价值取向对人们的影响更切实、更直接、更广泛。要坚持政策目标和价值目标相统一,把社会主义核心价值观的要求体现到经济、政治、文化、社会、生态文明建设等各方面政策制定和实施之中,建立健全政策评估和纠偏机制,推动形成有效传导社会主流价值的政策体系,实现公共政策和核心价值观建设良性互动。

(3) 推进中华优秀传统文化传承发展工程

民族文化是一个民族区别于其他民族的独特标识,也是一个国家核心价值观孕育形成的深厚土壤。源远流长、博大精深的中华优秀传统文化,积淀着中华民族最深层的精神追求,包含着中华民族最根本的精神基因,为中华民族生生不息、发展壮大提供了强大精神支撑。社会主义核心价值观的源泉,来自中华优秀传统文化;社会主义核心价值观的根脉,深植于中华优秀传统文化。培育和弘扬社会主义核心价值观,必须坚守我们既有的传统、固有的根本,在此基础上深耕厚培、延伸发展。只有这样,才能更好延续我们的精神命脉、保持我们的精神独立性,才能使社会主义核心价值观在全社会牢固而持久地确立起来,成为感召和凝聚全体中华儿女的强大精神纽带。从这个意义上说,中华优秀传统文化传承发展工程,就是为国家立心、为民族立魂的工程。

推进中华优秀传统文化传承发展工程,贵在继承、重在创新。不忘本来才能更好面向未来。要本着客观、科学、礼敬的态度,进一步把中华传统文化这个宝库梳理好、开掘好,有鉴别地加以对待,有扬弃地予以继承,取其精华、去其糟粕,真正把优秀传统文化的精神标识提炼出来、展示出来,把优秀传统文化中具有当代价值、世界意义的文化精髓提炼出来、展示出来,守住中华文化本根,传承中华文化基因。要在梳理、甄别、萃取的基础上,充分运用学校教育、媒体传播、文艺创作、礼仪推广、民间传承等途径,广泛宣传普及中华优秀传统文化,大力弘扬中华传统美德,让中华文化在一代代接续传承中不断发扬光大。守正创新才能历久弥新。要坚持创造性转化、创新性发展,对中华优秀传统文化蕴含的思想观念、人文精神、道德规范,结合时代条件和实践要求加以补充、拓展、完善,赋予其新的时代内涵和现代表达形式,增强中华文化生命力和影响力,充分展现中华文化的独特魅力和时代风采,充分展示中华民族的文化精神和文化胸怀。要深入阐发中华优秀传统文化讲仁爱、重民本、守诚信、崇正义、尚和合、求大同的时代价值,使之与当代文化相适应、与现代社会相协调,更好地涵育中国人的精神世界。

(4) 完善诚信建设长效机制

诚信是衡量一个社会文明程度的重要标尺,也是反映一个国家精神面貌的显著标志。我们党始终重视诚信、倡导诚信、弘扬诚信,明确把诚信作为社会主义核心价值观的重要内容,积极推动诚信成为全社会共同遵守的价值准则。党的十八大以来,党中央把诚信建设摆在重要位置,作出一系列决策部署,采取一系列重大举措,着力解决诚信方面的突出问题,推动诚信建设取得明显进展和成效,讲诚信、重诚信、守诚信的社会氛围日益浓厚。但也应当看到,目前总体上社会诚信意识和信用水平有待提高,与人民群众对美好生活期待还不相符合,与社会主义市场经济发展需要还不相适应,特别是见利忘义、商业欺诈、制假售假等败德违法行为时有发生,诚信缺失仍然是社会普遍关注的一个突出问题。要坚持把诚信建设作为培育和践行社会主义核心价值观的重要着力点,完善诚信建设长效机制,深入推进政务诚信、商务诚信、社会诚信、司法公信建设,努力在全社会形成诚实守信、重信守诺的良好风尚。

完善诚信建设长效机制,基础在于健全覆盖全社会的征信体系。要推动各个领域建立信用信息记录,在此基础上进一步健全信用信息管理制度,促进各地区各部门信用信息互联互通、共建共享。要完善多部门、跨地区、跨行业的守信联合激励和失信联合惩戒的联动机制,畅通守信"绿色通道",加强失信惩戒,让守信者处处受益、失信者处处受限,使褒扬守信、惩戒失信成为一种社会共识和自觉行动。应当看到,推进诚信建设,形成不敢失信、不能失信、不愿失信的社会环境,既要靠他律,也要靠自律。要大力弘扬中华民族重信守诺的传统美德,广泛宣传普及与市场经济和现代治理相适应的诚信理念、规则意识、契约精神,积极培育诚信文化,使诚实守信成为人们的内在追求和行为习惯。要深入开展形式多样的主题实践活动,制定诚信公约,加强行业自律,推动全社会的诚信意识和信用水平不断提高。

3. 社会主义核心价值观在文化建设中的引领作用

(1) 社会主义核心价值观能够为文化发展提供价值引导

社会主义核心价值观最大限度地体现了社会的多元诉求,因而更加贴近百姓生活,也更容易为全社会成员所接受和认同。社会主义核心价值观引导广大人民群众投身于社会主义现代化建设事业、实现中华民族的伟大复兴自然是必要的,但仅仅停留在这一层面是不够的,社会主义核心价值观还应当为未来中国经济社会发展提供科学的价值引导。党和政府作为经济社会发展的组织者、社会公共秩序的维护者及社会公平正义原则的贯彻者，文化建设相关路线、方针、政策的制定，只有深刻反映社会主义本质的价值观的内在要求，才能在实践中真正做到把广大人民群众的利益置于最高位置，也才能把实现好、维护好、发展好最广大人民群众的根本利益作为一切工作的出发点和落脚点。特别是在当前，我们国家的改革与发展面临严峻挑战及需要破解种种发展难题的情形下，要进一步拓宽中国特色社会主义发展道路，进而不断丰富中国特色社会主义的实践特色、理论特色、民族特色和时代特色，不断赋予中国特色社会主义以鲜明的时代气息，一个关键的前提就是必须在理想信念和价值追求上坚定社会主义核心价值观，并把中国特色社会主义价值观作为推进社会发展的强大精神动力。从另一层面来说，各级党员干部手中无不掌握着大小不等的公共权力，而公权力历来是一把"双刃剑"，在廉洁者手中是为民谋利的工具，而在贪腐者手中则是损人利己的工具。而党员干部是否廉洁，既取决于内部和外部权力监督体系是否完善、有力和高效，也取决于其世界观、人生观和价值观是否端正，是否有正确的价值追求。因此，社会主义核心价值观为中国未来社会发展提供科学的价值指引，这既可以提高党的执政成效及服务效率，也必定能赢得广大人民群众的信任和认同。

（2）社会主义核心价值观有益于共同理想价值认同

社会主义核心价值观构建在我国社会生产力水平的现实发展基础上，它既吸取了中华民族传统价值观的历史内涵，也深刻反映了人民群众的共同利益和共同诉求。中国特色社会主义共同理想，就是在中国共产党领导下，坚持中国特色社会主义制度自信和理论自信，坚定不移地走中国特色社会主义道路，实现中华民族伟大复兴。中国特色社会主义共同理想上承马克思主义指导思想，下联民族精神和时代精神，是实现中华民族伟大复兴的共同理想。社会主义核心价值观作为人们精神意识和思想信念的灵魂，必然会对人们的思想观念、行为方式及生活态度等产生深刻的影响，并有益于人民大众在中国梦的统领下，对国家、社会、人生等领域中的一系列重大问题上形成价值认同。从这个意义上可以说，中国梦与社会主义核心价值观二者是内在统一的。中国梦作为人民大众的理想信念和愿望，也是现阶段人民群众的价值追求和价值目标，它体现了人民群众对未来美好生活的追求和向往。社会主义核心价值观鲜明地体现了一个社会主导性的价值准则，是构成一个民族、国家发展进步须臾不可缺失的精神支柱，因而实现中国梦离不开社会主义核心价值观的思想保证。人民大众只有对社会主义核心价值观的本质内涵有一定程度的认知并产生情感共鸣,才能在党的领导下坚定不移地走中国特色社会主义道路,进而内化为自觉践行社会主义核心价值观的意志力量,才能将社会主义核心价值观转化为人民大众自觉的实践行为。所以,只有构建起以中国梦为统领的社会主义核心价值观的价值认同,才谈得上践行社会主义核心价值观,也只有认真践行核心价值观,才能真正实现中国梦的价值认同。

总之,社会主义核心价值观要实现推动文化建设制度的内生动力作用,就必须内化为人民群众自觉的价值追求,只有用社会主义核心价值观武装人民群众的头脑,不断"拓展对外传播平台和载体,把社会主义核心价值观念贯穿于国际交流和传播方方面面"①,不断增进以中国梦为统领的社会理想共识,强化社会主义核心价值观念的向心力和凝聚力,才能既发挥社会主义价值观对各种社会思潮的引领及导向作用,也才能为实现伟大中国梦提供强大的精神动力和智力支持。

第二节　新时代中国特色社会主义伦理精神

社会主义核心价值观是当代中国精神的集中体现,凝结着全体人民共同的价值追求。坚持以社会主义核心价值观为引领,构建系统完备、科学规范、运行有效的文化建设制度,究其根本,是因为社会主义核心价值观所体现的新时代中国特色社会主义精神具有的伦理品格与系统完备、科学规范、运行有效的文化建设制度之间有相当的契合。

本书将在"新时代中国特色社会主义伦理精神"的语境下探讨新时代中国特色社会主义精神及其伦理品格。新时代中国特色社会主义精神从历史向度和中西之维体现它的精神气质和伦理品格,在中国特色社会主义的生动实践中实现对资本主义精神和空想社会主义精神的批判和超越、对科学社会主义精神的继承和发展、对中国传统文化的扬弃和对人类文明优秀成果的借鉴。这一精神的重要特征是关注社会制度本身的道义性,而非仅仅讨论个体的道德修养,关心社会制度对个人的权力、利益应负的责任与义务,并依此评价其正义性与合理性。因此,可以说,新时代中国特色社会主

---

① 《习近平谈治国理政》(第1卷),外文出版社2014年版,第191页。

义精神具有制度伦理的品格,蕴含着对新的历史时期中国特色社会主义制度的伦理追求、道德原则和价值判断。在这种意义上,分析新时代中国特色社会主义伦理精神的制度性品格,能够更好地为在公共生活领域中探讨文化建设的制度性行为和制度性力量廓清语境。

新时代中国特色社会主义伦理精神的制度性品格源于中国特色社会主义伟大实践,中国特色社会主义伦理精神是文化传统与现实环境交互作用的产物,新时代的伟大实践为其注入了新的元素,以其独特的制度自觉、制度自信和制度自尊的特征,对于当前各种社会思潮具有积极的引领作用,能够有效凝聚社会共识。

一、伦理精神源于伟大实践

新时代中国特色社会主义伦理精神是在对历史传统与现实国情的深刻把握中形成的,是在对民族命运与国家前途的理性思考之上发展的。新时代中国特色社会主义伦理精神源于新时代中国特色社会主义的伟大实践。党的十九大报告明确提出,进入新时代,实现伟大梦想,必须进行伟大斗争、建设伟大工程、推进伟大事业。"四个伟大"紧密联系、相互贯通、相互作用,协调统一于新时代党和国家全部事业发展的伟大实践。在中国特色社会主义的伟大实践中分析中国特色社会主义伦理精神的制度性品格,具有相当的必要性。

中国特色社会主义伦理精神的结构性体现为一种双螺旋结构,即历史向度和中西之维这两条骨架,以及实践基础上这两条骨架上不同侧面的配对与组合。中国特色社会主义伦理精神基因的传承结构是中国特色社会主义伦理精神得以延续的基本活动单位,在长期的演化过程中形成了复杂的调控机制和决定其现实表现的多种形式,将中国特色社会主义伦理精神基因的传承信息转译为文化传统与现实环境交互作用的产物。

从文化传统的角度来看,大同社会理想是中华优秀传统文化的重要内容,决定了中国特色社会主义伦理精神不仅仅是对个人伦理道德修养的要求,更是具有制度性品格。《礼记·礼运篇》写道:"大道之行也,天下为公,选贤与能,讲信修睦。故人不独亲其亲,不独子其子,使老有所终,壮有所用,幼有所长,鳏、寡、孤独、废疾者皆有所养。男有分、女有归,货恶其弃于地也,不必藏于己,力恶其不出于身也,不必为己,是故谋闭而不兴,盗窃乱贼而不作,故外户而不闭,是为大同。"这种以"天下为公"为核心的大同社会理想,长期浸润在中国优秀传统思想的底蕴当中,不仅成为历代有识之士的价值追求,而且成为社会大众对现实社会的判断标准,在几千年的历史发展中构成了中华民族发展的精神气质和伦理品格。

从现实关照来看,新时代中国特色社会主义伦理精神的制度性品格源于新时代中国特色社会主义的伟大实践,被注入了新的元素,集中体现为对新时代中国特色社会主义发展规律的探索,特别是在当前全面建成小康社会进入决胜阶段的关键时期,亟须极具现实关照的精神特质来引领社会思潮、凝聚社会共识。这种现实关照并非是要考察现实中各个实例的总和,而是要研究中国特色社会主义发展所处的时代以及构成人们生活意义的时代精神。五大发展理念的提出反映了对中国特色社会主义发展规律认识的新境界,创新、协调、绿色、开放、共享也是新时代中国特色社会主义伦理精神最突出的精神特质:基于对社会主义"发展动力规律"的新认识,新时代中国特色社会主义伦理精神的创新性特质着眼于当前阶段中国经济发展需要解决的深层次问题,进而阐明根本出路在于科技创新;基于对社会主义"发展战略规律"的新认识,新时代中国特色社会主义伦理精神的协调性特质着眼于推动中国持续健康发展的内在要求,进而着力于补齐短板,统筹发展;基于对社会主义"发展质量规律"的新认识,新时代中国特色社会主义伦理精神的绿色性特质着眼于实现人类永续发展的必要条件,进而要求告别片面强调增长速度的发展方式,实现质量与速度并重的可持续增长;基于对社会主义"发展策略规律"的新认识,新时代中国特色社会主义伦理精神的开放性特质着眼于国家繁荣发展的必由之路,进而倡导建立开放型的经济体制,构建广泛的利益共同体;基于对社会主义"发展目的规律"的新认识,新时代中国特色社会主义伦理精神的共享性特质着眼于中国特色社会主义本质要求的深入理解,进而强调增进人民福祉。

基于现实关照,新时代中国特色社会主义伦理精神的五大特质的形成和发展过程表明,中国特色社会主义的精神基因体现为一种双螺旋结构:一方面,在历史向度上来看,动态的考察创新、协调、绿色、开放、共享的精神特质,将其作为一个个历史的范畴,放在中国特色社会主义现实的生产力和生产关系之间的矛盾运动中去把握,分析中国特色社会主义的发展方式所固有的规律性,是对主体选择和历史必然性的呼应;另一方面,在中西之维上来看,是在国内外错综复杂的环境中,在自觉、自信、自尊及开放包容精神的引导下,对中国传统文化的扬弃和对人类文明优秀成果的借鉴,是中国特色社会主义建设中形成的宝贵财富。由此可见,新时代中国特色社会主义伦理精神的制度性品格是对中国特色社会主义的历史连续性、空间广延性和价值普遍性的现实展现与意义拓展,与党的十九届四中全会所强调的"系统完备、科学规范、运行有效的文化建设制度"之间有相当的契合。

二、伦理精神引领社会思潮

中国特色社会主义进入新时代,引领社会思潮依然是意识形态工作的重要内容,对于建设具有强大引领力的社会主义意识形态,凝聚起坚持走中国特色社会主义道路、实现"两个一百年"奋斗目标的社会共识,推动中华民族伟大复兴中国梦的实现具有重要价值。多样化社会思潮的出现在一定程度上反映出一个社会的活跃度、开放度和包容度,有利于为主流意识形态的发展提供丰富的养分,使主流意识形态得以补充和完善,促进主流意识形态的创新。同时,多样化社会思潮的泛滥和无序发展,也会带来社会意识的分化和离散,特别是错误社会思潮会损害、侵蚀主流意识形态的权威和指导功能,甚至动摇主流意识形态的主导地位,引发思想混乱,成为阻碍社会发展进步的消极或者破坏因素。新时代中国特色社会主义伦理精神扎根于对中国与西方、传统文化与外来文化的辩证关系的考察,对于引领社会思潮发挥重要作用。

人类社会发展是一个由低级向高级不断前进的过程,不同社会形态下的社会发展是具体的、历史的,不同社会发展阶段产生的社会思潮也是具体的、历史的。新时代中国特色社会主义伦理精神的历史向度既有纵向延伸又有横向拓展,二者的结合才构成完整的精神面貌和伦理品格:从纵向延伸来看,历史实践基础上不断发展着的社会形态的精神气质和伦理品格是一个社会历史过程,是对资本主义伦理精神的批判和超越;从横向拓展来看,中国特色社会主义作为经典科学社会主义中国化的重要理论成果,其精神气质和伦理品格的内涵在对科学社会主义精神的继承和发展的基础上不断丰富,经历了由点到面的拓展过程。

不同社会形态的精神气质和伦理品格是该社会形态下生产方式的意识表现形式。马克思从资本主义生产方式出发,在对资本主义经济运行规律的分析中揭示资本主义伦理精神,认为资本主义伦理精神从本质上是资本逻辑的必然反映,尽管资本家也强调道德伦理规范和社会责任,提倡有理性的经济生活,但是,资本主义伦理精神的不平等实质并未改变。此后,许多资产阶级思想家从不同角度丰富了资本主义伦理精神的研究。例如,马克斯·韦伯从新教伦理的角度将资本主义精神理解为西方社会经济理性化发展的一部分；①托尼·本尼特(Tony Bennett)进一步发展了对宗教与资本主义精神关系的研究，注重对清教徒中的个人主义与资本主义精神的起源进行分析；②里亚·格林菲尔德(Liah Greenfeld)则是主张新的世俗集体意识形态才是资本主义精神的源头；③此外，桑巴特从欧洲精神发展的角度主张资本主义精神是由企业家精神和市民精神组成的统一体。④虽然这些研究不乏相互矛盾之处，但归纳起来也有一些共通点，即从对一般商品经济社会的市场经济精神入手研究资本主义精神，将经济理性的发展与资本主义精神的发展视为同一个过程，认为一般商品经济社会中的公平、正义、自由精神也是资本主义精神的应有之义。但是，脱离社会性和阶级性的精神气质是抽象的，忽视对社会矛盾运动分析的精神气质研究是形而上学的，由此，新时代中国特色社会主义伦理精神正是在这两点上实现对资本主义精神的批判和超越：一方面，从精神气质鲜明的阶级性出发，揭示公平、正义、自由等精神特质并非资本主义所独有，也并非永恒不变的绝对理念，而是一个历史的范畴，本身具有阶级性和时代性；另一方面，从历史唯物主义的视角出发，新时代中国特色社会主义伦理精神是现实的社会主义生产方式的观念化表现，应当从现实的生产力和生产关系之间的矛盾冲突中探究其内涵，把生产关系是否与生产力相适应作为把握新时代中国特色社会主义伦理精神的判断标准，立足现实社会条件，积极回应中国特色社会主义建设的精神诉求。

科学社会主义精神与新时代中国特色社会主义伦理精神存在源流关系。科学社会主义精神提供了普遍原理和基本原则，新时代中国特色社会主义伦理精神根据时代发展和中国的特殊国情加以运用和发展，两者之间是普遍与特殊、共性与个性的关系。一方面，新时代中国特色社会主义伦理精神是对科学社会主义精神的普遍原理和基本原则的继承。党在领导当代中国改革开放和社会主义现代化建设实践中逐步提出和形成的中国特色社会主义理论体系，是坚持和发展科学社会主义理论的重要成果，围绕和初步

---

① ［德］马克斯·韦伯：《新教伦理与资本主义精神》，简惠美等译，广西师范大学出版社 2010 年版，第 170 页。

② ［英］托尼·本尼特：《宗教与资本主义的兴起》，赵月瑟译，上海译文出版社 2006 年版，第 13—15 页。

③ ［美］格林菲尔德：《资本主义精神：民族主义与经济增长》，张京生译，上海人民出版社 2004 年版，第 73 页。

④ ［德］维尔纳·桑巴特：《现代资本主义》（第 1 卷），李季译，商务印书馆 1958 年版，第 297 页。

回答了"什么是社会主义,怎样建设社会主义"这一重要基本理论问题,其源头在于科学社会主义的理论宝库,由此,新时代中国特色社会主义伦理精神也必然是以科学社会主义精神作为其基本依据。科学社会主义具有的批判性和科学性精神,决定了新时代中国特色社会主义伦理精神继承了科学社会主义精神这两个本质特点:第一,继承了批判性精神。作为新时代中国特色社会主义伦理精神方法论指导的辩证法,在对现存事物的肯定的理解中包含对现存事物的否定的理解,使其在理论层面继承了科学社会主义精神的批判性。马克思学说的无产阶级属性就决定了其在实践应用层面的批判性。马克思指出,"我指的就是要对现存的一切进行无情的批判,所谓无情,就是说,这种批判既不怕自己所作的结论,也不怕同现有各种势力发生冲突"。①马克思毕生主张和追求"在批判旧世界中发现新世界",并使"揭露旧世界"为"建立新世界"服务。第二,继承了科学性精神。科学社会主义以实践原则为主线,创造性地实现了唯物主义与辩证法、自然观和历史观的统一,唯物辩证法与唯物史观反对抽象思辨,形成了逻辑与历史、具体与抽象、归纳与演绎、分析与综合等一系列辩证思维的方法。由此,它们不崇拜任何既成事物,包括自己发现和归纳的结论,紧密结合人类实践的发展而不断实现自我更新和完善;由此,中国特色社会主义是这种理论的必然产物,这也使得新时代中国特色社会主义伦理精神继承了这种科学性的精神气质和伦理品格。

　　新时代中国特色社会主义伦理精神是在中国的特殊国情下对科学社会主义精神的发展,在科学社会主义精神的具体实现形式的层面上,新时代中国特色社会主义伦理精神具有鲜明的制度性品格,是反映中国人民意愿、适应时代发展进步要求的伦理精神:一是尽管二者都有着强烈的现实关照,都体现了无产阶级或工人阶级立场的精神诉求,但所要解决问题则不完全相同,在指代范围、具体表现形式和阶段性任务也存在差异,中国特色社会主义的工人阶级和绝大多数人的立场表现为"最广大人民"这一概念,涵盖了工人阶级领导、工农联盟为基础、全体社会主义劳动者以及包括非公有制经济人士在内的中国特色社会主义事业建设者、拥护社会主义的爱国者和拥护祖国统一的爱国者的广泛联盟,其中,各个群体自身的地位和精神诉求是不同的,这无疑使得新时代中国特色社会主义伦理精神的内涵更加丰富,但是,工人阶级立场的阶级属性并未改变,新时代中国特色社会主义伦理精神

---

① 《马克思恩格斯全集》(第47卷),人民出版社2004年版,第64页。

所要解决问题始终是在建设中国特色社会主义的历史过程中,作为上层建筑发挥积极的反作用。二是科学社会主义精神的精髓在于其"不是教义,而是方法",①它所提供的只是一般的指导原理,对它的运用"随时随地都要以当时的历史条件为转移",②在中国特色社会主义的实践中进一步凝练为"实事求是"的精神特质,并在不同的时代背景下呈现出不同的表现形式,其最为根本的精神内涵在于对规律的把握,"从国内外⋯⋯的实际情况出发,从其中引出其固有的而不是臆造的规律性,即找出周围事物的内部联系,作为行动的向导"。③值得注意的是,"实事求是"的精神特质不是自动形成的,而是要随着实践的发展,进行具体的历史的塑造。因此,可以说,新时代中国特色社会主义伦理精神可以引领社会思潮。

三、伦理精神凝聚社会共识

习近平总书记指出:"中国特色社会主义进入新时代,必须把统一思想、凝聚力量作为宣传思想工作的中心环节。"④宣传思想工作一定要遵循团结稳定鼓劲、正面宣传为主的方针,弘扬主旋律、汇聚正能量。⑤阐明新时代中国特色社会主义伦理精神,有助于引导人们的思想意识和行为,可以有效化解矛盾、疏导心理,帮助人民群众形成正确的价值判断,正确理解党的基本理论、基本路线、基本方略,从而有利于弘扬主旋律,凝聚起全社会的正能量,进一步增强民族凝聚力,推进文化制度建设。新时代中国特色社会主义伦理精神之所以能够凝聚社会共识和推动文化建设,得益于新时代中国特色社会主义伦理精神的制度性品格与后二者的相得益彰,具体体现为制度自觉、制度自信和制度自尊的特性。

新时代中国特色社会主义伦理精神具有制度自觉特质,体现在对这一文化传统所表现出来的自觉追求和主动实践的理性态度。精神主体的自觉性在文化发展上就表现为对中国传统文化的创造性转化和创新性发展的内在自觉。正如马克思所指出的:"人使自己的生命活动本身变成自己意志的和自己意识的对象⋯⋯有意识的生命活动把人同动物的生命活动直接区别

---

① 《马克思恩格斯选集》(第4卷),人民出版社1995年版,第742—743页。
② 《马克思恩格斯选集》(第1卷),人民出版社1995年版,第248页。
③ 《毛泽东选集》第3卷,人民出版社1991年版,第801页。
④ 习近平:《举旗帜聚民心育新人兴文化展形象　更好完成新形势下宣传思想工作使命任务》,《紫光阁》2018年第9期。
⑤ 《习近平谈治国理政》(第1卷),外文出版社2014年版,第155页。

开来。正是由于这一点,人才是类存在物。"①也就是说,新时代中国特色社会主义伦理精神的制度自觉性,归根结底体现着人类对自身本质规定性的自觉认识,这种认识在文化实践中表现为文化领域中人的自由自觉的对象化活动。这种本质规定性起源于人对自然及其本能的超越本性,是伴随着中华民族实现伟大复兴的进程逐渐发展的一种价值取向,由此,新时代中国特色社会主义伦理精神的制度自觉性决定了中华文化能够在不断创新和自我完善中推动社会进步。

新时代中国特色社会主义伦理精神具有制度自信特质,既基于自觉认识中华民族奋斗史的历史展示,又吹响了推动民族伟大复兴的精神号角。在党和人民艰苦奋斗的伟大历程中凝结的对社会主义先进文化的自信,积淀着对新时代中国特色社会主义伦理精神的制度自信特质的不懈追求,才使中华民族能够久经磨难而不衰。习近平总书记进一步将这种自信特质凝练为中国特色社会主义"四个自信",②强调文化自信是坚定中国特色社会主义道路自信、理论自信、制度自信的"坚如磐石的精神力量"。③这一论断超越了以往对中国特色社会主义自信精神的传统思维定式,阐明了新时代中国特色社会主义伦理精神的制度自信特质的文化依据,具有强大的凝聚力、生命力和感召力,是推动实现中华民族伟大复兴的中国梦的精神保证。

新时代中国特色社会主义伦理精神具有制度自尊特质,是在当前社会文化多元化的背景下,在与其他非主流意识形态碰撞交锋的过程中,坚持中国特色社会主义的制度自尊精神,尊重本国和本民族的历史传统与文化积淀,基于本国国情探索发展道路。中国特色社会主义实践发展的过程,也就是中国特色社会主义的制度自尊提升的过程。目前,新时代中国特色社会主义伦理精神自尊特质的提升已经有相当的实践基础,尤其是改革开放四十多年以来,中国特色社会主义建设取得了举世瞩目的成就,中国特色社会主义的生动实践为弘扬新时代中国特色社会主义伦理精神的制度自尊特质提供了肥沃土壤,增强了主流意识形态对多元思想的引导力,降低了历史虚无主义、新自由主义、社会民主主义等非主流意识形态的影响力。当前和今后一个时期内,中国仍将处于发展的重要战略机遇期,与以往任何时候相

---

① 　[德]马克思:《1844 年经济学哲学手稿》,人民出版社 2000 年版,第 57 页。

② 　习近平:《在庆祝中国共产党成立 95 周年大会上的讲话》,人民出版社 2016 年版,第 12 页。

③ 　中共中央文献研究室:《十八大以来重要文献选编》(上),中央文献出版社 2014 年版,第 550 页。

比,都更有条件不断提升民族自尊心。从"五位一体"总体布局到"四个全面"战略布局,随着中国特色社会主义的实践愈加深入和丰富,新时代中国特色社会主义伦理精神的制度自信特质不仅符合实践的要求,而且也是历史的必然选择。

综上所述,提倡富强、民主、文明、和谐,倡导自由、平等、公正、法治,倡导爱国、敬业、诚信、友善,积极培育和践行社会主义核心价值观,植根于新时代中国特色社会主义的伟大实践,区别于资本主义价值观,有助于引领文化建设制度,究其根本原因,在于反映了新时代中国特色社会主义伦理精神的制度性品格,因而能够在制度层面引领社会思潮,凝聚社会共识。

第二章 走向共享发展的新时代
中国特色社会主义伦理

人民性是马克思主义鲜明的政治品格。中国特色社会主义进入新时代,实现人民对美好生活的向往彰显了马克思主义政党追求公平正义的伦理品格。梳理马克思主义经典作家关于发展的基本范畴的论述,廓清与新时代的共享发展理念之间的变化,才能准确理解新时代对共享发展提出的新的伦理要求,及其与传统发展伦理的区别,更好地为研究新时代中国特色社会主义共享发展理念汲取营养。通过对中西方发展伦理进行比较,论证共享发展的普惠性、包容性增长和国家经济安全等核心范畴的伦理向度。阐明大数据技术应用于共享发展各个领域存在的伦理风险,积极探索新时代构建大数据治理的伦理约束机制。在此基础上,探索构建新时代共享发展伦理的逻辑起点、基本视野、应有方法和实践路径。

第一节 经典作家对共享发展的理论奠基

马克思主义经典作家对发展伦理中的一些基本范畴,如善和恶、公正、反对剥削、消除贫困等问题给出了富有洞察力的伦理考察。但是,从马克思所处的时代到新时代中国特色社会主义的今天,无论是经济生产方式还是社会结构都发生了巨大的变化。诚然,经典作家的共享思想与新时代的"共享发展"理念相比,有本质的区别,但是,新时代共享发展理念的提出延续了马克思主义经典作家对现实一以贯之的情怀关照,继承了马克思政治经济学批判对社会矛盾、贫困和公平问题的探讨,展现了新时代中国特色社会主义发展路径在理论和实践双维度中从抽象到具体的嬗变。因此,本书会通过此节对共享发展进行概念廓清和准确定位,为完成新时代共享发展伦理进行必要的理论奠基。

一、新时代共享发展理论论域的廓清与定位

作为新时代发展观的旨归,新时代中国特色社会主义共享理念是人类对历史规律的认知深化。从马克思所处的时代到今天社会的发展,无论是经济生产方式还是社会结构都发生了巨大的变化,相应地,我们需要面对和解决的问题肯定也发生了变化。这就决定了指导社会发展方向的核心价值也会发生变化。当今社会,多维度转型、经济发展不均衡都在进一步凸显,全球化的经济现实所带来的地域空间和阶层群体的非均衡差异的增强,如何恢复甚至扩大被不断层级化所挤压的社会公共空间、实现和保障公共产品和服务的有效供应、维护社会的公平正义,是当前以及今后相当长一段时间内需要解决的问题。因此,对于执政的中国共产党来说,如果不能从改革与发展的目的性层面进行中国经验的深刻反思与系统总结,就不可能正确认识和把握全面深化改革的根本方向和突破口。换言之,正是发展中诸多问题的客观存在,构成了共享发展理念提出的现实背景和根本原因。这意味着,包含共享发展在内的五大新发展理念的提出,有着深厚的实践基础和逻辑合理性支撑,并不是纯理论层面的探讨。

1. 共享发展是社会成员组成共同体的前提和基础

从本质上说,人类社会发端于共享和协作,即便在历史发展的进程中,共享发展也并不仅仅是对乌托邦社会的纯粹的价值要求,而是已经有了以物质生产资料的共有(共享)作为基础。不难发现,无论是在对自然资源和社会资源的使用方面,还是在经验分享与关系构建方面,都呈现出不同程度的共享特征。也就是说,由个体形成的共同体如果想要实现共同(共享)发展的目标,就只能以此为前提。我们应该看到,传统文化中对共享基础的简单认知是停留在"有饭同食、有衣同穿、有钱同使"的层面上,这与党的十八届五中全会所强调的"人人参与、人人尽力、人人享有"的要求表面上看来是有相似之处,但是,我们在解读共享发展原则时必须找准的时代脉搏是原始的"大同思想",与现代性条件下共同性问题并不能同日而语。

在现代性条件下,现代人与土地和宗法解除了束缚关系,生活在一个不确定性、不稳定性、不可预料性遍布的社会,而且在当今的世界中竞争被日常化、外在强制被消解、多元差异被承认。如果说在从自然意志主导的礼法社会到理性意志主导的法理社会的转换中,工业社会前期的私有制发展历程体现了"经济人"的"自利"原则的话,在当代语境中,"自利"并不是唯一的行为驱动力,"经济人"的动机已经呈现出多样化的态势。这种情况一方面

导致了社会的经济组织结构和运作方式都体现出前工业社会所不能比拟的复杂性,另一方面也为发展共同性提供了可能。

近年来,互惠理论的研究开始考量非亲缘关系为纽带的大规模共同体中协同合作的可能性。随之,强互惠理论应运而生。该理论认为,人类之所以能维持比其他物种更高度的合作关系,在于许多人都具有这样一种行为倾向:在团体中与别人合作,并不惜花费个人成本去惩罚那些破坏群体规范的人,即使这些成本并不能被预期得到补偿。强互惠能抑制团体中的背叛、逃避责任和"搭便车"行为,从而有效提高团体成员的福利水平,但实施这种行为需要个人承担成本。之所以将这种行为命名为强互惠(strong reciprocity),是为了区别一些直接互惠、间接互惠等弱互惠行为。强互惠与利他、弱互惠的区别在于:利他行为是无条件仁慈的,善意不依赖于对方的行为;弱互惠行为要依赖于别人的行为,弱互惠者愿意支付短期成本来帮助别人仅仅是因为可以从中获取长期或间接利益;而强互惠行为则是在目前和未来都不能期望得到收益的情况下支付成本来奖励公平和惩罚不公平的行为。简言之,强互惠模型所解释的正是20世纪60年代以来一般经济学和政治学关注的公共政策的行为基础。在这个前提下,如果把共享发展当作共同体发展的目的,那么,社会协作能够推进的共享(包括生产资料、公共服务、公共空间)就必须成为它的基础。

在今天的社会主义制度下确定共享发展目标的历史根基,是"一切人的自由"必须建立在以社会管理共同财产基础上的公有制条件下。从互惠利他到共享发展,现代性条件下的共同体的可能性在多重理论层面都得到了历史性的确认。共享发展是全面建成小康社会的理论支点,是符合人类历史认知规律的创举。

2. 共享发展是马克思政治经济学批判的延续

共享发展理念与中国传统文化中的"大同"思想在内涵和历史性条件上都有所区别。而这一历史性条件,即时代性,或者说就是当前经济全球化的历史背景。经济全球化更多地指在资本主义经济生产方式下的全球化,这其中内含着私有化的内容。在马克思看来,私有制的存在使得资产阶级和无产阶级之间产生不可调和的矛盾,使得资本被资产阶级牢牢掌握住。众多资产阶级古典政治经济学家在论述"资本"时遮蔽了资本主义生产方式中剥削的本质,隐藏了资产阶级和无产阶级对抗性的矛盾,他们也以此论证资本主义制度存在的合理性和合法性。而马克思完全是对准资本主义生产方式的核心部分,直击要害,揭示了资本主义生产过程的全部秘密。

马克思指出,资本主义生产方式下的雇佣劳动不是抽象的劳动,是资产阶级通过占有积累起来的巨大财富,以此来剥削广大的工人阶级,这种在私有制条件下产生的对抗性矛盾是在资本主义框架内无法解决的矛盾。随着经济全球化的深入发展,这种对抗性矛盾只会愈演愈烈。私有制是资本主义生产关系总和的产物,是整个资本主义社会活动的产物。在资产阶级与无产阶级对抗性的矛盾之外,由于经济全球化所造成的各个国家和地区地理发展的不平衡,在一定程度上又加剧了对抗性矛盾的程度。而共享发展理念正是对这一问题的有力回应,它的现实指向在于最大限度地化解不平衡的难题,培植发展优势,破解经济发展中的突出问题。

商品是马克思批判资本主义生产方式的切入点。剩余价值的伟大发现促使马克思发现资本主义生产方式固有的、无法解决的对抗性矛盾。因此,社会主义社会的目标就是要彻底消灭这种顽疾,这也是共享发展理念所要解决的针对性的问题。社会各行业收入的差距、贫富两极分化、社会保障制度不健全及社会公共服务设施不完善等问题都是共享发展理念所要涉及的突出问题,这都是对马克思政治经济学批判内容的延续,是思考发展的具体内容的问题,是对社会主义社会自身发展逻辑的总结与探索。当前资本主义国家所主张的全面私有化、经济自由化的自由主义发展理念,吸引了众多经济学家在这方面的研究,而共享发展理念所内含的环境保护、经济增长、以人为本的发展理念已远远超越单纯地追求经济发展的经济理念,这是对马克思主义政治经济学的创新发展,是对社会整体利益的回归。共享发展理念不是目的,而是手段,而真正的目的在于使广大人民群众共享改革发展成果。

3. 共享发展是发展的终极目标

共享作为五大发展理念之一,与社会主义本质之间有着密切联系。共享发展理念,一方面是在共享的基础上实现发展,另一方面也是在发展的基础上实现共享。追求每一个社会成员自由而全面发展是社会发展的最终目标之一。正如党的十九届四中全会所提出的,将"遵循共建共治共享原则","构建人人有责、人人尽责、人人享有的社会治理共同体"。①与这一原则相关联的是马克思对社会成员之间平等内涵的理解。与此同时,马克思指出,在社会生产力高速发展、社会物质财富极大丰富的条件下,社会成员个体的自由不是抽象的或是被市场化了的自由,而是承认个体差异和多样性的开

---

① 《中国共产党第十九届中央委员会第四次全体会议公报》,人民出版社 2019 年版。

放性自由。"在共产主义社会高级阶段,在迫使个人奴隶般地服从分工的情形已经消失,从而脑力劳动和体力劳动的对立也随之消失之后,在劳动已经不仅仅是谋生的手段,而且本身成了生活的第一需要之后,在随着个人的全面发展,他们的生产力也增长起来,而集体财富的一切源泉都充分涌流之后,——只有在那个时候,才能完全超出资产阶级权利的狭隘眼界。"①而这样的自由便是共享条件下的个体的自由。共享是在社会生产资料公有制条件下的、以社会个体自由为前提的共享,拥有这样的前提,才能实现社会成员之间社会关系和个体能力等全面发展,简言之,社会共享是在一定的历史条件下,实现社会成员主体自我发展的有力途径。《哥达纲领批判》中已经显露出社会个体自由的发展与共享之间的关系,社会成员个体全面而自由的发展是社会共同体发展的价值引领和价值导航,同时,个体权利的发展也要与社会发展的阶段性与可持续性相关联,这同"发展为了人民、发展依靠人民,发展成果与人民共享"的价值理念相吻合。

二、共享发展是对社会矛盾问题的讨论延续

马克思的共享思想不仅散落在诸多经典文献之中,更重要的是,通过无产阶级革命实践的经验将共享思想生动地呈现,是对资本主义框架下劳动与资本的对抗性矛盾的有力回应。社会主义进入新时代,中国社会主要矛盾已经发生改变,劳动与资本之间已经不存在不可调和的对抗性矛盾,但是,马克思的共享思想中所蕴含的对社会矛盾问题的讨论,仍然为实践共享发展奠定了重要的理论基础。

1. 马克思共享思想的科学内涵

马克思对资本主义社会共享实现情况进行了分析和研究,他指出,资本主义所谓的"共享",实则是"独享",这是由于固有的资本主义发展的逻辑所决定的。资本主义制度是剥夺大多数劳动者的劳动成果的制度,资本主义的经济发展规律在实质上是反对共享机制的。资本主义的劳动分工体制也促使这种状况愈演愈烈。他认为资本主义的制度导致了无产阶级在财产状况、文化程度和职业差异等方面的"实际差别",从而导致广大人民群众在享有相关社会权利和政治权利上的差异。资本主义制度的"独享"性质使得马克思深刻意识到广大人民群众需要的不是虚伪的共享,而是社会的共享机制。基于此,马克思创造性地提出了马克思主义范围内的共享发展理念。

---

① 《马克思恩格斯选集》(第3卷),人民出版社2012年版,第364—365页。

第一,生产资料与生活资料的共享。马克思指出,生产资料和生活资料的共享是共享发展理念的核心内容,无产阶级反对资产阶级的革命目标就是实现共享胜利的果实。马克思指出,实现生产资料的共有是社会主义革命的根本任务,如此,才能在根本上解决解放生产力和发展生产力的问题。"社会主义的任务,不如说仅仅在于把生产资料转交给生产者公共占有。"①与此同时,共享发展的内容还包括精神文化产品的共享,这是因为人需要"享用和消化的精神食粮",精神文化产品的共享是"共享社会总产品"的重要内容。

第二,利益的共享。马克思指出,无产阶级的利益、社会主义的公共利益等超越了历史上一切形式的特殊利益。共产主义社会中普遍存在的自由全面发展的人和摆脱异化的社会关系是公共利益的基础。利益的共享是社会主义社会、共产主义社会共享发展的重要内容。社会主义社会和资本主义社会的共同利益有着本质区别。社会主义社会的共同利益牢牢植根于广大人民群众的根本利益之中。马克思指出,在社会主义社会中,广大人民群众利益的同一性使得他们彼此之间形成普遍的联系和共同的关系,而这种关系促使广大人民群众成为社会主义社会发展的重要依靠力量。因此,利益的共享是促进社会稳定和人民团结的重要方式。

第三,政治权利的共享。政治生活领域内的共享内容是马克思共享思想的重要内容,其中,政治权利的平等是政治权利共享的核心。马克思指出,在实现财产平等、劳动平等的过程中,政治权利的平等也将得以实现。这种政治权利的平等依托于人民民主的社会制度。个人的享受不是马克思主义共享发展理念的内容,共享发展体现在提高每个人全面发展的条件上,体现在实现全体人民生活的水平上。

2. 马克思的共享实现观

马克思的共享理念是伴随着其共产主义理论的发展而发展的。早在《1844年经济学哲学手稿》中,马克思的共享观已"初见端倪",在随后的《雇佣劳动与资本》《共产主义原理》等著作中,其共享观在一定程度上进一步发展;而在《共产党宣言》中,马克思的共享观已趋向成熟。共产主义社会所追求的最终目标就是对共享的实现,而要实现这一目标需要经历漫长的历史过程,具体包括以下几点。

第一,大力提高生产效率和实现共同生产是共享实现的前提基础。马

---

① 《马克思恩格斯文集》(第4卷),人民出版社2009年版,第517页。

克思指出,只有进行社会劳动才能实现社会共享,而社会主义制度则是实现劳动在经济上获得解放的基本政治形式。由大工业所带来的社会化的劳动有力提高了生产社会产品的能力和效率。社会化的劳动,一方面能够创造足以供给全社会的物质和文化社会产品,另一方面也极大地促进广大人民群众共享思想的发展。马克思指出,工业化的发展能够逐步消灭单独生产,扩大社会共同劳动的比例,有力地提高了社会生产力,因此,共享的实现需要改变旧有的资本主义物质生产关系。随着社会生产力的发展,新的物质生产关系将通过更高级的社会化劳动方式实现共享发展。

第二,合理分配财富是实现共享的基本途径。随着社会生产力的大幅度提高,社会财富也将稳步增加,而财富是否能得到合理分配是实现社会财富的社会效用的重要依托。马克思指出,社会共享机制的核心内容是分配,社会物质财富是为了实现全体社会成员共享发展成果的产物,而社会财富的生产也只有在实现共享的目标前提下才成为社会文明的生产。正如马克思所指出:"财富不就是在普遍交换中产生的个人的需要、才能、享用、生产力等等的普遍性吗?"①马克思指出,在旧有的资本主义分配方式下,共享至多只是资产阶级的共享,资本主义始终否认社会共同利益的存在,废除私有制是实现物质生产方式改变的重要途径,共享的实现必须依托于新的所有制关系。马克思指出,在生产资料共同占有的前提下,重建个人所有制是实现共享的方式,即在共产主义制度的基础上才能实现共享发展成果的理想。在共产主义制度下,土地资源等社会财富通过社会化的劳动,重新成为个人财产,充分体现共产主义制度是以人为本。

第三,新的社会制度保障共享的实现。马克思指出,共享必须在新的社会关系中才得以实现,而这样的社会关系只有在社会主义制度和共产主义制度下才能形成。共享的实现需要在不断发展的生产力和不断进步的文明下才能将自身扩展为世界性的事业。共产主义社会能够充分发展工人阶级精神、追求实质的共享的社会。马克思明确指出,这一设想是行不通的,不能实现共产主义制度,必须要通过打碎旧有的资产阶级国家机器才能实现共产主义制度。马克思指出,实现共产主义需要广大人民群众具有博大的胸怀,因为共产主义不仅仅是工人阶级的事业,而且是全人类的事业。在马克思看来,实现共享的最基本前提就是社会主义制度,以期不断追求广大人民群众生活水平的改善。

---

① 《马克思恩格斯文集》(第8卷),人民出版社2009年版,第137页。

第四,共产党的领导是共享实现的有力保障。马克思明确指出,共产主义政党必须作为工人政党而存在,是保障共产主义事业稳步前进的重要保障,是广大人民群众根本利益的代表,强调和坚持整个无产阶级共同的不分民族的利益,始终坚持共享是全民族的共享,其实现形式也是全民族的。

进入新时代,中国特色社会主义共享发展理念要求人民政府不能有自己特殊的利益,人民政府是社会的公仆而不是社会的主人。人民群众日益增长的物质文化需要是实现中国特色社会主义共享发展理念的强大动力。马克思指出,人民群众物质文化需要增长依赖于社会生活和人民生活观念的改变,从根本上说,是社会生产的改变,因此,共享的内容具有社会性质,时刻以社会为尺度而拓宽其广度和深度。而广大人民群众共享改革发展成果必须要在代表最广大人民根本利益的政党下才得以实现。

3. 马克思的共享思想对于新时代的启示

新时代中国特色社会主义在发展过程中不断验证了马克思共享思想的科学性。党的十八届五中全会提出了五大发展理念,即创新、协调、绿色、开放、共享,这是对马克思主义基本原理的创造发展,将共享与发展融为一体,将共享作为社会发展的价值导航。

实践证明,新时代中国特色社会主义道路是马克思共享思想实现的机制和形式。自中国共产党成立之日起,共享就是中国共产党人奋斗的目标与理想。新中国成立与社会主义制度的建立为中国共产党探索与发展马克思共享观提供了重要的制度保障和实践经验。效率优先、兼顾公平及先富带动后富等政策要求都是对实现共享发展理念的探索途径。新时代中国特色社会主义共享发展理念将始终以广大人民群众的根本利益为基本内容,中国共产党人也将始终肩负起实现广大人民群众共享改革发展成果的伟大任务。新时代中国特色社会主义共享发展理念是不断发展的,共享的具体内容在每个社会发展阶段都是不同的,都要根据人民群众利益的需要而变化。新时代中国特色共享发展理念是中国共产党在历史实践过程中的理论总结,是马克思主义中国化的重要理论成果。

首先,新时代中国特色社会主义共享发展理念是解决我国现阶段社会主义发展过程中重要问题的行动指南。以习近平同志为核心的党中央将马克思共享思想转化为明确的发展理念,使得马克思共享思想有了实际的实现方式和落脚点,这是对马克思共享思想的历史性推进。习近平总书记在社会民生的不同问题上都提到了对共享发展理念的论述,并提出要积极探索城乡基本公共服务、收入分配、提高文化创新能力等方面的共享发展战略。习近平总书记指出,认真贯彻落实共享发展理念是一项艰巨的任务,从顶层设计到具体的每一项措施都要踏实落实,在实践过程中不断总结经验,不断取得新成效。共享发展发展理念之所以被置于相当重要的地位,一方面是由于中国特色社会主义社会发展的现实需要,另一方面是由于当前我国社会发展面临许多紧迫问题,因此,共享发展理念的生成是一种理论自觉,是中国共产党在解决现阶段社会发展过程中所导致的突出问题的重要探索成果。

其次,最大限度地弥补共享发展的短板,全面深入落实马克思共享思想。共享发展理念不仅是政治发展的内容,更是经济发展的战略目标。马克思共享思想为新时代中国特色社会主义共享发展理念提供了宝贵的理论启示,现阶段的共享发展理念要认真提取马克思主义共享思想的核心内涵,加大对文化创新能力的提升,进一步将收入分配制度合理化、完善化,最大限度地缩小城乡差距,将提升弱势群体、贫苦人群的生活条件作为社会民生的核心问题。中国共产党人要通过创新社会体制机制将马克思共享思想充分明确化和现实化。

最后,持续不断推进马克思主义共享思想的理论创新和实践创新。现阶段共享发展理念的深入发展是将马克思主义共享思想现实化和科学化的实践过程。马克思指出,社会变革的实现必须具备一定的社会条件。进入新时代,中国特色社会主义在发展过程中所带来的巨大的经济、社会和政治条件是实现共享的重要基础,与此同时,随着经济全球化和世界市场的深入发展,世界的普遍联系愈发紧密,为共享的实现提供了极大的便利。新时代中国特色社会主义经济的持续发展为政治发展创造了物质条件,这也使得共享发展理念不断得以前进,使得共享能够迅速得以实现。现阶段,我国已具备了实现共享的经济条件、社会条件和政治条件,这些条件共同构成了马克思主义共享思想的理论创新源泉。

三、共享发展是对反剥削与贫困理论的深化

贫困问题不仅是政治经济学意义上的论题,而且也具有深厚的经济伦理学意蕴。无论是从社会学、政治学、人类学维度,还是从经济学、生态学等视角,认识贫困的概念,都不可能脱离道德假设。贫困问题内含一种价值倾向性。资本主义的剥削实质是什么?造成贫困的原因是什么?中国四十多年的改革开放促进社会财富的增长,为何贫困问题还是存在?自 20 世纪 80 年代中期以来,我国开始有组织、有计划、大规模地开展农村扶贫开发,

先后制定实施《国家八七扶贫攻坚计划》、21世纪初《中国农村扶贫开发纲要(2001—2010年)》、《中国农村扶贫开发纲要(2011—2020年)》两个十年规划等扶贫开发蓝图。经过三十年不懈的努力,我国已有6亿多人脱贫。习近平总书记在决战决胜脱贫攻坚座谈会并发表重要讲话时强调:"到2020年现行标准下的农村贫困人口全部脱贫,是党中央向全国人民作出的郑重承诺,必须如期实现。"①新时代条件下,如何深化对贫困问题的理解,亟须我们回到马克思的共享思想中来寻求答案。

1. 马克思对贫困问题的研究

18世纪的英国,亚当·斯密就开始研究贫困问题,他曾含蓄地认为是资本家的贪得无厌导致了工人贫困,后来的马尔萨斯不同情无产阶级,但在理论上对资本主义社会的贫困问题给予了关注。最早系统地进行贫困研究的是英国人伊登(Eden)。1797年,他写了《贫民的状况,或英国劳动者阶级的历史》。1845年,恩格斯和梅休调查了英国城区穷人状况。同年,恩格斯写了《英国工人阶级状况》一书。在这本书中,恩格斯从政治经济学的角度系统研究了工人的贫困化和人口过剩问题。法国的西斯蒙第最早观察到私有制和财富之间的关系:资本主义生产资料的私人占有决定着社会生产的方式,生产力越发展,资本与劳动之间的矛盾越大。他认为资本主义制度是造成人民贫困的内在原因。法国的欧仁·毕莱作为一名社会主义者也研究过贫困问题,在其著作《英国和法国劳动阶级的贫困》中,他不仅关注了英国工人阶级的状况,也描写了欧洲其他完成了工业革命的资产阶级国家劳动者的悲惨生活,其中还有不少官方统计资料和议会报告。对剥削的较系统的研究是托·登宁,他在《工联和罢工:它们的哲理和意义》一书中提出过"榨取血汗制度"的概念。

早在19世纪40年代,马克思就开始对工人贫困和剥削问题的研究。在其著作《评弗里德里希·李斯特的著作〈政治经济学的国民体系〉》一文里,马克思从一般道德原则批判的角度阐述了德国资产阶级对自己同胞的剥削;而在《资本论》及其手稿中,马克思已将对剥削的研究和政治经济学进行了密切的结合。马克思关于剥削的思想主要有以下几个方面。

马克思认为,剥削是指以不平等的方式支配和控制他人的剩余劳动。虽然剥削劳动的形式会随着生产方式的不同而有很大的区别,但在各个阶

---

① 《习近平在决战决胜脱贫攻坚座谈会上的讲话》,《领导科学论坛》2020年第6期。

级社会中,剥削劳动却是固有的。例如,在奴隶社会这一社会形态中,由于奴隶归奴隶主所有,故除其从这些净产品(即减去已耗费掉的生产资料后的产品)中取得一部分以维持其生命以外,剩余劳动全部为奴隶主所占有。同样,在封建社会这一社会形态中,农奴和佃农的剩余劳动也是维持地主阶级统治的基础。但是,在封建社会中,存在多种多样的剥削形式,如农奴和佃农每年向地主、教会和国家所奉献的劳动和产品的直接形式,缴纳货币地租、什一税和国税的间接形式。这些都要求农奴或佃农生产出剩余产品,通过售卖得来现金以便于履行这种强加于他们的义务。

马克思还着重研究了各种向资本主义过渡的形式,在这其中,占统治地位的是为自由人互相对立的买者和卖者的关系遮蔽了实际生产者和剥削者之间的剥削关系。马克思以商业资本和高利贷资本(生息资本)为例,在这两种形式中,在其中的资本表现为统治生产的关系。在马克思看来,它虽然没有具备后来资本主义生产关系的形式,但正是这种形式却表现出最严重的剥削。马克思说:"这里甚至还没有形式上的资本主义关系,更没有特殊的资本主义生产方式。而高利贷者不仅依然把农民创造的全部剩余价值,即用于他的必要生活资料的再生产以外的全部剩余产品攫为己有,高利贷者还从农民那里夺去一部分必要的生活资料,结果农民只是过着最可怜的日子。高利贷者直接占有他人劳动以增加他的资本的价值,就这一点而言,他的行为和资本家一样。"①这就是所谓"没有资本主义生产方式的资本主义剥削"。值得注意的是,马克思认为,尽管在那里,资本和劳动的关系不包含新的生产力发展的基础和新的历史形式的萌芽,这种剥削同样会在资产阶级内部次要的领域和部门中再现出来,但是,"在这些部门中还存在对劳动的最令人愤慨的剥削"。②

资本主义社会是一种阶级社会,故也有上述一般属性。劳动者从完全相同的生产资料拥有权中被"解脱"出来组成工人阶级。由于丧失了仅有的生产资料,所以他们只能依靠为资本家阶级劳动而生活,资产阶级的统治也就随之建立在对社会生产资料的大量占有和控制基础之上。马克思精辟地阐释出这种关系的再生产的一般社会条件是工人阶级这一整体被动地从事剩余劳动,而这种剩余劳动恰恰构成资本家利润的基础,而这种利润又反过来促使资本家阶级得以并乐此不疲地继续雇佣工人阶级。正如同资本主义

---

① 《马克思恩格斯全集》(第48卷),人民出版社1985年版,第31页。
② 《马克思恩格斯全集》(第46卷)(下册),人民出版社1980年版,第383页。

历史充分表明的那样,整个过程充斥着两个阶级之间的伦理关系不平等的对立,有时甚至是以阶级斗争的形式出现。

马克思认为,作为劳动剥削的资本主义剥削,最终表现在对剩余价值的占有上,但剥削并不局限在剩余价值生产的领域,也包括剩余价值的流通领域。在价值增殖的重要源泉中,直接生产过程中的剥削并不是唯一的,如果把剥削仅限定在直接生产过程,并将直接生产过程中的剥削作为唯一重要的矛盾,就忽视了形成资本主义剥削的特殊性规定,忽视了这种剥削是由一系列生产和流通、剩余价值生产和剩余价值实现等之间的矛盾为中介的。马克思用这一公式来表示价值增殖过程:G-W-P-W′-G′,价值增殖在这个公式里被指正为生产和流通的统一。由此看出,在整个价值增殖的链条中,商品的实现与生产是同等重要的环节。

至少从表面上看起来,工人出卖劳动力,资本家给付一定的工资,双方达成一致后就成交,两者之间的交易是完全公平的。但在这一阶段完成后就进入了"生产的秘密角落",这里隐蔽着人们所熟知的剩余劳动的奥秘。这个"秘密角落"是一充斥着等级、命令和服从、主人和奴仆的世界。在这里,工人阶级为雇主生产产品而劳动。在总产品中,资本家自己购买相当于耗费的全部原材料和折旧费用的那部分,以重构耗去的生产资料,第二部分由工人用雇主先付的工资所买去。如果假设这两部分构成产品的全部,资本家赚取的费用就仅够支付其生产费用(物资、折旧和工资),利润的积累就不会产生。所以,为了产生资本主义利润,即让资本主义生产得以顺利进行下去,就必须命令工人延长劳动时间,从事比生产其自身的消费资料所必需的时间更长的劳动。也就是说,他们有且只有在剩余劳动时间付出劳动,才能生产出成为利润的那部分剩余产品。由于这种方法可以增大剩余产品的量,所以统治阶级获取直接利益的方式就是尽量把剥削率提高到社会和历史的极限。对于被统治阶级,他们的直接利益所在就是除了要反抗他们这种行为以外,还要和造成这种对抗的社会条件作斗争。作为一种根本对立的人类生存方式,集中地表现为统治者和被统治者之间不断升级的对抗,对抗的顶点就会出现动乱、暴动、反抗。

马克思针锋相对地认为,资产阶级学者用利润率(它的公式为 P=m/(c+v))来掩盖剥削,剩余价值率才是劳动剥削程度的正确表现。剩余价值率有两种表现形式:一种是剩余价值对可变资本的比率 m/v;另一种是剩余劳动对必要劳动的比率。这两个比率是将同一关系用不同的必要劳动形式表示出来——前者是对象化了的劳动,后者是流动过程中的劳动。剩余价值率和劳动力的剥削程度,只不过是基于同一关系的不同的表现形式或方法,只要明确剩余价值率和它的变动情况,便可了解劳动力剥削程度及其变动情况。它不局限于个别资本和产业部门的问题,是科学地解释总资本对总劳动的、即资本对工人阶级的剥削及其矛盾的关键。

即使劳动力的剥削程度相同,并存在各种生产部门的利润率,也会由于资本有机构成和资本运转周期的不同而有所差别。资本的竞争导致了这些不同的利润率化为平均利润率。假设不变资本的价值已定,那么平均利润率就依赖于总资本对总劳动的剥削程度。资本对工人阶级的剥削,在这个程度上成了资本家关注的焦点,当然这种关心也仅限于取得特殊利润这一点。资本为了获得超额利润,努力争取生产进步的方法,通过这种方式使生产力得到进步从而提高资本的构成。但是,一般利润率却呈现出逐渐下降的趋势。这种趋向下降和劳动力的剥削程度的趋向增大联系在了一起。一方面,资本在劳动量中要把尽可能多的转化为剩余价值;另一方面,在投入资本的比率中要尽可能少地使用劳动。也就是说,使劳动剥削程度增大的各项原因会禁止用同样的总资本剥削和以前等量的劳动。关于劳动力的剥削这一相互矛盾的趋势正是在使剩余价值率增加的同时,让一定资本所产生的剩余价值利润率下降的根本原因。利润率趋向下降的真秘密就昭然若揭了。

马克思在研究资本主义剥削时,也聚焦了资本主义生产的一个政治性后果,即无产阶级贫困化问题。马克思对贫困问题的研究可以划分成动态和静态两个维度,所谓静态视角,就是从资本主义生产的条件中去观察、分析。劳动力的自由买卖是资本主义生产方式的先决条件之一,但这种劳动力与资本的交换形式,反而让劳动者像孙悟空套上了金箍圈一样,越挣扎越箍得紧越疼痛。马克思又说:"劳动能力不仅生产了他人的财富和自身的贫穷,而且还生产了这种作为自我发生关系的财富的财富同作为贫穷的劳动能力之间的关系,而财富在消费这种贫穷时则会获得新的生产力并增殖。"①

马克思也从动态视角审视资本主义生产的过程,以此来研究贫困问题。在资本主义生产这一动态过程中,依据其内在的必然规律,资本积累和劳动生产力的发展,与工人阶级的生活水平和劳动条件呈正比例关系。随着发展,工人阶级走向了相对的和绝对的贫困化。就像利润和工资的对立关系所表现出来的那样,资本家和工人之间的利害关系也是根本对立的。假设

① 《马克思恩格斯全集》(第46卷)(上册),人民出版社1979年版,第449页。

资本急剧增加,工资就会随之上涨,工人的生活物质条件将会得到改善。但是,即使是在这种有利的状态下,两个阶级的利益冲突仍然不会消失。而且,虽然劳动工资增加了,但资本的利润却更以不可比拟的高速度增加,结果,工人和资本家之间的差距随之拉大了,资本家为刀俎,而工人阶级则为鱼肉。相比资本家,工人阶级不仅相对地贫困化了,而且,资本积累的内在必然的规律会继续使工人阶级被置于绝对贫困化的境地。

剩余价值的生产方法同时也是资本积累的方法,反之,资本积累的扩大会成为剩余价值生产方法的发展手段。正如在使用机器上我们所看到的,劳动的社会生产力的提高、扩大剩余价值生产的所有方法,不仅使工人的再生产费用明显地降低了,而且还增加劳动强度,延长劳动时间。随着劳动的被简化,连工人的妻子儿女也被"抛到资本札格纳特车轮下",工人被贬低为机器的附属品,受机器的折磨,畸形发展并成为局部的人,这样,在"最卑鄙的可恶的专制"之下,工人完全绝望了,只能服从。马克思说,工人依附于资本,"比赫斐斯塔司的楔子把普罗米修斯钉在岩石上钉得还要牢"。①提高劳动生产率的这种方式,是靠牺牲工人来进行的。剩余价值的增加,促进了资本的积累,却成了统治、剥削工人阶级的手段。另外,资本的积累使资本有机构成提高,进一步使劳动生产率得到了提高。结果却是不断增加的生产资料交由不断减少的工人来操纵,所谓的相对过剩人口(产业后备军)便出现了。随着积累的发展,劳动生产力的提高,这支失业者大军,不论是绝对的、还是相对的,都会不断增大。所以会造成两种后果:一是同现役劳动军相比,这种失业军越大,贫困工人阶层也就越大,需要得到救济的贫民人数也增加;二是现役劳动军的工资也会下降,生活日益贫困。而劳动被简化后再生产费用随之下降,工人的工资不仅下降了,而且由于他们的工作岗位被下降到更简单更低级,还由于同不断增大的失业军发生激烈竞争,因此必然越来越下降,而且周期性的经济危机也会给他们以打击。作为高贵又野蛮的统治者——资本,把他的奴隶、没落了的全体牺牲者——工人——拖入坟墓。随着资本的积累,工人阶级的状况,不论其工资高低,都必然会不断恶化。这就是贯穿资本主义积累的"绝对的、一般的规律"。而且,这种积累,不仅产生出相对过剩人口,而且作为积累的杠杆,这些过剩人口被随意使用。资本积累,产生了与之相适应的贫困积累。可以看出,贫困积累是资本主义积累的绝对的、一般的规律所带来的必然结果。这个规律"在实现中也

① 《马克思恩格斯全集》(第23卷),人民出版社1972年版,第707页。

会由于各种各样的情况而有所变化"。因此,可以说,只要资本主义生产方式继续存在,资本主义的积累就不可能消除贫困化的必然作用。

2. 贫困的经济伦理意蕴

马克思赋予了贫困这两个本属于伦理正义及其批判的范畴以经济学的含义。这两个范畴是相互关联的,没有剥削,无产阶级也就将摆脱贫困。马克思说:"在没有劳动可供剥削的地方,既不会有资本家,也不会有资本主义生产。"①贫困的经济伦理含义可概括为以下几个主要方面。其一,贫困和生产方式的联系表明,伦理关系的不平等需要受到生产关系的不平等的制约。其二,在资本主义社会中,剥削是专属于资本家阶级的权力,而贫困是无产阶级的必然命运。其三,剥削昭示着资产阶级的道德堕落和他们对无产阶级的阶级奴役,而贫困则意味着无产阶级自身道德的被戕害和被奴役。资本主义伦理关系的不平等性和矛盾性,使工人的劳动呈现异化的状态,进而异化了人的本质、本性,阻碍着人的自由而全面的发展。其四,剥削带来了阶级矛盾的日益激化,最终为工人阶级通过剥夺剥夺者,为自己命运的伦理解放奠定了坚实的基础。这就是未来自由人联合体的社会经济伦理基础。

马克思从劳动价值论和剩余价值论中所得出的贫困的思想的必然结论,体现了他对无产阶级的道德关怀。这一思想也是在他同资产阶级极力掩饰剥削的理论斗争中发展起来的。资产阶级经济学承认贫困的社会现象,但是,他们否认这些源于资本主义制度本身。在他们的观念中,资本价值的增殖是消耗成本价值($k=c+v$),而成本价格(k)掩盖了不变资本与可变资本的区别。在这种情况下,剩余价值就神秘地外化为整个成本价格或是预付资本的产物,成了利润形式。而利润形式,则从根本上掩盖了剩余价值的源泉,因为利润形式中已丝毫看不出价值是可变资本里雇佣的工人创造的了。所以,马克思指出:"这只是剩余价值的使人发生错觉的表现形式。"②

在马克思去世之后,围绕于贫困的理论斗争就从来都未平息过。不可否认,近几年来,资本主义社会也采取了一些抑制贫困的福利措施,资本主义社会对贫困、贫困线和贫困度量问题的研究相当科学化和深入化,胡格韦尔特解决贫困问题的过程、互动和行动的三维途径也是被广泛采用并且取得较好扶贫效果的方法。但是,只要承认剩余价值规律的存在,就不能不承

---

① 《马克思恩格斯全集》(第49卷),人民出版社1982年版,第135页。
② 《马克思恩格斯全集》(第32卷),人民出版社1974年版,第71页。

认剥削。因此,在资产阶级经济学家当中,很多人都想否认马克思的价值和剩余价值理论,进而否认资本主义剥削。阿隆和熊比特都认为剩余价值理论含混不清,不能证伪。阿隆认为从马克思的经济学理论难以论证贫困化理论,贫困化不是严格意义的经济方面的机制,它是经济学——社会学的理论。有些经济学家承认剥削,但是认为应建立"没有劳动价值论的剥削论"。例如萨缪尔森在1971年发表的《理解马克思的剥削概念》主张在边际效用理论革命之后,价值计算是多余的。因为从价格本身同样能引出资本主义生产方式的剥削。又如柯亨在《劳动价值论与剥削概念》一文中,否认劳动价值论,而认为只要从《团结之歌》中的简单陈述句"是我们,耕耘着草原,修建了他们进行贸易的城市/是我们,挖掘着矿井,建造了工场和无限延伸的铁路/现在,我们忍饥挨饿,被遗弃在我们创造的奇迹中间"中就可以证明存在剥削。另外,分析马克思主义者罗默也论证出非劳动价值论的剥削理论。罗默认为,只要有资本的生产、流通和分配方式的存在,无论什么社会制度都存在剥削,问题的关键在于剥削资源的配置方式和结构。本书认为,带有资产阶级偏见的论点过于无知或理论欺骗,其实根本不在于马克思的剥削理论是否能成立,而是如何在面对中国社会主义的经济现实和社会环境的情况下,进一步发展马克思的剥削理论及研究社会两极分化问题。从这种意义上说,马克思的剥削理论和无产阶级贫困化思想才是真正体现了一个伟人的人文关怀和社会良心。

第二节　新时代对共享发展的伦理要求

中国特色社会主义进入了新时代,社会主要矛盾发生了转化,因此需要新的发展理念对这一主要矛盾的变化进行回应。共享发展作为新发展理念的旨归,对于探索解决人民日益增长的美好生活需要和不平衡不充分的发展之间的矛盾具有相当的理论解释力和现实指向性。因此,有必要分析新时代中国共享发展伦理与传统发展伦理的区别,探讨共享发展理念是如何符合新时代发展的价值诉求、深化发展伦理的方向性认识的。

一、新时代共享发展理念与传统发展伦理的区别

发展进程的历史性决定了增进福祉的阶段性,针对发展的事实维度和价值维度的关系问题,中西方都在不断探索、调整和深化的过程中,逐步在

事实与价值统一的基础上确立起各自的发展理念。

二战结束后,西方社会"先增长后再分配"发展战略的失效表明,单纯的经济增长和自发的市场机制不能自然而然地使弱势人群受益,针对这一情况,20世纪70年代初,世界银行提出"增长中的再分配"战略,使低收入者在有增长机会的同时能得到必需的资源以获得利益,但由于缺乏有针对性的操作性措施,该战略并未成为主导性的政策实践,后被主张继续发挥市场机制"涓滴效应"作用的新自由主义所取代。直到90年代,世界银行再次呼吁实施"基础广泛的增长",强调直面日益严重的全球贫困问题,以扩大机会和提高能力的双轨战略,辅以转移支付与安全保障措施,对这种基于市场导向、能够充分利用劳动力并使其发挥自身最大能力的劳动密集型的增长模式给予重新关注。21世纪以来,发展理念由"益贫式增长"(pro-poor growth)走向"包容性增长/包容性发展"(the inclusive development),关注包括弱势群体在内的所有公民的可行能力和发展机会,追求经济、政治和社会的全面发展。这一演变过程实质是以包括弱势群体在内的多元发展观对现代社会发展主体单一问题进行回应,是对发展的事实维度和价值维度的关系问题认识深化的基础上,扩展发展的受众性、反对社会排斥的理论反映。

中国对发展的事实维度和价值维度的关系问题的认识也经历了"两个第一"——共同富裕——中国特色社会主义共享发展理念的认识深化。针对新中国成立初期经济和社会发展水平,"合理化第一,普及第一"的提出首先前瞻性地认识到劳动工资和劳保福利政策差距过分悬殊会带来的危害,指出"要在发展生产的基础上逐步开展对职工的劳动保险和福利事业是国家的长远方针"。①这一论断首先从收入分配和劳动保障的角度为提出"共同富裕"的战略构想奠定了基础,也是充分体现社会主义优越性的必然选择。而中国特色社会主义共享发展理念是在共同富裕的基础上对社会主义本质的接续发展,在新的历史时期将发展与人民福祉的关系进行了深入阐释,同时,也为"共同富裕"阐明了其实现途径。改革开放以来,随着发展形势和发展任务的变化,对中国特色社会主义共享发展理念成果主体的表述由"使工人、农民、知识分子和其他群众共同享受"②,变为"发展成果由人民共享"③,

---

① 中华全国总工会编:《中国工会百科全书下》,经济管理出版社1998年版,第1193页。
② 《江泽民文选》第2卷,人民出版社2006年版,第262页。
③ 《中国共产党第十八届中央委员会第五次全体会议公报》,人民出版社2015年版,第60—62页。

再深化为"以人民为中心的发展思想"①,体现出发展主体的包容性增强;对中国特色社会主义共享发展理念改革红利的公平性的表述也由"使发展成果更多更公平惠及全体人民"②变为"使全体人民在共建中国特色社会主义共享发展理念中有更多获得感"③,再深化为"使社会治理成效更多、更公平地惠及全体人民,不断增加人民的获得感、幸福感、安全感"④,体现了发展主体在物质层面和精神层面中国特色社会主义共享发展理念成果的切实性增强;对践行以人民为中心的发展思想的表述由"不能止步于思想环节,而要表现为经济社会发展各个环节"⑤变为"'人民日益增长的美好生活需要和不平衡不充分的发展之间的矛盾'的社会主要矛盾的变化对坚持新发展理念提出了新的要求"⑥,再深化为"不断保障和改善民生、增进人民福祉,走共同富裕道路"⑦,体现了对新时代经济社会发展规律认识的深化,是中国发展伦理的又一次重大创新。

由此可见,中西方发展理念的演进理路都体现出发展主体包容性增强的趋势,但是,发展理念的普惠性是正当的并不意味着某种(目标类型)水平的普惠是正当的。由"补缺型"向"适度普惠型"转变,是中国进入中等收入水平状态下社会福祉政策调整的必然结果。根据中国人口发展预测和到2050年经济发展推算,中国现正处于实现中等收入下的初级阶段向高级阶段的过渡时期,即从特殊人群、贫困人群全覆盖走向实现社会福利国民全覆盖、城乡福利项目和内容趋向一致化、较高的福利给付标准的过程中。⑧由此,阐明中国当前阶段实现何种(目标类型)水平的普惠是正当的,区分包容性发展(the inclusive development)与中国特色社会主义共享发展理念的普惠性(the inclusion of the shared development)这两个不同但又具有内在关联的议题,具有重要意义。

---

①⑦ 《中国共产党第十九届中央委员会第四次全体会议公报》,人民出版社 2019 年版,第5 页。

② 胡锦涛:《坚定不移沿着中国特色社会主义道路前进　为全面建成小康社会而奋斗》,人民出版社 2012 年版,第 15 页。

③⑤ 《中国共产党第十八届中央委员会第五次全体会议公报》,人民出版社 2015 年版,第60—62 页。

④⑥ 习近平:《决胜全面建成小康社会　夺取新时代中国特色社会主义伟大胜利》,人民出版社 2017 年版,第 11 页。

⑧ 中国发展研究基金会:《构建全民共享的发展型福利体系》,中国发展出版社 2009 年版,第28 页。

二、共享发展理念符合于新时代发展的价值诉求

党的十八届五中全会提出创新、协调、绿色、开放和共享的发展理念,来指导当前的经济社会建设,其中,共享作为新发展理念的出发点以及落脚点,不仅仅与广大群众的利益密切相关,更关系到新时代应当如何发展中国特色社会主义的道路问题。中国特色社会主义共享发展理念的提出不但有着深厚的理论渊源,还符合新时代对于发展的价值诉求,有效回答了新时代"发展是为了谁""发展应该依靠谁"及"发展成果应该如何分配"等根本问题,是新时代中国面对新的国内外新形势下审时度势所提出的更高的目标要求和行动准则,具有深刻的时代意蕴。

第一,共享发展是优化顶层设计的发展理念,彰显中国特色社会主义制度的优越性。共享发展是新时代条件下处理好发展和稳定关系的重要"减振器"。为突破利益固化的藩篱,就必须全面深化改革,调整复杂的利益格局,可以说,实现中国特色社会主义共享发展,不仅仅需要深植人心,更加亟须落到实处。实现中国特色社会主义共享发展,有助于优化社会的顶层设计,这种优化追求的是整体最优化而不是局部最优化,从而有助于社会的和谐稳定发展。

生产资料公有制是社会主义制度最为鲜明的特征,也是社会主义制度区别于其他制度的根本特征,是实现共同富裕的制度性基础。由此,在这一生产资料所有制条件下,实现中国特色社会主义共享发展,既是中国经济发展之必然结果,又是对于社会主义市场经济制度的肯定与延续。值得注意的是,非公有制经济目前在中国社会经济体系中发挥了越来越重要的作用,在社会主义初级阶段的特殊时期为国民经济的发展作出积极贡献。因此,在推进非公有制经济发展的过程中,充分利用好非公有制经济来促进共享发展,进而增强公有制经济的主体地位,充分发挥社会主义优越性,为实现社会公平正义提供了有效的支持。

第二,共享发展体现了新时代发展理念的现实指向。中国共产党人的发展观是在长期的革命和建设实践中逐渐形成和发展的,中国特色社会主义共享发展理念是从中国的实际出发,构建出的多维结构的发展观。具体来讲,体现在整体性、可持续性和人民性三个方面。

一是整体性。整体性是指把中国的发展看成是一个有机联系的整体,要有全局观点。在领导国家建设的过程中,新发展理念主张从全局的视角来思考问题,始终强调各方面必须协调发展、综合平衡。共享发展理念的整

体性特点要求我们在思考和处理发展问题时要特别注意考察各个方面、各个阶段及各个层次之间的联系,强调观察问题要和全局联系起来,看问题要有全局观点,要进行比较。一切只顾个人不顾社会、只顾局部不顾全体、只顾眼前不顾将来、只顾权利不顾义务、只顾消费不顾生产的观点和行为,都是必须反对的。我们必须着眼全局、协调发展、综合平衡地对待发展问题。

二是可持续性。可持续性是指既满足现代人的需求又不损害后代人需求的能力。共享发展理念是在全球视野下规划中国的经济社会发展,注重发展同邻国的协调合作关系,重视中外经验交流,这些理论和实践体现在人类命运共同体的倡议上,更强调其内部深刻而持久的生存信念和价值指向。

三是人民性。中国共产党一切工作的出发点就是人民,使得人民群众从发展中得到利益,尝到甜头,从而调动群众参与发展的积极性。以人民为出发点来谋求国家发展,必须以人民群众的实际承受力为前提。以人民为出发点来谋求国家发展,要求我们任何方面的发展都要倾听人民群众的意见,要虚心地向人民群众学习。人民群众是国家发展的推动力量,是历史的真正创造者。因此,国家的各级领导干部要扎实地植根于广大人民群众之中,去落实共享发展理念,把人民的利益作为检验工作的标准,这就要求中国共产党必须树立执政为民的观念,最终做到国家发展的成果由人民共享。

第三,共享发展理念反映着深刻的公共性意蕴。党的十八届五中全会通过的《中共中央关于制定国民经济和社会发展第十三个五年规划的建议》指出,"共享是中国特色社会主义的本质要求",这是在当前全面建成小康社会的决定性阶段中对发展与人民的关系问题认识的新境界,是对发展的终极旨归予以价值尺度的检视。目前,国内外学界虽然对共享发展深刻的变革意义(任理轩,2015)、对于明确中国道路探索方向(吴波,2015)、实现全面建成小康社会的关键作用(孙蚌珠,2015)与民生价值(韩喜平,2016)、对于其他发展中国家进行发展理念选择的影响(Le Yucheng,2015)和示范意义(华迪,2015),以及世界对中国实现共享发展的期待(UNDP,2015)乃至中国特色共享经济学的构建(庞庆明,2016)均有论述。但是,对于何以能够在共享的视域中对发展终极旨归予以检视这一基本问题进行的学理分析却较为鲜见,故而难以阐明中国特色社会主义共享发展的深厚意蕴,以及我国践行共享发展理念的重要切入点。因此,本书拟在梳理发展理念演变过程的基础上,挖掘共享发展理念的公共性意蕴。

纵观发展理念的演变过程,对发展终极旨归予以检视的价值标准大致可以分为两类:一是经济学关注的效率标准,其中,最重要的标准是"帕累托最优",即注重总效用的最大化;二是人文社会科学所讨论的公平、正义、法治、自由等价值要素标准,这些要素能够检视发展的某一侧面,对于更广义、更综合的价值标准的实现却并非充分条件,但是,发展理念的演变过程反映出人的公共性维度的复归。在现代性条件下,这一公共性维度曾一度被压抑,乔治·施蒂格勒(George Joseph Stiglrer)认为理性行为等同于选择的内部一致性,并进而将其等同于自利最大化,这种将自利作为人类行为的唯一动机的思想是对斯密关于人类行为动机与市场复杂性的曲解,却对现代发展理念产生重要影响。阿玛蒂亚·森(Amartya Sen)将这种曲解界定为"福利主义"并指出局限性,通过区别"福利"(就个人利益而言,一个人的成就和机会)与"主观能动"(就更广泛的目标而言,一个人的成就和机会),对超出自己福利的追求给出更有力的解释,通过引入"多元性和评价""可公度性""完备性和一致性""不可能定理"及其实证可能性结果和结构特征的讨论,探讨收入分配的公平性和更为广泛的个人或集体的价值判断。安格斯·迪顿(Angus Stewart Deaton)指出,解决不平等的问题也不单单是财富问题,甚至不是财富问题,而是综合的福利,探讨收入和幸福的关系、增长和发展的关系、共同富裕和一部分人先富起来的关系、消费和产能的关系,恰是当代中国所亟须解决的一系列问题。

共享发展要求使全体人民在共建共享发展中有更多获得感,朝着共同富裕方向稳步前进,实现全体人民共同迈入全面小康社会,这说明共享发展不仅意味着生产力的提高,更加强调生产关系的改善。人们在直接生产过程和再生产过程中结成的社会关系,相互作用而又相互依存,进而形成某种公共性,这种公共性是人本质的延伸,人们的社会生活深深地镌刻着公共性的烙印。在共享的视域中对发展终极旨归予以检视得以可能,关键在于共享蕴含着公共性这一人类社会得以存在和发展的重要维度。这种公共性不是人的依赖关系中的群体性,也不是简单的个体性的集合,而是一个有机系统,以推进和整合多重利益和价值诉求。譬如,实现共享发展要求引导预期、重视机会公平、保障基本民生。最重要的预期来自教育预期。机会公平首先是教育机会的公平。要提高贫困地区基础教育的质量,不仅要推进地区之间教育的均衡发展,促进教育机会的公平,更要深化教育改革,扩大优质教育资源覆盖面,鼓励社会力量和民间资本提供多样化教育服务。

发展应该体现和具有人民主体性,让人民在发展过程中真正地获得主体地位,在创造历史的实践活动中发挥其自觉能动性、自主性、自为性和创造性,从而成为发展的根本动力和最终归宿。共享发展理念聚焦人民性,强调发展为了人民、发展依靠人民、发展成果由人民共享,是对中国特色社会主义建设事业主体的思考。共享发展是建立在多元的、差异性的个人必须生活在一起这一理论假设上的,凸显了公共性意蕴:从个人视角来看,共享涉及处理自我、他者和世界的关系,自我是怎样的,与自我相对立的他者是怎样,自我与他者以怎样的关系构成世界,形成的关系和构成的世界是否符合正义即发展的公共性问题;从群体视角来看,共享涉及处理自我、群体和国家的关系,他者可以是与自我不同的其他个体,也可以由群体或国家构成,三者的关系或互动是否符合正义即也是发展的公共性问题;从全球化视角来看,共享涉及处理地域、国家和全球的关系,某一地域中的个人不仅在民族国家范围内与国内各类他者展开互动,还在全球的各类他者展开着多元多面多类的互动,这类互动是否符合正义也是发展的公共性问题。

共享发展在承认差异、尊重差异的基础上寻求互补,让多元主体在参与的互动中,实现社会公平和人性正义。譬如,在教育资源分配的问题上,主张分数面前人人平等、一律遵从优胜劣汰法则的观点是自由主义公平观在教育上的贯彻,主张应该考虑到地域、种族等因素带来的差别,对落后地区、少数民族的考生加以照顾的观点带有人道主义公平观的印记,这两种观点的分歧体现出不同公平观念对强者或对弱者利益的偏重,既有偏颇又包含片面真理。共享发展理念着眼于社会中共同体的诉求,将其作为公共性的结构性支撑,旨在为多元社会确定一个符合整个社会利益和社会理想的发展理念,面对全球化进程中在多元文化、差异政治、文明冲突中形成一种新的共识和对话机制,为处理发展与增进人民福祉的关系提供了新的视角,因此,凸显发展理念的公共性意蕴,是践行共享发展理念的重要切入点。

三、共享发展理念深化了发展伦理的方向性认识

明确中国特色社会主义共享发展的目标指向,有助于我们深化对新时代发展伦理的方向性认识,具体来讲,包括共享发展对发展方式的指向性、对提高执政党和政府的公信力的指向性、促进人的自由全面发展的指向性。

第一,共享发展旨在解决发展方式转变中问题,推进经济与社会协调发展。共享发展是基于对世界经济周期和中国经济社会发展趋势的分析所提出的,反映了新时代党和政府对经济社会发展规律认识的深化,体现了当前推动发展模式转变的基本思路。在新时代的条件下,对中国的经济结构转

型已经迈入更深的层次。一是经济结构进入深度调整期,出口疲软,投资可持续性下降,消费对经济增长贡献增加。未来经济增长将更多地依赖于消费、投资和出口"三驾马车"之间的协调。二是产业结构呈现出明显的优化趋势。以重工业为代表的产业集群增长放缓,传统制造业明显过剩,以高端制造业和现代服务业为代表的新型主导产业集群正在迅速发展,产业结构更多地取决于要素的比较优势和市场消费者的个性化取向和需求的多样化。三是发展动力更多地依赖于人力资本和技术进步,人力资本供给结构趋于优化。在技术追赶的过程中,制造业将由中低端向中高端转变。因此,转变经济发展方式,必须充分发挥消费需求对经济增长的重要稳定作用和产业结构调整的积极导向作用。在保持稳定就业形势的基础上,居民收入增长与经济发展同步,劳动报酬增长和劳动生产率同时提高,为保障居民消费特别是农村消费市场的稳定增长奠定坚实的基础;同时,强化养老保险、医疗保险、失业保险等社会保障制度,可减少由于未来不确定性而导致的居民预防性储蓄;此外,要充分认识到经济社会的转型升级和全面深化改革必将对教育改革提出更高、更迫切的现实需要,重塑经济增长的内生动力,实现由劳动驱动型经济向人力资本驱动型经济的转变。

可以说,共享发展要解决的当前发展模式转变中存在的问题,归根到底是为了解决中国现阶段经济发展与社会建设相协调的问题,即社会公正在民生领域的实践。一是共享发展应实现经济结构调整和社会活力的协调。当前经济下行压力的关键在于有效释放市场需求和消费者意愿,社会活力的释放需要维护公平正义,机会公平可以保障人们参与社会活动的积极性,司法公正可以保障人们分享社会成就的秩序。二是共享发展应实现经济复苏与社会进步的协调。为了保持中国经济的平稳过渡,我们需要为社会建设的后续储备资源,这主要体现在对基本民生领域的持续投资和社会治理体制和社会治理能力现代化的创新实践。三是共享发展应平衡好社会稳定和可持续协调,既要促进经济社会财富的持续增长,又要以社会稳定为经济发展提供内在支撑。

第二,共享发展旨在提高社会主义实力,提升话语权和影响力。实现共享发展充分体现了中国特色社会主义的本质要求,对于新时代条件下增强社会主义意识形态的话语权具有重要意义。一种意识形态是否具有话语权,要看它是否真实地反映、体现和表达了人民的利益,得到人民的认同和支持。目前,中国正处在改革的难点和深水区。随着社会结构的不断分化,利益的复杂性和利益差距的扩大越来越明显,这给意识形态认同带来了新的挑战。面对如此复杂的局面,我们必须坚持共享发展,才能真正体现、反映和表达人民的利益,保护弱势群体的合法利益;面对如此复杂的局面,我们必须坚持共享发展,才能真正体现、反映和表达人民的利益,保护弱势群体的合法利益,遏制特殊利益集团和利益集团对公共利益的占用。使广大人民群众自觉地认同他们在改革开放成果中所倡导和表达的理想信念、价值观和行为准则,这样可最大限度凝聚改革的共识,激发人民群众的改革热情,为解决发展中的问题提供强有力的思想基础和政治基础。

共享发展充分体现了中国的发展理念的深刻变化,对扩大中国在国际社会的话语权和中国模式的国际影响,具有重要意义。一个国家的发展模式是否具有影响力,归根到底取决于该国的综合国力和国际竞争力。中国的发展模式,尤其是中国发展模式的旨归,只有着力于促进全体人民共同享受发展成果,在促进就业、教育、医疗和减少贫困实现从低层次向高层次转变,才能真正提升中国的综合国力和国际竞争力,这也就对新时代如何进一步提高以上领域的权利、机会和规则的公平问题提出了新的要求。因为在新时代,中国的主要矛盾发生了变化,从人民日益增长的物质文化需要和落后生产力的矛盾变为人民日益增长的美好生活需要与不平衡不充分的发展之间的矛盾。针对新时代发展中不平衡不充分之处,需要进一步处理好发展与共享的关系,同时,将共享发展置于五大发展理念中去考察,推动共享发展与创新发展、协调发展、绿色发展和协调发展深度融合,以更好满足人们对于美好生活的需要。

第三,共享发展旨在增强获得感,实现人的自由全面发展。党的十九大以来,坚持在经济增长的同时实现居民收入同步增长、在劳动生产率提高的同时实现劳动报酬率同步提高,是贯彻落实共享发展理念所着力解决的方向。但是,发展成果更多惠及人们,是否意味着人民的获得感和幸福感相应提升了呢? 通过分析联合国统计部在 1980 年至 2018 年间发表的《人类发展报告》中的人类发展指数(HDI)可知,中国在人类发展指数的医疗保健、教育和工作三个维度的满意度是不同的,其中,健康指数较高,但差异较大,教育指数为第二,收入指数起点较低,但分化较快。这表明,共享发展的确促进了人民生活的改善,但是,对于各个具体维度的福利水平的提高,人民的获得感和幸福感还有相当大的提升空间。新时代条件下,在促进就业、医疗、教育和减少贫困等方面提升人民群众的获得感,既与马克思关于人的自由全面发展的理念一脉相承,又是对这一理念的拓展和深化,是在新时代的特殊历史时期充分论证和实践人的自由全面发展的有益探索。

第三节 中西方发展伦理的比较诠释

比较中西方发展伦理的具体范畴,对于探索新时代中国特色社会主义伦理问题具有重要意义。本书在比较视阈下把握中西方发展理念演变的规律,分析普惠共享的正当性所蕴含的知识论证义务和论证进路,通过辨析正当性概念与证成性概念,确定新时代中国特色社会主义共享发展的普惠性的证成方式,为共享发展的可行性或者可持续性提供有益思路。分析包容性增长和非包容性增长在经济增长理念、经济增长动力、经济增长实现路径和经济增长后果四个方面的差异,进而分析包容性增长与帕累托最优、罗尔斯的自由与差别原则的关系。指出国家的经济安全的重要性和紧迫性已提升到了前所未有的高度,阐明经济安全伦理论域具有不确定性和风险性、关联性与全球性、稳定性与宽泛化的本质特征,进而从经济伦理出发,为国家经济安全提供调整战略与策略。

一、比较语境中共享发展的普惠性

发展的普惠性是一个历史性范畴:自英国《济贫法》传统开创的补缺型福利模式开始,到福利国家的建立明确福利为全体公民的宗旨,发展福祉由补缺走向普惠,却也面临着种种风险;第三条道路倡导"积极福利"拓宽了解决发展福祉问题的新思路,却无法根本解决贫富分化加剧问题,导致出现了"普遍性福祉"最终将要被弃的论断。由此可见,坚持新时代中国特色社会主义共享发展的普惠性,必须首先论证在当前阶段发展旨在福祉惠及全体人民具有正当性(legitimacy)。目前,学界对中国特色社会主义共享发展的普惠性(渠彦超,2016)及其伦理基础(向玉乔,2016)、中国特色社会主义共享发展与中国特色社会主义的关系(董朝霞,2016)均有论述,但是,对新时代中国特色社会主义共享发展的普惠性进行正当性追问和道德基础分析的专门研究却较为鲜见。由此,本书拟在对新时代中国特色社会主义共享发展进行非比较性的容许性证成和比较性的最优性证成的基础上,探究中国特色社会主义与普惠共享相容所需解决的必然性和有效性问题。

1. 共享发展理念普惠性的正当性追问

中西方在发展的最终目标与增进人类福祉、增长与分配的关系问题上都经历了一个不断探索、调整和深化的过程。西方社会对发展理念的认识经历了涓滴式增长—基础广泛的增长—益贫式增长—包容性增长/包容性发展的逻辑演进,中国对发展理念的认识也经历了"两个第一"—共同富裕—中国特色社会主义共享发展理念的认识深化,在中国共产党第十九次全国代表大会上的报告中进一步阐述为"打造共建共治共享的社会治理格局",并于党的十九届四中全会上发展为"以人民为中心的发展思想"。在比较语境中把握中西方发展理念演变的规律,进而对新时代中国特色社会主义发展伦理进行探讨,具有重要意义。

要论证新时代中国特色社会主义共享发展具有普惠性,就必须分析普惠共享的正当性(legitimacy)所蕴含的知识论证义务,也就是说,要对"正当性"概念所具有的完整的结构、独特的性质、不可替代的功能及其与"证成性"的关系进行辨析,在此基础上,选取恰当而有力的论证方式。

通常认为,辨析正当性(legitimacy)概念与证成性(justification)概念,存在着两条不同的论证进路。一是康德—罗尔斯的理性主义传统,主张正当性与证成性是两个可以同义互换的概念,属于同一个论证的不同部分。在这一传统下论证新时代中国特色社会主义共享发展具有普惠性,只需要论证普惠共享能够在道德上被证成(morally justified),即在不同观点之间存在冲突时的论证(argument),澄清作为要求和判断基础的那些原则和理由(reasonableness),用推理(by reason)使分歧意见得到一致,以证成(to justify)一种正义观念(a conception of justice)即可。①二是洛克—西蒙斯的经验主义传统,主张将证成性与正当性区分为两个性质完全不同的论证部分,二者是抽象与具体的关系,在这一传统下论证新时代中国特色社会主义共享发展具有普惠性。证成性是用于论证国家发展理念与作为整体的主体的一般关系,即在一般意义上阐述的福祉普惠的必要性,是一种实然关系;而正当性是用于论证国家与个体主体之间的特殊关系,即在某种历史形态现实国家中福祉普惠实际上的正当性,是一种应然关系。②事实上,证成性与正当性的区分并不会抹杀证成性本身的含义,相反,意味着某种目标类型的福祉普惠却有需要被证成。

由此,论证新时代中国特色社会主义共享发展的普惠性,需要在洛克—西蒙斯传统上,分析在当前阶段发展福祉惠及全体人民具有正当性,说明国家发展理念的道德基础,也就是说,对新时代中国特色社会主义共享发展的

---

① [美]罗尔斯:《正义论》,何怀宏译,中国社会科学出版社1988年版,第584页。
② Simmons, John A. Justification and Legitimacy. *Ethics*, 1989(4):739—771.

普惠性的证成是其正当性概念的题中应有之义。在具体证成方式的选取上,西蒙斯的证成方式无疑是可取的:一方面,运用非比较性的容许性证成(permissibility justification)来论证普惠共享与一些普遍被人们所接受的道德原则是相容的;另一方面,运用比较性的最优性证成(optimality justification)来论证普惠共享所具有的规范力与有效性。

2. 容许性证成:从逻辑起点上化解对普惠共享的指控

坚持新时代中国特色社会主义共享发展的普惠性,首先需要对其进行非比较性的容许性证成,即回到对资源的初始占有这一逻辑起点上来,化解普惠共享所面临的潜在指控。新时代中国特色社会主义共享发展的确是建立在有效缩小收入差距基础之上的,再分配调节机制是维护社会公平正义的重要手段,但是,这并不意味着新时代中国特色社会主义共享发展与私人财产权和自我所有权的概念相违背。澄清新时代中国特色社会主义共享发展与各种否证福祉普惠的道德原则并不冲突,说明其在道德上不是错误的,具有重要意义。

（1）有限的私人财产权

以罗伯特·诺奇克(Robert Nozick)为代表的自由主义对福祉普惠正当性基础进行了道德权利拷问,其主要立论是指控通过再分配机制实现财富转移支付必然侵犯了私人财产权,因而在道德权利上是错误的。诺齐克指出,"国家不可用它的强制手段来迫使一些公民帮助另一些公民,也不能用强制手段来禁止人们从事推进他们自己利益或自我保护的活动"。①由此,对新时代中国特色社会主义共享发展的普惠性进行容许性证成,需要从该立论的内部出发化解自由主义对私人财产权的指控。

一方面,私人财产权正当性的成立是有条件的。通过对西方思想史中关于财产权论述的考察,财产权的正当性及其限制本身就是一个具有丰富内涵的议题。自柏拉图和亚里士多德关于"共产理想国"与"私有政治学"之争起,对私有财产的限制条件的研究肇始。直到近代,洛克试图以劳动论证私有财产权获取的正当性,并为其设置一定边界,即"至少在还留有足够的同样好的东西给其他人所共有"。这一论断也成为论证私人财产权正当性得以成立的经典表述。诺齐克继续了对劳动确立财产权的边界问题的拷问,他以"火星论"和"番茄汁论"证明洛克理论中财产权边界的不确定性,指

---

① ［美］罗伯特·诺奇克:《无政府国家和乌托邦》,姚大志译,中国社会科学出版社 2008 年版,第 22 页。

出"洛克条件"只适用于社会资源无限丰富的情况,并将其弱化为"诺齐克条件",即"使其他人的状况不致变坏"。尽管诺齐克的论证也存在着明显的疏漏,但是,至少说明一点:私有财产权的正当性是在一定限制条件内才得以成立的,那么,以一个存疑的论点来指控福祉普惠,其说服力也是存疑的。

另一方面,永续的私有财产权是有条件的。福祉普惠所面临的以保障私有财产权为名所提出的指控,不仅仅无法否证其正当性,反而可以从中说明福祉普惠的必然性。这一指控有三个基本预设。第一,诺齐克将自然状态下的资源视为无主物,认为财产初始获取的途径是通过劳动使无主物从自然状态中转变成具有排他性的私有物。但是,自我所有权的内涵并不能不受限制地拓展到私人财产权,自我所有权的指控在这一预设上延续了对福祉普惠的指控,是站不住脚的。第二,诺齐克强调私人占有的条件是"不以恶化其他人的处境为代价",但是,如何界定处境涉及一个测量尺度问题。在洛克式严格限制条件下,不能仅以满足基本需求的物质条件来界定处境,一旦把普惠共享的内涵由共享物质成果延伸到机会与规则的公平,福祉普惠就超出了私人财产的范畴,也就难以用这一尺度来衡量。第三,诺齐克主张私人占有状态必然比自然状态优越,但是,这一命题只有在前二个预设都成立的基础上才能成立,也就是说,永续的私人财产权利是有条件性的,完整的私人财产权才能创造出更多的物质财富,以补偿自然状态中使用价值的损失。

由此可见,私人财产权得以证成的内在要求正在于使发展福祉能够确保所有人的基本需要得到满足,自由主义僵化的私产权利观没有认识到这一前提,而以基本需要满足为目标的福祉普惠正是私人财产权利得以正当化的必要条件。由此,普惠共享并不与正当的私人财产权利相抵触。

(2) 实质的自我所有权

化解自由主义对私人财产权的指控,往往要追溯到更具本源性地位的自我所有权。自由主义对自我所有权进行辩护的主要立论是将福祉普惠等同于强制性的再分配,认为这侵犯了个体的自我所有权。诺齐克指出,"每个人在道德上都是他自身及其各种能力的正当所有者,因而只要没有利用这些能力来侵犯别人,每个人都有按照自己的意愿运用它们的(道德的)自由"。[①]而福祉普惠看似强制一部分人"帮助"另一部分人,在根本上违反了人的自我所有权,进而也违背了外部世界资源平等的要求,即正当地拥有自

---

① 吕增奎编:《马克思与诺齐克之间:G.A.柯亨文选》,江苏人民出版社 2007 年版,第 100 页。

身劳动所创造出来的附加值。①由此,对新时代中国特色社会主义共享发展的普惠性进行容许性证成,需要从该立论的内部出发,化解自由主义对自我所有权及其外部资源权侵害的指控。

必须指出的是,自我所有权范畴本身具有逻辑悖论,以罗尔斯为代表的自由主义内部即对这一悖论展开过论证。罗尔斯通过探讨是否应当允许由天赋差别带来的分配差别,进而肯定了社会再分配制度的合理性。诺齐克主张将自我所有权的基础归结为个人天赋,只要是在"不以恶化其他人的处境为代价"的情况下,天赋差别在分配中占据优势地位是正当的,依靠个人天赋占有任何财富都是正义的,不必再分配也不应再分配。但是,如果从道德观点深究某种天赋的成因,其实具有极大的偶然性。由此,罗尔斯认为,"没有一个人能说他的较高天赋是他应得的(deserve)",②主张应当把天赋看成一种共同资产,个人的天赋只有在与他人的互补和合作中才能得以发挥,任何个体也都可以共享这种互补和合作来改善生活。对于处境最不利者而言,罗尔斯主张通过差别原则进行纠正。由此可见,即使肯定自我所有权,也并不意味着能否证成社会再分配的合理性,况且税收等社会转移分配主要是对外在资源的再分配,而不是针对自我所有权本身。由此,福祉普惠并不必然意味着自我所有权的侵害。

要化解福祉普惠所面临的指控,关键在于区分形式的自我所有权与实质的自我决定(Self-Determination),也就是说,个体不仅仅对自身的天赋及其创造的物质成果拥有形式的自我所有权,而且对自身禀赋追求福祉拥有实质的"自我决定"的权利或"可行能力"(capacity feasible)。事实上,新时代中国特色社会主义共享发展要着力解决的就是享受公共物品供给、获得就业机会、接受基本教育等方面的分配不均问题,由于这些不均造成的贫困更多地表现在应对风险的脆弱性和可行能力不足问题,由此,普惠中国特色社会主义共享发展理念不仅不违背实质的自我决定,反之,其正是实质性自我决定和可行能力能够被保障的关键。

3. 最优性证成:在比较语境中把握新时代中国特色社会主义共享发展

坚持新时代中国特色社会主义共享发展的普惠性,还需要对其进行比较性的最优性证成。通过考察新时代中国特色社会主义共享发展的普惠性(the inclusion of shared development)与包容性发展(inclusive development)及普

---

① 吕增奎编:《马克思与诺齐克之间:G.A.柯亨文选》,江苏人民出版社 2007 年版,第 100 页。
② [美]罗尔斯:《正义论》,何怀宏译,中国社会科学出版社 1988 年版,第 78 页。

遍主义福利(universalism welfare)所具有的规范力,可以说,普惠共享是立足于历史唯物主义生发出的以人民为中心的新发展理念,为新时代下解决发展的不平衡不充分问题提供了行动依据与方法指引。

(1) 比较语境中新时代中国特色社会主义共享发展的普惠性

新时代中国特色社会主义共享发展的普惠性(the inclusion of shared development)与包容性发展(inclusive development)有相通之处,在社会发展的目标上,二者都坚持在经济增长的同时增进福祉,反对经济增长与社会发展不同步、增长与贫困并存的扭曲性发展,主张发展成果惠及社会各个阶层。但是,在实现发展的手段及其目的上,二者存在着本质区别。包容性发展鼓励主张政府、社区和个人共同参与经济社会发展,其出发点是基于只有在整个人口共同参与的情况下,让发展的参与者享受发展福利,利益共享才具有社会公平性,而且包容性发展的社会政策注重通过社会救助制度设计来防止"福利依靠",即通过自动筛选机制,让想"搭便车"的人自动选择离开社会救助体系。这既是为应对工业化市场带来的风险,也是福利国家救助困难群体时的必然选择。普惠共享也着力推进发展的包容性,但更加注重对深层次的公平问题予以回应,关注点从考察发展对增进福祉的作用转向考察社会主要矛盾变化下的新发展对增进福祉的新要求。新时代人民福祉显著增强,对美好生活的向往也更加强烈,影响满足人民美好生活需要的因素有很多,但主要应当考察发展的不平衡不充分带来问题,这对发展的公平性提出了新的要求。在深入把握和解决矛盾中实现普惠共享,其目的在于最终实现发展为全体人民共享,这为发展理念研究提供了一种新的视阈。

普惠共享也不等同于福利国家的普遍性福利(universalism welfare)。新时代中国特色社会主义共享发展理念应把坚持普惠性作为第一方向,基本公共服务供给也在朝普惠型方向发展,当前福利改革的思路和行动也确实有从补缺向适度普惠发展的趋势,但这并不意味着福利的普遍化供给。与"选择性福利"(selective welfare)(即为特殊困难群体提供福利和服务)相对,福利的普遍化供给强调平等地给予全体公民获得福利分配的成员资格,通过再分配和福利设施、社会共同承担集体的责任来保障全体公民的最低生活水平或者生存状态。而新时代中国特色社会主义共享发展理念则是要打造共建共治共享的社会治理格局,保基本仅仅是实现新时代中国特色社会主义共享发展理念目标的四大方向之一,它与普惠性、均等化和可持续一起,共同构成了保障基本公共服务体系的价值导向。作为新发展理念的目的和归宿,新时代中国特色社会主义共享发展理念的实质和核心是人的发展,由此,中国特色社会主义共享发展理念全面小康成果的关键不在"小康"而在于"全面",也就是说,不仅仅要让经济、政治、文化、社会、生态文明建设如期实现目标,还要让人民福祉普遍得到增进,使人的发展全面得到保障,使人的物质生活、精神生活和生存环境等方面得到全面改善。

（2）普惠共享具有突出的理论解释力和实践规范力

通过以上的比较和梳理,可以说,普惠共享对于在新时代坚持和发展中国特色社会主义的出发点和落脚点具有突出的理论解释力和实践规范力。

第一,新时代中国特色社会主义共享发展的普惠性有力彰显了群众史观,决定了其具有深刻的理论解释力。新时代中国特色社会主义共享发展理念是关于发展过程、发展力量和发展成果的理念,这就要求贯彻和落实新时代中国特色社会主义共享发展理念不能仅仅立足于发展成果共享上的普惠性,要将发展过程和发展力量的普惠性也考虑进来。人民是历史的创造者,在历史发展中处于主体地位,尊重社会发展规律与尊重人民主体地位是一致的,只有坚持以人民为中心的发展,充分发挥人民群众的首创精神,才能站在时代发展的前列,把探索中国特色社会主义发展规律与引领中国发展贯通起来,将发展经验凝练成系统而严密的理论成果,为新时代的发展实践提供价值导向。这说明,新时代中国特色社会主义共享发展理念的普惠性具有丰富的马克思主义理论水平,马克思在中国的具体化特别是在新时代中国特色社会主义建设的伟大实践中的具体化是普惠共享形成的真正理论基础。同时,值得注意的是,对普惠共享与群众史观关系的认识不能单纯满足于一种线性研究思路,在比较视阈下阐明普惠中国特色社会主义共享发展理念与西方发展理念的异同,得出二者之间有机互动的真正关系,为打造中国自己的理论话语体系,具有重要意义。

第二,在新时代社会主要矛盾的转化中理解和贯彻中国特色社会主义共享发展的普惠性,决定了其具有相当的实践规范力。探索普惠共享的实践指向,不能仅从马克思主义理论中关于社会发展理念的话语抽象出马克思对社会发展的一般认识和基本原则,以此形成关于新时代中国特色社会主义共享发展的基本因素,从而为共享在马克思理论视角下出场提供基础,也不能仅从中国特色社会主义的本质规定出发,停留在"共同富裕"这一传统所有制框架范围内,而是要思考从这规定如何产生出普惠共享,新时代下实现中国特色社会主义共享发展的普惠性究竟面临怎样问题域。党的十九大将新时代社会主要矛盾表述为"人民日益增长的美好生活需要和不平衡不充分的发展之间的矛盾",①这是中国特色社会主义进入新时代的情况下对经济发展与增进人民福祉之间关系的合乎历史演进、合乎逻辑发展的重大政治判断。"发展的不平衡性和不充分性"问题是立足于坚持以人民为中心这一基本立场对中国发展阶段性特征作出的科学认识,深刻理解美好生活的内涵已经发生了质的变化,进而增强新时代中国特色社会主义共享发展的普惠性,让全体人民在共建共治共享的社会治理格局中有更多获得感,这无疑为破解发展难题、厚植发展优势提供了有效的行动依据和方法指引。

二、中西方包容性增长的伦理探析

包容性增长,顾名思义,就是强调发展均等、追求利益均等和更多地关注弱势群体的发展模式,其最重要的理论基础就是科学发展和和谐社会理论。从伦理角度视之,包容性增长有着特殊的含义,与非包容性增长明显区别开来。另外,包容性增长也反映了帕累托最优原则和罗尔斯的自由差异原则。

1. 包容性增长的内涵

包容性增长是一种着眼于发展全局的发展模式,在发展过程之中包容性发展更多地考虑的是发展的不均衡问题,特别是在发展问题已经显露的部分国家,包容性增长提倡以改善分配、完善法律体系、保障民生等手段来实现发展成果的普惠性,更多地关注发展的缺陷特别是弱势群体利益。同时,包容性增长反映了帕累托的进步和罗尔斯的自由与差异原则。它也需要平等的发展机会,使贫困和弱势群体能够得到更多。包容性增长与可持续发展有着共同点,但是两者的关注点有不一样。可持续发展关注的是发展效益,而包容性增长关注的是发展质量,强调社会公平,以弱势群体为中心,力图解决发展过程中产生的不均衡问题。

2. 基于伦理意蕴的包容性增长与非包容性增长的比较分析

包容性增长因其独特的发展意蕴而富有其独特的伦理意蕴,它与非包容性增长模式的区别主要在于:

（1）经济增长理念的差异

首先,包容性增长内在地彰显了科学发展观的基本价值理念,同时,它也是和谐社会的必然要求,是经济领域中德性的彰显。包容性增长更多考

---

① 习近平:《决胜全面建成小康社会夺取新时代中国特色社会主义伟大胜利》,人民出版社2017年版,第11页。

虑发展质量,更多关注弱势群体利益,更多强调发展的普惠性,体现了以人为本的发展伦理;而非包容性增长则是"唯 GDP"主义指导下的片面增长论。

其次,从其价值旨归来看,包容性增长是对非包容性增长的批判性扬弃和超越。从其本身来看,经济增长观念一直处于变化之中:从只强调增长到基础广泛的增长到穷人友好型增长再到现在的包容性增长,各种思想相互涤荡,激烈碰撞。对穷人的友好发展思想,对贫困人口的人力资本的培育和提高具有重要意义,相较"单一增长论"具有重要进步意义。包容性增长作为最新和相对较为科学的增长模式,旨在建立构建起包容的制度,更多地关注弱势群体,关注发展的普惠性,对各种不公进行了详细区分,是对穷人友好型发展模式的合理扬弃。虽然阿马蒂亚·森的所谓暴政和制度性社会剥夺在我国并不存在,但在过去的几十年里,确实有他所担忧的那种贫困状况出现,部分缺乏社会机会和部分社会剥夺,包容性增长强调机会的公平性和人的能力的扩展。

第三,从公平和效率方面考量,包容性增长也大不同于非包容性增长。作为经济伦理最重要的价值追求,公平和效率既相对立,又相统一,前者是后者的重要保证,而后者是前者的必然前提。但是,多数场合,这两个因素很难被考虑,说明它们在社会发展的不同阶段往往被忽视。因此,处理好两者之间的关系,即无论何时何地,都要贯彻良好的生活原则,通过效率创造社会财富的人类活动最终必须有利于人类的生活。一是重视效率的基础性作用,但不能忽视公平。如果没有以效率为保证,就谈不上分配,相应地,也谈不上公平。但是,仅仅强调效率必然导致公平的缺位,造成严重的后果。二是要以公众的美好生活为目标,合理运用公平手段,增强公众的幸福感。非包容性这种过度重视效率,导致严重的收入差距和贫富分化,带来一系列社会问题,甚至威胁到社会稳定。归根到底,从伦理层面思之,是"人的逻辑"或者说"生活的逻辑"大于"资本逻辑"。

最后,二者的价值取向也不相同。包容性增长着眼于全局的增长模式,从经济收入、政治权利、精神面貌等方面对人进行全面提升。包容性增长的价值取向是提倡这一理念到全社会,不仅使人们过上富裕的生活,而且让人民生活得更公平、更幸福、更尊严。总而言之,包容性增长更多考虑社会整体利益,而非包容性增长则成为特殊利益的代言人。

(2) 经济增长动力的差异

从拉动经济增长的动力来看,包容性增长显得更加多元,强调"三驾马车"的协同作用,而非包容性增长则仅仅依赖于投资和出口两方面。包容性增长对私营企业和国有企业都有同样的作用,并把它们视为经济增长的重要推动力,给予它们同样的权利;特别注重激发和保护民营企业活力,造福于民。非包容性增长注重国有大中型企业的利益,利益分配机制对普通人是排斥的,而国有大中型企业优先获取非国有经济部门的资源。

(3)经济增长实现路径的差异

包容性增长重视投资、消费和出口"三驾马车"的协同作用,这决定了扩大内需、充分就业是其实现经济增长目标的重要路径,高度重视发展科学技术和第三产业,通过加强人力资源管理、完善法规体系等保护中小型甚至微型企业利益,努力实现机会均等。机会平等应被视为同等重要,甚至比结果平等更重要。非包容性增长通过传统粗放型的经济发展模式和以出口主导的现代化来实现,暴露出一系列弊病。

(4)经济增长后果的差异

包容性增长贯彻和谐发展理念,旨在缓解各方矛盾,缩小收入差距,每个群体都可以尽力而为,彼此和睦相处,社会公正,人民幸福。包容性增长首次将弱势群体纳入自身考虑范围之内,增强了他们对生活的乐观态度,与此同时,注重内需使得经济发展动力更为均衡,发展也更加稳定科学。

非包容性增长采取传统高能耗、高污染和低产出的经济发展模式,必然带来一系列严重的社会问题和环境问题,表现为生态恶化、发展不均、贫富悬殊、精神空虚等。在20世纪70年代,罗马俱乐部就意识到这些严重的问题,发表了《增长的极限》等学术作品,以警醒沉醉于现代化中不可自拔的人们。他们指出,传统的增长模式具有增长的极限,如果世界人口、工业化、污染、粮食生产和资源消耗以当前趋势继续下去,将导致人口和工业生产率的突然和可控的衰退。尤以中国为代表。近几年来中国过度重视经济发展的社会财富效应,忽视了环境和生态指标,这种盲目追求经济增长的做法导致了严重的社会问题和生态环境问题,社会矛盾特别是基层矛盾频发,人的生存受到威胁,精神世界也被腐蚀了。

3. 包容性增长与帕累托最优

帕累托最优性意味着帕累托没有改进的余地,代表了一个理想的资源分配状态。帕累托改进是以帕累托最优原则为目标,意在以不损害任何一方福利的为代价的前提下促进福利。包容性增长以帕累托改进原则为指导。以生产要素为例,一切生产要素都参与经济成果的分配,劳动收入与国民收入的比重随着国民收入的增加而增加,资本收入随着国民收入的增加而增加,租金也与国民收入呈正相关关系,甚至出现了侵吞劳动力份额的现象。包容性增长强调收入分配的公正,每个群体甚至每个个人都有增加自己收入的权利,而不是以牺牲大部分人利益为代价满足少部分人的利益。以国际关系视之,帕累托改进原则表现为国家之间的发展互惠,互相促进,经济共同增长。但作为其价值核心仍然是社会的公平正义。

4. 包容性增长和罗尔斯的自由与差别原则

功利主义正义观主张最大多数人的福祉,认为个人的原则是使他们的福利最大化,满足他们的欲望,当最大程度地扩展了社会福利时,这个社会就是正义的。所谓社会正义就是要尽可能地满足所有成员的欲望,并使其最大化。可以看到,这种"自利原则"和古典经济学家亚当·斯密所倡导的"人性自私"非常相似。这些原则是西方政治制度的重要理论基础,但是,从社会深层矛盾审视,仍然存在许多问题。罗尔斯深刻地批判了这种功能功利主义正义观,形成了他独特的自由与差别的正义观念。他指出,平等的自由权是先于正义的,这种自由与自由制度基本是相匹配的;公正、社会和经济不平等的第二条原则应被安排,以使它们适用于最不利于受益人的利益,并根据公正存储原则。也就是说,对于一个社会来说,追求效率很可能偏离正义,公平原则应遵循效率原则和利益最大化原则。

公平是第一性原则,必须扩大机会均等特别是机会较少的人的机会,差异原则则是让利益获得较少者受到保护,社会制度的构建和运行更显公正。

包容性增长体现了罗尔斯的自由与差异原则。第一,包容性增长强调了不同主体之间的自由和机会平等,这与罗尔斯的"最广泛和平等的基本自由体系"相一致。第二,正义和公平是包容性增长的核心价值,这与罗尔斯的正义理念相一致。第三,当效率和公平不能被考虑时,公平更多地进入包容性增长视域之内,这与罗氏的反效率理念相吻合。第四,包容性增长面对阶层利益矛盾时特别重视弱势群体,不仅需要实现共享发展,这与罗尔斯坚持的"将有利于穷人和最少的受益者"相一致。由此可见,包容性增长蕴涵着罗尔斯意义上的正义原则。

三、新时代国家经济安全的伦理向度

德国著名社会学家乌尔里希·贝克提出了"风险社会"[①]的概念。我们发现,进入 20 世纪以后,危机事件进入了高频爆发期。贝克针对这种人类

---

① ［德］乌尔里希·贝克:《风险社会》,何博闻译,译林出版社 2004 年版,第 30 页。

社会转型时期所出现的危局进行反思,认为风险社会是工业社会自身发展中,由自反性的结果导致一个逻辑悖论。在工业社会的种种风险中,经济的风险又位于首位,经济伦理学在这其中的价值维度不可或缺。而作为经济伦理学底线要求的保障民生,对于经济伦理学的发展匡正、抵御自反性风险都不可或缺。

1. 经济安全伦理维度的产生背景

吉登斯曾经说过:"未来的风险决定了今天的选择。"①何为风险?风险就是由人的活动所造成的风险。这也就是说,人际伦理关系是经济风险产生的根源。因此,如果能够处理好自我与他人的经济伦理关系,就可以规避经济活动的风险,获得经济活动的安全。

经济活动中,伦理首先指向了民生。社会和谐的基石在于民生。民生在不同的时代背景和经济发展条件下,有着不同的意蕴。首要的民生就是基本生存需要和生活资料的获得。满足了这一需要,才能有更高阶段的民生,诸如精神文化、生活质量的提高。

经济伦理学新范畴的出现是随着经济活动的自身变化和历史变迁而发展的,同时,在经济活动中呈现出独立运动的伴生性。经济活动中产生的与传统道德观相冲突的新的道德观的萌芽是不以人的意志为转移的,同样,新的经济伦理观的形成也是与解决物质生产任务的经济条件的成熟相伴生的。而且,我们应该看到,经济伦理的发展有着超越政府"有形之手"与市场"无形之手"的内在张力,其在伦理价值上为经济行为的规范、经济主体的矫治提供了支撑。所以,在当前风险社会中,经济安全作为经济伦理学的一个基本范畴,对于防范经济风险的作用毋庸置疑。

2. 经济安全伦理论域的本质特征

在当前全球化的背景下,虽然和平与发展是世界的主题,但是国家安全仍旧是一个国家永恒的主题。在国家安全中,经济安全的份额日益凸显。在经济全球化的条件下,一国的国民经济能够发展、经济实力能够处于不受根本威胁的状态,这是国家经济安全的应有之义。具体说来,经济安全是一国保持其经济发展所需要资源的有效供给、经济体系的独立稳定运行的状态和能力。那么经济伦理语境下的经济安全又是什么呢?经济安全内嵌着一种价值上的诉求,它的旨趣在于使国家处于一种得到保障的较理想经济

---

① [英]安东尼·吉登斯:《现代性与自我认同 晚期现代中的自我与社会》,夏璐译,读书·生活·新知三联书店 1998 年版,第 49 页。

状态。

（1）不确定性和风险性

在全球化日益深化的今天，随着资本在世界市场所存在的平滑性和差异性的内在矛盾，世界经济的不确定性和风险性日益增多，而且很容易通过"链条效应"和"蝴蝶效应"扩散至全球。这样就给世界经济的安全带来了严重影响。中国经济安全就面临着严峻的挑战：贸易争端增多；经济面临巨大的金融风险；能源资源瓶颈凸显；气候环保压力空前强化；信息安全存在极大的隐患。

（2）关联性与全球性

全球化浪潮扩大了国家之间的交往。经济交往的日益增强使资源在全球配置的效率大大提高，客观上要求各国不得不让渡部分经济主权来换取本国经济的发展，于是，国家间经济的关联性与依存度增大了，必然会影响国家宏观调控和抵御风险的能力。一国经济的动荡可能会呈几何级数影响国际经济的走向，甚至一国经济的风险可能会导致全世界经济的困境。这就要求经济安全伦理的审视必须具有经济安全问题的全球性。美国前总统奥巴马曾表示，一旦认为美国可能会债务违约，全球金融体系将有可能崩溃，美国也可能会陷入比早前更严重的经济衰退。

（3）稳定性与宽泛化

国家金融安全、国家经济信息安全及国家产业安全构成了国家经济安全的三个组成部分。就国家经济安全而言，经济稳定是其重要标志和本质特征。而经济安全的宽泛化体现为经济与战略、政治问题的交织、金融危机之后的贸易保护主义问题等。同时，国家经济安全的风险有国外和国内两方面的来源渠道。就国内而言，转变经济发展方式和国家经济安全也有深刻的内在联系。转变经济发展方式，可以调控资本主义经济危机的风险；处理内需与外需关系的方式转变，可以维护国家经济主权的安全；经济发展与社会发展关系的处理方式转变，可以维护国家基本经济制度安全。

3. 风险社会经济安全伦理问题的彰显

国际金融危机的爆发，持续引发了人们对于国家在风险社会中经济安全的关注，某种程度上，国家的经济安全的重要性和紧迫性已提升到了前所未有的高度。

在反思国际金融危机的根源的过程中，人们发现了随着经济全球化的发展和增长，经济安全的重要性却与经济发展中伦理的缺失呈现出鲜明的对比状态，越来越多的伦理问题伴随着经济的发展而逐渐凸显。后危机时代,国家经济安全不可或缺地成为经济伦理的重要价值取向。国际金融危机爆发两年后,在一些国家经济还没有恢复之时,由希腊主权债务危机引发的欧债危机又重起波澜,证明了以前经济伦理学视域的局限。经济伦理的研究论域向国家经济安全与宏观经济伦理维度的转变迫在眉睫。

在现今社会,国家的安全取决因素已经由原来的非军事因素逐渐向经济安全倾斜。资本的扩张是无边界化的,其必然会和主权国家对经济的控制力产生矛盾和冲突。如何处理好国家经济与全球经济之间的关系已成为一个主权国家在新的国家经济安全形势下不得不考虑的主题。这种情况下,最关键要素是经济与金融主权独立,是要求国家对经济安全问题要有清醒的认识,提高自身防范全球化负面影响的能力。金融安全是经济安全的核心内容。在金融化经济的环境下,金融危机发生后,受冲击的绝不仅仅是虚拟经济,实体经济也会受到波及。我们应该清醒地认识到金融安全虽然在优化资源配置、促进经济增长方面有着显著的作用,但也使经济风险的增大成为可能,严重的甚至可以激化社会矛盾。故此,经济安全中的伦理调控功能的发挥,起的屏障作用得以彰显。

以美国为例,早在20世纪,美国就把金融系统的安全列入国家"生死攸关的重大利益"。美国著名学者塞缪尔·亨廷顿在《文明的冲突与世界秩序的重建》一书中援引其他学者的论证,列举西方在后冷战时代控制世界的14个战略要点,其中第一条是"拥有和操纵着国际金融系统",第二条是"控制着所有的硬通货",第五条是"主宰着国际资本市场"。①美国学者迈克尔·赫德森的《金融帝国》一书中文版的译者序,更是直截了当地揭示了美国的金融战略,一定先要使该国中央银行保持高度的相对于一国政治的独立性,其实就是剥夺该国货币主权和金融主权,使该国不能有效地稳定经济,也不能为一国的长远经济发展计划融资,从而使该国经济成为西方资本的附庸。②

虽然美国一直主张并极力向世界推行金融自由化,但在其国内,对于国家经济安全的保护只有加强没有削弱。美国有千余条外资管控措施,甚至比发展中国家还要严格、严厉。以2003年出台的《保护重要基础设施和资产的国家战略》为例,其确定了将农业、水资源、公共卫生、应急服务、国防工

---

① [美]塞缪尔·亨廷顿:《文明的冲突与世界秩序的重建》,周琪等译,新华出版社2010年版,第40页。

② [美]迈克尔·赫德森:《金融帝国 美国金融霸权的来源和基础》,嵇飞等译,中央编译出版社2008年版,第11页。

业等几乎覆盖整个国民经济的 12 个部门列为重点保护对象。

　　国际经济秩序面的不合理、世界经济局势的不稳定，使发展中国家面临的金融安全困境前所未有。发展中国家需要在保障金融安全的同时维护国家经济安全的主权，在积极"求和平、谋发展、促合作"的同时，要努力"防霸权、增权益、保安全"，"努力推动建立公正、合理、健康、稳定的国际经济新秩序"①。

　　经济伦理为国家经济安全提供了调整战略与策略。首先，要确保市场和资源供给的安全，这是国家对内的经济安全责任。其次，要保持一国经济上的相对优势。这种经济安全观甚至在今日美国决策层被奉为"圭臬"。一个没有丝毫经济国家优势的国家在经济全球化的大背景下势必会沦为别国经济控制的附庸。最后，要处理好国家经济与全球经济的关系。一个国家除了国家本身的经济安全伦理责任外，对于超越国家的伦理责任也应给予重视，因为，它为国家主权的经济安全伦理责任提供了保障，而且这也是国家履行国际责任的有效途径，具体可以表现在尊重国际惯例、回应国际社会诉求、高度重视气候环保问题、推动加强国际互利合作、加强境外投资的政府管理和引导、对外经济援助要努力做到原则性与灵活性的统一等方面。

---

　　① 李文云、吕岩松：《胡锦涛在莫斯科国际关系学院发来重要演讲》，《人民日报》2003 年 5 月 29 日。

第三章 气候变化与信息革命背景下的共享伦理走向

中国传统文化中"己欲立而立人,己欲达而达人""己所不欲勿施于人"是共享伦理的经典表述。伦理学之宗旨要义就是让人过有尊严的幸福生活,共享性的生活方式是必要的,也是人类生活根本特征和重要支柱。"共享伦理是一个以'共享'作为价值轴心的伦理价值体系"①,这一价值理念涵盖了民主、平等、包容、正义等理念,推动社会共同体成员之间相互促进、共同进步、彼此扶持,维护公平正义,使得社会发展成果更公平地惠及全体成员。在共同体生活中,凡是属于最多数人的公共事物、公共利益常常是最少受人照顾的方面,人们关注自己所有的一切,而忽视公共的事物与利益。也就是说,对于公共领域的利益,人们的关注往往停留在与自己利益相关的事物,全球气候问题亦然。气候变化问题作为全球社会持续广泛关注的热点与焦点议题,其存在往往突破原生样态而与政治、经济、社会等要素交织在一起,成为全球气候政治与治理焦点难题,并在大数据技术的广泛应用中为共享发展带来新的理论空间。

第一节 人类的危机:共享发展的气候条件

气候危机是人类面临的共同挑战。这一危机源于人类活动范围和深度的深刻变化,表现在二氧化碳和甲烷等气体浓度变化、地表温度改变、南北极冰川厚度减少及海平面上升等诸多方面。国际社会目前已经建立起一套全球气候治理机制,主要行为体围绕着温室气体排放,形成规范性气候治理协议及决议,其中《联合国气候变化框架公约》(UNFCCC)、《京都议定书》《巴

---

① 向玉乔:《共享的伦理限度》,《江苏行政学院学报》2019 年第 5 期。

黎协定》构成了这些制度性安排的核心。在这些制度性安排中,将全球能源经济转变为净零排放的理念已经存在多年,但直至近年来才作为全球气候政策的一项基本原则被推上了主流。参与上述气候治理协议和决议的国家和地区的公用事业公司、科技巨头甚至石油公司都宣布了应对气候变化的碳减排甚至碳中和目标。截至 2021 年 5 月,已有 75 个国家提交了更新的国家自主贡献计划(NDC),越来越多的国家确认到本世纪中叶实现净零排放,但也有少数国家提交的目标甚至比五年前更弱。[①]2021 年 3 月出台的《中华人民共和国经济和社会发展第十四个五年规划纲要》中,气候危机治理被提到了新的高度,提出单位国内生产总值能源消耗和二氧化碳排放分别降低 13.5％、18％的治理目标,旨在实现碳排放达峰后稳中有降,生态环境根本好转,[②]以实现 2030 年比 2005 年碳强度下降 60％—65％的承诺。诚然,技术进步是实现碳减排的重要工具,其中,大数据技术在减少碳足迹及提升社会系统的效率中发挥着重要价值,但是,不可否认的是,植根于人类活动深度广度变化的气候危机问题也需要通过规范人类活动来解决,处理由气候危机引起的争端的关键仍然是处理人与人、人与自然之间的伦理关系问题。因此,有必要梳理目前大数据技术在气候变化问题上的应用与潜力,分析以大数据技术应对气候变化问题的伦理挑战,探索新时代大数据驱动下气候治理的伦理原则,为全球气候危机的有效解决提供更加公平合理的框架基础。

一、气候的变迁与当代危局

"希伯来人的著作讲述了上帝、人类和地球的关系,这种关系本质上是合乎道德的,其中地球的气候是对人类盲目崇拜和道德败坏作出的反应。"[③]气候问题是当前人类面临的最为严重的挑战之一。气候问题是由人类无休止活动带来的吗? 气候问题是否需要伦理规约? 这些成为国际社会以及学界争论及研讨的重要议题。

2019 年 11 月,英国埃克塞特大学全球系统研究所蒂姆·莱顿(Tim Lenton)研究小组发表在《自然》上的《气候临界点——风险太大,不可心存

---

① World Resources Institute (WRI). Net Zero Targets: Which Countries Have Them and How They Stack Up[EB/OL]. https://www.wri.org/events/2021/6/net-zero-targets-which-countries-have-them-and-how-they-stack,2021-06-02.

② 《中华人民共和国国民经济和社会发展第十四个五年规划和 2035 年远景目标纲要》,人民出版社 2021 年版。

③ 迈克尔·S.诺斯科特:《气候伦理》,左高山等译,社会科学文献出版社 2010 年版,第 18 页。

侥幸》一文指出,全球可能已跨越一系列气候临界点,这意味着全球变暖造成的部分冲击已不可逆转。这种风险将是对人类文明生存的威胁,人类正处于"全球紧急状态"。九个气候临界点的变化包括:格陵兰岛冰盖,南极冰盖,南极洲东部的部分区域正在加速失冰,北极海冰面积减少,大西洋环流自1950年以来放缓,亚马孙热带雨林经常性干旱,珊瑚礁大规模死亡,永冻层解冻,以及北美的北方森林火灾和虫害。

全球变暖是这些威胁风险呈现的最主要原因,导致气候变暖主要因素就是碳排放量问题。为此,世界面临最大挑战就是已经实现工业化的国家与发展中国家如何分派允许的最大碳排放量问题。联合国政府间气候变化专门委员会第四次报告(2007)指出:目前全球平均地表温度比工业革命前升高了0.74 ℃;到21世纪末,全球地表平均温度将升高1.8 ℃~4 ℃,海平面将升高18~59厘米。气温升高所带来的直接后果就是冰雪融化。例如,格陵兰冰盖正在加速融化。如果它通过了一个特定的门槛,在几千年的时间里,海平面可能会再增加7米。除此之外,如果气温升高1.5 ℃,格陵兰冰盖就会消失,这种情况最早可能在2030年发生。加之其他冰原的融化,未来数千年,我们的子孙后代很可能将生活在海平面上升10米的地球上。此外,海洋热浪导致大量珊瑚白化,导致澳大利亚大堡礁一半的浅水珊瑚死亡。由于全球变暖、海洋酸化和污染之间的相互作用,如果全球平均气温上升2 ℃,预计将有多达99%的热带珊瑚消失。这些气候变化将导致多米诺骨牌效应:导致飓风、台风、冰雪、旱涝、干涸等极端天气不断;导致病菌滋生,传染性疾病的传播范围扩大,威胁着人类生命健康;造成生物多样性的丧失,越来越多的物种濒临灭绝;导致全球经济陷入发展困境,例如农业问题所导致的粮食生产问题、粮食价格问题;加剧南北国家之间的紧张、形成"气候难民的产生和迁徙"、水资源匮乏、核扩散等危机。

气候危机作为一种自然现象本应是自然科学的关注范畴,但由于国际社会对气候问题的关注升温,已然由纯粹自然环境问题演变为国际社会政治问题。"'生态危机'既是一种科学的阐释,在更大程度上又是一个政治和意识形态性的范畴。"[1]马克思认为,"人直接地是自然存在物"[2],一方面,人具有自然力、生命力、能动性,另一方面,人与其他动植物一样,作为自然的、肉体的、感性的、对象性的存在物,同时受制于自然。人类从诞生之初受

---

① [美]詹姆斯·奥康纳:《自然的理由——生态学马克思主义研究》,唐正东等译,南京大学出版社2003年版,第218页。

② 《马克思恩格斯文集》(第1卷),人民出版社2009年版,第209页。

制于自然,而后"变着法子说话"转向宗教崇拜,到征服自然实现自我力量的确证,确立了人类中心论价值理念,这一理念主导了人类文明的发展进程。毋庸置疑,这种价值观在改变人与自然的原始关系、提升人与自然的平等地位上曾起过决定性作用。但是,这种价值观逐渐变得极端化,人类利益居于绝对首要地位的论调充斥着地球。然而,"传统情境中第一个主要变化是,自然在面临人类技术入侵时的严重无助——这在它表明自己已经受到伤害之前还不为所知"①。乌尔里希·贝克在《什么是全球化?:全球主义的曲解—应对全球化》中指出:"生态危机是文明社会对自己的伤害,它不是上帝、众神或大自然的责任,而是人类决策和工业胜利造成的结果,是出于发展和控制文明社会的需求。"②马克思主义认为,物质资料的生产方式决定了一个国家的政治制度和社会制度,而一旦制度框架形成之后,生产活动都会受到这种制度的影响和制约。资本主义在迅速发展的同时伴随着社会环境的极大破坏与气候问题的初现。资本家对利润的贪欲和整个资本主义生产方式的无政府状态,其后果就是人们只专注生产而忽视对自然的保护,从而造成了人与自然的对立。

气候变暖与温室气体排放密切相关,其中二氧化碳是最常见和最主要的温室气体。大气中一般含有约 0.03% 二氧化碳,但由于原料燃烧等人类活动影响,近几年来二氧化碳含量猛增,温室气体能吸收地表长波辐射,使大气变暖与"温室效应"相类似,若无此效应,地表平均温度是 $-18\ ℃$,而非现在的 $15\ ℃$ 。IPCC认为,气温上升 $1\ ℃$ 就可能对生态系统造成危害,上升 $2\ ℃$ 就已经达到最高限度,超过度的数量界限危害可能是致命的。温室气体排放量降低到地球碳吸收所能容纳的量是最佳的策略,这就要求发达国家降低 80% 的排放量,意味着每人每年减排大约 2 吨二氧化碳。

气候变化问题现今已然不仅是科学问题、政治问题,而是关乎影响人们生存质量的伦理问题。解决气候问题是拯救人类自己的问题,地球温度比现在高十几度的时候也有,地球二氧化碳的浓度比现在高 10 倍的时候也有,如果不解决气候问题,毁灭的只是人类自己。自从 1992 年起,国际社会先后通过的《气候变化框架公约》《京都议定书》《波恩协定》《德里宣言》《哥本哈根协议》《坎昆决议》等,其重要目的就是加强全球协作共同应对气候变化问题。解决气候问题背后内蕴的是不同国家核心利益的争夺。国际社会

①　邓安庆:《当代哲学经典　伦理学卷》,北京师范大学出版社 2014 年版,第 254 页。
②　[德]乌尔里希·贝尔:《什么是全球化?:全球主义的曲解—应对全球化》,常和芳译、吴志成校,华东师范大学出版社 2008 年版,第 43 页。

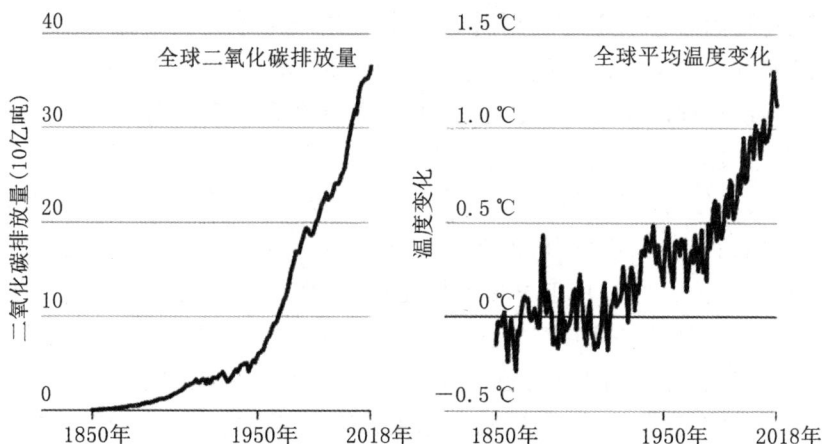

图 3-1　二氧化碳排放量增加,全球平均温度在上升

资料来源:Global Carbon Budget 2019; Berkeley Earth.

关于气候政治的博弈困境主要是围绕碳减排问题。西方国家秉承着"高姿态、低承诺"的态度缺乏诚意,在长期减排问题上为发展中国家设立陷阱;发达国家掌握雄厚的资金、先进的技术,占领环保产业市场的高端,从发展中国家减排中牟利。

表 3-1　不同国家或组织应对气候变化的态度和利益诉求

国家或组织类型	基本态度	利益诉求
欧盟、日本、英国	积极	继续严格限制工业国家的温室气体排放,并将发展中国家纳入减排的制度框架。采取灵活机动的减排方法,结合先进的环保科技,在联合国框架下进行合作。
美国、澳大利亚	上届政府不积极,本届政府态度正逐渐发生转变	废除所有硬性减排指标,在自由市场模式下,运用环保新科技减少污染,力争经济发展与环保两不误,并坚称发展中大国应该作出更大的努力。
最不发达国家和经济转轨国家、俄罗斯	积极	这些国家温室气体排放量小,没有减排的压力,主张全面推进减排工作。
加速发展的发展中国家	相对积极	温室气体排放量逐年增加,发展所带来的排放量需求扩大,面临环境保护的压力最重,继续强调自愿承担的方式,要求切实考虑各国资源利用的权利和分配的公平性。
能源输出国	不积极	减排对引起全球能源市场的紧缩,给国家经济带来损害。

资料来源:胡鞍钢、管清友,《中国应对全球气候变化》,北京:清华大学出版社 2009年版,第 15 页。

气候博弈的实质体现的是各国对权力和利益的角逐，是政治话语权之争，是经济主导权之争论，是伦理道德原则之争。同时，了解环境或气候变化对于冲突是否有重大影响，也对我们可以采取哪些措施来减少未来冲突的可能性，以及如何作出明智决策来应对未来的气候危机至关重要。

二、人类命运共同体的担当

当今人类交往的世界性比过去任何时候都更深入、更广泛，各国相互联系和彼此依存比过去任何时代都更频繁、更紧密。一场突如其来的疫情使我们明白，世界各国你中有我、我中有你、相互依存，经济全球化、世界一体化不断加深。习近平总书记在党的十九大报告中呼吁："各国人民同心协力，构建人类命运共同体，建设持久和平、普遍安全、共同繁荣、开放包容、清洁美丽的世界。"[①]人类命运共同体设想关涉到军事、政治、经济、文化、外交、生态、伦理等各个领域。这种"建立平等相待、互商互谅的伙伴关系，营造公道正义、共建共享的安全格局，谋求开放创新、包容互惠的发展前景，促进和而不同、兼容并蓄的文明交流，构筑尊崇自然、绿色发展的生态体系"的主张旨在构建以合作共赢为核心的新型国际关系，打造人类命运共同体，给各国创造更多机遇，更好地促进世界和平与发展。这一主张充满了创新，是一种新型的全球文明观。

构建人类命运共同体理念来源于中华优秀传统文化"和合"理念。"和合"理念是中华文化的首要价值和精髓，是中华文化生命最典型、最完善、最鲜明的表现形式。"和合"一词最早语出《国语·郑语》："商契能和合五教，以保于百姓者也。""和合"的最初含义是指协调不同思想、不同观点、不同人际关系之间的冲突与矛盾，规范和治理国家社会的方式。正所谓"克明俊德，以亲九族，九族既睦，平章百姓，百姓昭明，协和万邦，黎民于变时雍"。（《尚书·尧典》）任何社会都存在形形色色的矛盾，而要实现"和合"就是要妥善解决这些矛盾冲突，使之不会酿成社会危机，影响社会安定。汤一介先生将中国传统的"和合"理念界定为：自然的和谐、人与自然的和谐、人与人的和谐、人与自我身心的和谐。这种"和合"理念的要义就是摒弃两极对抗思维，实现天人和谐，人人和谐，人物和谐。正是由于"和合"精神的影响，中华民族历来将兼收并蓄作为一种合理的社会政治模式和行为的模式。儒家

---

①　习近平：《决胜全面建成小康社会　夺取新时代中国特色社会主义伟大胜利——在中国共产党第十九次全国代表大会上的报告》，人民出版社 2017 年版，第 58—59 页。

对内强调民族共同体意识,强调民族国家大义的整体主义价值取向和家国情怀,追求天下为公的"大同社会"美好设想。在政治治理方面,从单一的行政管制到政治治理,推进协商民主;在经济治理方面,从分配失衡贫富差距拉大到财富共享,分配正义得到充分彰显;从生态治理方面,注重人与自然和谐发展,共建美丽中国;在国际关系方面,从摩擦冲突到和平共处,讲信修睦、协和外邦、睦邻亲仁。

习近平主席在万隆会议上提出的"建设人类命运共同体"正是"和合"智慧在现代外交当中的应用。国与国之间应当本着"和而不同的原则",不能这边搭台、那边拆台,应当相互补台、好戏连台。2017 年"构建人类命运共同体"理念被写进联合国社会发展委员会、人权理事会等国际机构会议决议,因其关涉世界发展和未来走向得到广泛道义支持和价值认同。世界各国人们都生存在共同"地球村"里,只有同舟共济才能共谋发展。"一个世界主义者应该是一个能够认为世界是我们共享的家乡,会产生出某种像'地球村'这样的自我意识的人。"①正是因为共处一个"地球村",各个国家民族彼此命运有关、同舟共济,世界各国在保持适合本国国情的发展理论、道路、制度与文化基础上,应当荣辱与共、同生共长、共同进退、同心同德,将我们生存其间的"地球村"建设成为持久和平、普遍安全、共同繁荣、开放包容、清洁美丽的世界。针对全球气候危机,习近平主席强调:共谋全球生态文明建设,深度参与全球环境治理,形成世界环境保护和可持续发展的解决方案,引导应对气候变化国际合作。

从《联合国气候变化框架公约》到《京都议定书》,从《哥本哈根协议》到《德班协议》,国际社会日益关注气候问题,气候谈判日益成为国际社会政治斗争的舞台。发达国家越来越打着解决气候问题之名,干涉他国尤其是发展中国家内政之实,从而实现遏制发展中国家经济社会发展的最终目的。气候问题上实现人类命运共同体的担当,就是在应对气候变化问题上秉承公平正义原则,在权力分配与责任承担问题上,得到公平正义的对待。气候资源作为全球范围内的公共资源和人类共同财产,无论是发达国家还是发展中国家,政府都要承担解决气候问题的责任和使命,减少对自然环境破坏,坚持绿色、低碳、循环、可持续的生产生活方式。对于发达国家来说,由于气候危机主要是他们在几百年工业化进程中,严重破坏、污染资源,以至于超过了自然承受能力从而报复人类的结果,应当承担更多的责任,而不应

---

① [美]夸梅·安东尼·阿皮亚:《认同伦理学》,张容南译,译林出版社 2013 年版,第 273 页。

当一概而论让发展中国家甚至不发达国家买单。作为发展中大国、世界第二经济大国,中国应当引导应对气候变化国际合作,成为全球生态文明建设的重要参与者、贡献者、引领者。

三、气候伦理的原则

气候问题会造成人们生存危机,造成人类发展困境,同时也对不同国家及整个国际社会安全带来重要影响,带来生态灾难、经济灾难、分配公平及国家安全等方面的挑战。为此,应对气候难题、解决气候危机需要坚持气候正义原则、责任共担原则、利益共享原则。

1. 气候正义原则

自古以来,"公平""正义""平等""权利""义务"等范畴就是哲学家伦理思想的重要概念。亚里士多德讲,城邦的正义关系到两个因素:一是事物与应该接受事物的人;二是相等的人配给到相等的事物。自罗尔斯《正义论》问世以来,不同流派的学者都在不同层面探讨"正义""分配正义"等问题,几乎所有的思想家都无法否认平等、正义是一个社会核心价值观的重要标识。马克思认为,在社会主义社会当中,社会生产资料被全体共同体成员所有和支配,所有社会成员都拥有平等、民主的权利,参与整个社会或者说"真正共同体"政治、经济、社会等事务的管理当中。"马克思相信个体必须直接参与'国家的一般事务',其中囊括了对公共问题和私人问题的商讨。这种参与是在自我意识层面对人的社会性存在的一个表达:国家不是某种人们(偶然地)参与到其中的东西,而是通过商讨而作为人的社会性存在之部分的东西。显而易见,这样一种政治观点代表着向亚里士多德所界定的审慎与民主的回归。"①通过平等地获得使用生产资料的权利,所有人平等、民主地拥有参与制定社会各项计划及管理制度当中,同时也愿意平等地承担某些繁重的、甚至原本许多人本不愿承担的工作。

气候资源似乎作为一种取之不尽、用之不竭的公共资源,不同国家、民族为追求自身利益最大化而对其趋之若鹜,往往不计后果地使用,从而造成集体行动难题。全球气候难题呼吁有效治理机制规避变化风险,实现经济社会和生态环境之间的良性互动。联合国每次召开应对气候危机的大会都成为不同国家民族利益的博弈场所。以发达国家为例,为争取更多的排放权、占有更多稀缺的气候资源,弃发展中国家利益于不顾,回避本应承担的

---

① ［美］麦卡锡:《马克思与古人》,王文扬等译,华东师范大学出版社 2011 年版,第 255 页。

历史责任与现实责任,造成无法避免的冲突与矛盾。为此,"社会正义和环境保护必须同时受到关注,缺少环境保护,我们的自然环境可能变得不适宜居住,缺少正义,我们的环境可能同样变得充满乱意"。①

气候正义原则首先意味着不对其他国家和他人造成额外的伤害,并尽最大可能把对弱势群体的影响控制在最低限度。工业文明进程中所引起的气候变化程度在整个人类历史上是前所未有的。西方工业革命以来,发达国家毫无节制地把属于大众的大气层用来过渡排放温室气体,导致现在温室气体排放空间十分有限,从而成为一种稀缺资源,给其他国家尤其是发展中国家或者不发达国家带来道德上的伤害,其应当负有道德上的责任,但发达国家仍然不愿改变其生活方式应对气候灾难。正义原则就是要严格限制"现实人的利益",使其能够获得公平、平等、自由的机会,而不是凭借其经济上的霸权地位使发展中国家遭遇气候不公。由于世界各国在减排能力、责任以及需求方面存在不同利益诉求,尤其是一些发展中国家面临着经济发展压力以及气候变化危机双重挑战,体现社会脆弱性及能力差异。

公平正义是解决国际气候问题的首要伦理原则,世界各国必须要在气候正义问题上达成最广泛的共识。发达国家要承担相应补偿义务,发展中国家也应积极应对气候问题,实现自然正义与社会正义的有机统一。

2. 责任共担原则

气候危机、气候难题是全球性的重大难题,任何国家、民族都无法忽视问题、独善其身,都有责任、有义务,从而积极应对全球气候变化。遏制气候变暖,拯救地球家园,是全人类共同的使命,每个国家和民族,每个企业和个人,都应当责无旁贷地行动起来。"共同但有区别的责任"作为解决气候问题的重要原则充分体现,人类共同生存和发展的需要落实责任担当,无论是国家、民族和个体都应对自己的行为后果负责,要考虑后果、代价,不仅包括本国、本民族,而且包括全球、全人类。

"共同但有区别的责任"原则是国际合作应对气候变化的核心和基石。近代工业革命 200 年来,发达国家排放的二氧化碳占全球排放总量的80%。如果说二氧化碳排放是气候变化的直接原因,那么发达国家首先应当承担相应责任。发达国家一方面尽量不想承担历史责任、减少减排承诺,另一方面降低对发展中国家或者不发达国家的补偿与援助,总之,就是不想付出代价或者付出极小代价,在基本不影响本国利益的同时面对气候问题。

---

① [美]温茨:《环境正义论》,朱丹琼等译,上海人民出版社 2007 年版,第 2 页。

发达国家如今已经过上富裕生活,但仍维持着远高于发展中国家的人均排放,且大多属于消费型排放。绿色和平组织国际总干事库米·奈都(Kumi Naidoo)警告称,世界正面临着被发达国家领导的危机,这些国家的领导人并没有出于对世界亿万人民未来利益的考虑,达成一份具有历史意义的气候协议以避免气候恶化,而是出卖了世界人民的现在与未来的利益,逃避直面棘手问题。发展中国家的排放主要是生存排放和国际转移排放,应对气候变化必须在可持续发展的框架下统筹安排,决不能以延续发展中国家的贫穷和落后为代价。为此,发达国家必须率先大幅量化减排并向发展中国家提供资金和技术支持,这是不可推卸的道义责任,也是必须履行的法律义务。发展中国家应根据本国国情,在发达国家资金和技术转让支持下,尽可能减缓温室气体排放,适应气候变化。

3. 合作共享原则

伴随权力与资本、资本与劳动、效率与公平、增长与分配的矛盾日渐突出,特别是南北差距、分配失衡、增长乏力、金融危机、地区动荡、难民涌动等现象此起彼伏,恐怖主义、网络安全、重大疫情、气候危机等蔓延,全球性问题凸显,致使一种"逆全球化"的思潮由隐到显并日渐壮大。美好世界是各国人民希冀并追求的,他们渴望最大限度缩小国与国之间发展水平差距、贫富悬殊差距。要实现共同繁荣、同生共长,就必须同心协力、坚持合作共享原则。

利益共享原则的前提是必须坚持国与国之间的合作共赢。马克思在《关于林木盗窃法的辩论》中就已经关注物质利益问题,指出"人们为之奋斗的一切,都同他们的利益有关"[①]。不同国家应对气候变化态度取决于他们利益诉求的差异性,也就是力图将自己本国利益受损减少到最低限度,这就必然会导致各国为争夺稀缺资源展开激烈的政治博弈。然而,如果资源使用没有排他性,每个国家都追求自己利益最大化,气候危机及人类毁灭就不可避免。保护人类赖以生存和发展的环境关涉世界各国人民美好生活愿景及经济社会发展的重要议题。国与国之间应该以人类"公共福祉"为目标,求同存异,实现公共资源的可持续发展。发达国家应当严格限制工业温室气体排放,采取灵活机动的减排方法,在联合国框架内跨越国界、共同合作,阻止人类物质基础被人为破坏。中国作为一个负责任的环境大国,本着对全人类共同利益和中国自身利益的负责态度,坚持共同但有区别的责任原

---

① 《马克思恩格斯全集》(第1卷),人民出版社1995年版,第187页。

则、公平原则、各自能力原则,同国际社会一道,积极进行应对全球气候变化的国际法建设,促进应对气候变化条约的制定、实施和国际环境法的发展,加强和推动应对气候变化的法治建设和生态文明的法治建设。

气候冲突的最终结果就是人类面临自我毁灭。由于世界各国在国际事务话语权与地位不平等,气候问题相关决策权主要被大国、强国、富国操纵,这些发达国家对气候治理的关注度、参与度、投入度不够。与此同时,发展成果的惠及广度不足,普惠性不够。世界各国在解决处理气候危机问题上的责任是共同的。对于发达国家来说,应当适度消费,改变生活方式,甚至让出利益帮助发展中国家解决生存与发展问题;对于发展中国家,要实行高质量经济发展,转变经济发展方式,共享气候治理成果的平等权利。

第二节　共享发展的政治与文化分歧

生活在伦理共同体中的主体必须遵守一定的道德原则,这似乎成为人们的普遍价值共识和道德共识。不同共同体经济利益影响其成员的思想观念、政治立场、道德规范,中国以血缘差异为特征的家国天下,家国一体的道德特征,而西方伦理学不是规定和解释统一的伦理原则和行为规范,而是为个人主义、自由主义的道德生活提供哲学论证。不同文化差异决定了在政治、伦理道德领域观念想法以及践行原则也不尽相同。现代性视阈下核战争、气候危机等威胁人类生存,但科技发展却可能改变人的本质,从而"与人类最深层的伦理道德和宗教信仰产生纠缠"①。大数据时代是否需要伦理规约,文化多样性对于共享伦理是否具有重大影响,是我们现今无法回避的重要话题。

一、大数据改变认知

大数据时代人们所面对的是数据量大、种类繁多、流通速度快、价值密度低。麦肯锡在《大数据:创新、竞争和生产力的下一个前沿》当中指出:大数据是指大小超出了传统数据库软件工具的抓取、存储、管理和分析能力的数据群。大数据时代带给我们一种全新的思维方式,要全体不要抽样,要效率不要绝对精确,要相关不要因果。在历史发展进程中,人类社会经历了三

---

① ［以色列］尤瓦尔·赫拉利:《今日简史》,林俊宏译,中信出版社 2018 年版,第 113 页。

次文明浪潮：农业文明浪潮、工业文明浪潮，以及以电子信息技术为代表的第三次社会浪潮。在从原始社会到封建社会，人们获取数据的方式主要依靠文字记载和简单的数学运算工具。从资本主义社会开始人类进入工业化时代，人类积累数据的方式主要依赖于科学化的手段，但数据与获取的信息之间仍然处于间接联系。与此同时，在农业时代，土地是最重要的资产并成为政治斗争的主要目的；工业文明时代，机器与工厂的控制权成为社会斗争的主要目的。而21世纪，数据重要性会超越之前土地与机器，成为人们争夺的主要因素。例如谷歌、百度、腾讯、脸谱网等巨头的出现，它们利用免费信息服务来吸引全球人们的注意力，以期取得使用者们大量数据。人们不仅成为用户，更成为一种"商品"。

大数据开启了重大的时代转型，数据的掌握程度可以转化为经济价值的来源，渗透到医疗、教育、经济、政治、文化等社会各个领域。大数据时代人们在寻求量化和认识世界道路上更进一步，获取信息结果可信性也更进一步、更全面，它让人们的认知方式从小数据到全数据。小数据时代人们通过收集、分析数据验证对于世界运行的假想；而大数据时代，人们不仅靠主观头脑设想，而且还以数据开启现代研究的新进程。《连线》杂志主编克里斯·安德森在2008年就指出，数据爆炸使以往科学研究的范式、方法都落伍了。大数据时代，一切都以数据为核心，所有问题的分析和处理都可以依据海量数据得到，也为科技创新及人类生存的便捷带来了机遇与挑战。同时，大数据时代数据类型也呈现出多样化和丰富化，例如媒体数据、政府数据、企业数据、经济数据等。通过对大量数据的分析、搜索、处理，能够获得具有巨大价值的产品与服务，大数据时代的数据已然成为一种新型的经济资产。

大数据时代改变了人们探索世界的思维方式。大数据时代之前，人们探索世界的方式总是通过反复实验验证客观世界背后存在的规律性，或者是通过历史数据来验证理论的正确性，解释事物现象背后的因果联系。小数据时代，由于信息的局限性，对于现象本质之间的因果联系主要以假设性命题切入，随后进行大量繁琐的实验，以期验证最初设想被证实或证伪；由于数据的有限性，最基本也是必要的前提就是保证信息收集的精确性，数据难得且耗资巨大，因而收集信息工具的优化和革新就成为科技工作者必须考虑的优先事项。

在大数据时代，人们专注于探讨事物背后的相关性，希望在大量复杂繁琐的数据中，挖掘分析出事物之间的相关性。在研究中，过去由于信息难得而无法存储、分析、共享的局面被打破,收集相关事件的一切素材和信息就变得相对容易,能够直接数据化、存储化从而有益于传播和共享,提高了研究、生产、销售等效率。与此同时,人们的行为方式也由预先设想问题再去获取相关信息,转向尽可能地占有大量资料,再去寻求解决方案。大数据时代呈现在我们面前的是海量的数据和全样本数据,人们在充分享有数据丰富性的同时,需要从精确性思维转向容错性思维。由于数据的鱼龙混杂,绝对意义上的精准已经不再是数据采集的主要目标,需要容许一定程度的错误,需要人们的知识分析与洞察能力。大数据时代,智能化成为突出主题,人的思维方式也应当从"自然思维"转向"智能思维",充分运用人工智能进行逻辑分析、系统判断,从而获取更有价值的结论和信息。

大数据发展日新月异并在经济、科技等领域广泛应用,改变着人们对生存其间的世界的认识和理解,改变着人们思维及行为方式。但同时,也必须意识到大数据自身的问题及负面因素,需要进行伦理规约。大数据时代公共领域不断缩减,大数据自由、公开、共享,很容易导致产生隐私权利归属、保护问题,需要研究如何更好地处理信息共享与隐私保护的关系;大数据时代呈现数据信息传播渠道多样、传播主体多元、扩散时效更强等特征,导致产生获取信息真实性如何确定、如何解决数据造假等问题。这些都需要坚守伦理底线,在数据采集、使用中必须保障他人隐私权不被侵害,并加强数据立法。大数据时代应当制定适合新形势、新问题的法律法规,以此规范数据的传播与使用。

二、基本益品与道德偏好

伦理学的宗旨要义就是调节共同体与共同体成员个人利益与公共利益之间的关系。主体应当遵守何种道德原则? 在康德看来,只有理性才能决定人之为人和人类应当遵守的道德价值,区别于从外部世界、上帝意志或是法律权威等等人本质之外探寻道德原则。康德主张理性能够为人类立法,使其不会顺从感性欲望驱使。"人属于感觉世界;人的理性当然有一个无可否定的感性层面的使命,即照顾感性的关切,并且为今生的幸福起见,以及可能的话为来生的幸福起见,制定实践的准则,在这两点而言,他乃是一个有需求的存在者。"[①]据此而言,理性应当为人的感性需要确定准则,使行为主体不受感性利益的牵绊影响,行为者善恶的评判标准依据理性所确定的

---

① 康德:《实践理性批判》,韩水法译,商务印书馆 1999 年版,第 66 页。

道德法则,而无论是表征道德原则的善良意志还是自由意识,都是纯粹理性实践运用的结果和产物。为此,康德将道德、道德行为善恶评价等建立在自由意志之上。善良意志自身就是善的,并不因为其达到预定目的及意欲而善,"即使由于命运的一种特殊的不利,或者由于继母般的自然贫乏的配备"①,同样具备其全部价值。将此原则引入道德评价就会得出这样的结论:道德实践不在于结果如何,行为者的意志只要符合纯粹理性法则就具有德性了,而道德法则本身适用于拥有自由意志的理性存在,道德原则其本身就是通过"可普遍化"检验的原则。然而,这种预设道德原则的理念,却与日常道德评价相冲突。

　　20世纪英美伦理学界一直都是以实证主义和分析主义为主导,主流伦理学家大都从形式方面探讨道德陈述和道德命令的语义和逻辑关系,而并不太关注现实道德问题及构建伦理学体系。罗尔斯在20世纪70年代发表的《正义论》,使得伦理学从实证分析主义向康德、密尔传统哲学复归。在他看来,道德理论是一种描述道德能力的企图,不能高估逻辑与语意分析,这些在道德理论中不占中心地位。罗尔斯对西方政治哲学重要流派功利主义进行了犀利且致命的批判,他认为功利主义"直接涉及一个人怎样在不同的时间里分配他的满足,而不关心满足总量怎样在个人之间进行分配"②,从而提出了作为公平的正义。功利主义代表人物边沁、密尔,坚持"最大幸福""最大权利原则",这种"最大幸福"是行为与它增进幸福的倾向比例,是促进社会成员幸福最大化。罗尔斯宣称他的正义原则优先于功利主义原则。从他的自由平等原则来看,他认为,每个人都拥有一种基于正义的不可侵犯性,这种不可侵犯性即使以社会整体利益之名也不能逾越。从而,在分配问题上以基本益品取代了"最大幸福"。在他看来,社会个体成员身心健康状况、个人天赋能力等属于其自然基本益品,"权利和自由、权利和机会、收入和财富"等这些与社会基本结构密切相关的要素属于社会基本益品。而这些社会基本益品、社会基本价值、基本善都要平均分配,除非"对其中一种或所有价值的一种不平等分配合乎每一个人的利益"③。为此,他认为,作为社会公民来说,拥有最广泛平等的基本自由体系相容自由体系的社会政治权利部分应该有平等权利;社会经济利益部分要有差别原则,依据机会平等原则向所有人开放。

---

①　江畅:《西方德性思想史(现代卷)(下)》,人民出版社2016年版,第636页。

②　[美]约翰·罗尔斯:《正义论》,何怀宏等译,社会科学出版社2018年版,第25页。

③　同上书,第7页。

迈克尔·斯托克指出,或许除了少数值得尊重的例外情形,现代伦理理论只处理理由、价值观和辩护根据问题。他们没能省察伦理生活的动机、动机结构与约束。①甚至一些学者强烈主张,将诸如道德义务、道德责任、"应然"等先前伦理观念残留之物、不再普遍留存于世的伦理观念统统抛弃掉。这是由于深受逻辑实证主义和牛津日常语言学派影响,哲学家将伦理学研究视角重点集中在"道德话语意义"等元伦理问题上,对日常生活的现实伦理问题丝毫不关注。在威廉斯看来,此种道德哲学是空洞的和令人厌倦的。基于此,"道德运气"概念的提出就是对以"理性主义"为标志的现代哲学的质疑:道德唯理性观点是否立得住,道德立法和行动原则是否可能,现代规范伦理学是否毫无破绽? 伯纳德·威廉斯强调,行动者的道德,一方面"屈从于生成运气这个苦涩的真理"②,另一方面则需要面对外在的和偶然的运气。所谓生成运气也就是内在运气对行动者是否成功的影响,在其天赋、能力、素质、性格、品质等。然而,是否能够成功还在于其他人和外在行动是否抑制了实现成功的很多条件。伯纳德·威廉斯认为,人类行为选择的最终成功依赖于大量的不可控的运气因素,但并不是所有的运气因素都可以进入我们最终的合理性辩护中,只有那些关乎我们人生计划和选择的因素才可进入合理性辩护中,外在运气决定着行为者有没有机会为自己的选择进行辩护,而内在运气决定着行为者有没有能力为自己的选择进行辩护。伯纳德·威廉斯所探讨的道德运气,主要关涉人的伦理范畴,关注人如何过更好地、更幸福地生活。在实现美好生活的进程中,微小的好运或噩运不会对幸福感产生明显影响,但重大的好运或者噩运却会带来颠覆性甚至毁灭性的打击。为此,在进行道德评价时,应当把行为者内在能动因素与外在经验因素、行为者与旁观者综合起来,既承认行动者自身行为、努力,同样也承认运气对于结果的影响。

学界对于现代道德哲学的质疑和批评主要集中在以功利主义和康德伦理学为代表的规范伦理学关于行动者自身应当遵从何种道德标准才能实现道德善问题,例如正义原则、机会平等原则、差异原则等,他们认为这种观点歪曲了人们对伦理生活的理解。同时,现代道德哲学将道德义务确定为伦理学的核心概念,认为道德善就是要遵循各种道德义务,这就是所谓道德偏好。"道德运气"概念的出场,将不确定性引入道德哲学讨论中,使人们意识

① 徐向东:《美德伦理与道德要求》,江苏人民出版社 2007 年版,第 59 页。

② 伯纳德·威廉斯:《道德运气》,徐向东译,译文出版社 2007 年版,第 31 页。

到"善""恶"不能完全由纯粹道德原则所决定,不能将道德价值看作不受人类生活境遇和运气所影响的价值。纯粹的道德运气不仅左右行动者的幸福感,还影响旁观者对行动者的道德评判。人类伦理生活本身并非自成一体,而是纷繁复杂的系统,如果仅仅将"自由意志"等理性原则作为伦理学的核心范式和支柱,那恰恰低估了其丰富性和复杂性,也曲解了伦理生活的本来面貌。

三、文化多样性与道德进步

文化以人类生活方式和生存方式,内蕴着人们所持有的价值观、对他人包括其他民族和人民文化的容忍、外在的以及与之相对的内在取向和偏好等。物质生产方式决定了经济基础和上层建筑,不同地域、传统及生活方式的差异性带来了各具特色的语言,各异的思维方式、风俗习惯和行为方式,人类生活方式的多样性决定了人类文化的多样性和独特性。地理环境的差异性和多样性形成是文化多样性的重要因素,是人类生存与发展永恒的、必要的物质前提。由于东西方地理环境的差异,形成了社会分工的自然基础,其需要、能力、劳动资料和劳动方式也趋于多样。物质资料生产方式发展水平的差异,决定了人们不同的生活方式、政治制度、思想观念、伦理原则、道德信仰等方面的差异。文化的多样性与差异性体现了文化的本质,作为民族来说,只能选择其中一种或一部分,从而演变成为自身社会所特有的风俗、礼仪、生产和价值观。

文化多样性是人类历史发展的重要一环,是不同民族维持其民族独特性的重要标志。联合国教科文组织在《世界文化报告》中,从七方面指出文化多样性的重要意义:文化多样性为人类精神创造性的一种表达,它本身就具有价值;它为平等、人权和自决权原则所要求;类似于生物的多样性,文化多元性可以帮助人类适应世界有限的地理资源;文化多元性是反对政治和经济依赖与压迫的需要;从美学上讲,文化多元性呈现出一种不同文化的系列;文化多元性启迪人们的思想;文化多元性可以存储好的和有用的做事方法,存储这方面的知识和经验。文化多样性有助于不同文化之间的取长补短,在维护自身独特性基础上吸取对自身有利的因素,促进本国文化的发展进步。以欧洲文明为例,随着世界历史的形成,"欧洲的文化、宗教和人文传承,这些传承逐渐发展成为各种共通价值:人类不可侵犯且不可剥夺的权利、民主、平等、自由及法治"①。我国社会主义核心价值观社会层面自由、

----

① ［以色列］尤瓦尔·赫拉利徐:《今日简史》,林俊宏译,译文出版社 2018 年版,第 89 页。

平等、公正、法治就是受到西方核心价值观的影响。

世界历史的形成及大数据为代表的新传播技术迅猛发展，把世界许多部分紧密联系起来，形成"地球村"。不同文化传统的人很容易跨过国界，寻求工作机会、安全保障等，这必然会遭遇其他文化传统与风俗。"过去人口流动不明显塑造的集体身份认同，他们需要决定如何面对、同化甚至驱逐这些陌生的人"①。尤其是大数据时代，能够使人不出国门便能知晓天下事，使各个族群原本的信仰、习惯和价值观发生冲击和挑战。全球化时代对于不同文化而言，体现出更易于遇见陌生人，因其差异性会带来各种各样的冲突与摩擦，很多人认为这也会导致"强迫性的文化同质化"②。以中国社会现实为例，伴随着经济全球化、信息社会化、文化多样化，西方新自由主义、新左派主义等思潮不断涌入，使得中国部分年轻人思想空虚、道德冷漠。现代社会道德在社会生活中的作用愈加凸显，对促进社会和谐及人自由全面发展的意义更加重要，调控范围不断扩大，调控手段不断丰富、合理，道德发展进步依然成为衡量社会文明进步的重要尺度。柏拉图强调，道德进步在本质上意味着智识过程，通过理性论辩达到通达世界规律性的把握。在人类的发展进程中，伦理原则、道德理念的每一次发展进步，往往伴随着社会震荡、道德阵痛。人类社会的发展本身就是一部社会变迁的进步历史，而在经济全球化进程中，社会变迁与"社会转型"犹如缓慢进程当中的惊险一跃，使社会发展由缓慢量变经过度的数量界限，实现质的飞跃。社会转型在人类历史发展长河中，体现了一个社会本身的经济制度、政治制度、社会结构、社会管理、文化样态及价值观念的深刻变化，而这些并非各自为政而是系统工程。随着社会发展，社会转型过程中所体现的社会利益不断在调整，社会交往、社会结构转化所表现出来的信息传递变化，尤其是传统计划经济到社会主义市场经济的转变，无疑给人们思想带来极大的冲击，使得部分人对传统的价值理念嗤之以鼻，不屑一顾。

中国传统伦理思想以儒家为主流，无论是孔子"仁者爱人"，还是孟子"仁义礼智，非由外铄我也，我故有之也""去利怀义"，或是王阳明"致良知"的人性修养论，都强调"性善"是伦理道德的根本立足点和出发点，这充分体现了家族本位或个人必须臣服家族利益及其严格等级制度的整体或集体意识。在"性善"价值取向的指导之下，要求人们在行事的过程中符合"善"的

---

① ［以色列］尤瓦尔·赫拉利徐：《今日简史》，林俊宏译，译文出版社 2018 年版，第 131 页。
② 联合国教科文组织：《世界文化报告》，关世杰译，北京大学出版社 2002 年版，第 21 页。

价值取向,强调道德义务,轻视功利目的,主张通过"尽心、知性、知天"实现"天人合一""万物皆备于我",达到"民胞物与"的境界。因此,也才有了"生,我所欲也;义,我所欲也。二者不可得兼,舍生取义"。个人利益必须绝对服从家族和国家的利益,道义至上,"正义不谋利"。在这样的道德约束下,作为谦谦君子即使一人独处也必须按照道德原则要求自己的言行,正所谓"君子必慎其独也",甚至连脑海中出现邪恶瞬间也是不被允许的,"一念发动出,便即是行了"。而在社会转型的过程中,以自由竞争为表征的自由主义思潮不断涌入中国,使得这些好的价值理念被"只有向钱看,才能向前看"的观念所取代,消费主义、个人主义、享乐主义、拜金主义慢慢滋生,随之盛行,传统文化当中精华部分仿佛对现行价值理念的影响逐渐弱化,约束力逐渐式微。一些人完全抛弃"国而忘家,公而忘私"的理念,崇尚"金钱万能论",变成了"言行无节操""道德无底线""贪婪无禁忌"等。很多青年人在面对传统价值理念的时候,用"过时论""陈旧论"来下标签。由此,这也就相应要求我们要以更为宏大的社会视野重新诠释我们的道德生活,树立更具包容性、全面性的价值目标。

文化多样性培育了人类创造性,体现了人类群体适应和改变生存条件的能力。不同文化之间人们和谐相处是理想的完美世界,其前提是要承认其他民族、国家、人民拥有同样自由建立自己意识的权利。习近平总书记强调:文明多样性,就如同自然界物种的多样性一样,一同构成我们这个星球的生命本源。作为世界第二经济大国的中国在走进世界舞台中央的过程中,与世界各种文明交流对话日益频繁,文化空间及文化视野不断拓展。任何国家、民族都必须兼顾物质硬实力和文化软实力,随着文化软实力在国家发展进程中的作用日益凸显,世界各国也越来越重视文化的意义和价值。重视文化不代表一种文化可以否定另一种文化、一种文明可以取代另一种文明,而是要汲取一切有利于增强文化生命力与文化软实力的新理念、新手段、新技术、新思想,理性处理本国文明与其他文明的差异。为此,习近平总书记提出构建人类命运共同体,坚持以文明交流超越文明隔阂、以文明互鉴超越文明冲突、以文明共存超越文明优越。

人类社会面临着生态危机、科技颠覆和核战争等重大挑战,任何国家都无法作为独立存在去解决全球性问题。大数据与人工智能已然颠覆了原有的社会结构和分配方式,全面而丰富的数据成为重要资源。通过掌握数据,人们能够重塑思维方式、行为模式。信息爆炸所带来共享等关涉人类命运发展的种种议题,需要伦理规约和法律规制,这些引发人类更进一步思考。

第三节 大数据下的伦理关系与问题

坚持共享发展,满足人民的美好生活需要,需要深入了解不同领域中不同群体的需求和问题,运用大数据技术收集和挖掘教育、医疗、就业等领域的数据,有望对这些领域的政策制定规划、提供和目标定位产生新思路。在上一节中,已经对一些权威衡量指标以及依据这些指标发布的数据报告进行了探讨。例如,由国际发展重新定义组织(Redefining Progress)提出的真正的进展指标(Genuine Progress Indicator,简称 GPI),对国内生产总值(GDP)忽略的 20 多个涉及人类福祉的方面进行估计;由联合国开发计划署(UNDP)提出的人类发展指数(HDI),针对传统测度指标国民生产总值(GNP)的不足,以预期寿命、教育水平和生活质量为基础变量,衡量各个国家的人类发展水平;由联合国可持续发展解决方案网络(UN Sustainable Development Solutions Network)发布的《全球幸福报告》(World Happiness Report),对各国人民的幸福感进行量化。在中国,也有科研团队针对中国当前阶段共享发展的现状提出了适于本国或本区域的测度指标和数据分析结果,例如,李晖根据共享发展的内涵,围绕政治、经济、文化、社会、生态五大维度,构建出 5+12+36 的指标体系,①但也指出这一测度体系需要更多的数据加以修正和改进;陕西省政府也针对就业、收入和贫困治理,教育和医疗服务水平,生活和文化体育条件,生态和生活环境质量,社会和政治保障水平五个方面做了省级共享发展指标体系的构建,②但也指出在具体指标方面需要进行更加深入的数据分析。因此,可以说,大数据技术为实现共享发展带来了机遇。有学者指出,大数据技术可能会为人文社会科学研究提供一种新的定量研究方法(Boyd & Crawford,2012)。与此同时,大数据技术的应用也在社会科学界引起颇多争论,主要集中于大数据技术的应用对于提高社会福利的有效性(Crawford,2013;Vis,2013)、使用个人数据的道德性(苏令银,2020;孙保学,2019;Phillip Gillingham & Timothy Graham,2016)以及"大数据技术的应用是否等于获得了大知识"(Mark

---

① 光明网.《新时代共享发展报告(2018)·湖南篇》[EB/OL]. http://economy.gmw.cn/2019-04/03/content_32714076.htm,2019-04-03/2020-04-15。

② 陕西省人民政府.高质量发展共享测度[EB/OL]. http://www.shaanxi.gov.cn/sj/tjbs/131542.htm,2019-01-09/2020-04-15。

Graham & William H. Dutton，2019)等问题，并形成了专门的数据批判研究(Critical data studies)。因此，必须积极推动大数据技术参与实现共享发展的有益探索。本书将分以下三个部分：一是阐明在共享发展的各个领域收集、提取、分析大数据的现有应用；二是分析大数据技术条件下实现共享发展所必须讨论的伦理问题；三是探讨新时代大数据技术治理的伦理约束机制。从而对共享发展伦理的"大数据化转向"采取谨慎而开放的态度。

一、大数据技术推动实现共享发展的现有应用

要探讨大数据技术在推动实现共享发展各个领域中的应用，必须先阐明大数据的特征，而这一特征正是建立在与数据仓库的区别之上。数据仓库技术是对数据库技术的发展，是在使用和分析已有数据库的需求上而产生的，指的是运用现有的数据库，二次加工和使用这些数据，并最终用于管理决策的一种升级的技术。①而大数据技术与数据仓技术的区别之处不仅在于处理数据体量的大小，更在于数据结构的差异：数据仓库技术建立在关系数据模型之上，旨在处理结构化数据；而大数据技术针对传统数据仓库捕捉到的数据之外的非结构数据和半结构数据，旨在对数据中的信息进行有意义的洞察，这些数据集仍然存在于与原始数据集非常接近的情境中，不断地生成，寻求特定范围内的详尽性以及意义生产上的灵活性和可扩展性。②③从应用层面来讲，大数据技术与数据仓库技术的区别也体现了大数据技术推动建立和完善的社会治理格局与传统的电子政务的区别：传统的电子政务关注信息技术对公共政策执行阶段的影响，而共建共治共享的社会治理格局则是将大数据技术与治理体系和治理能力的全过程紧密联系起来，治理将无可避免地与大数据融为一体。大数据处于治理的基础或核心位置，以此为基础为实现共享发展给出政策建议，更加具有针对性。此外，海量多元数据的存储和处理要求巨大算力和海量存储资源，这就意味着大数据技术与云计算的算力与存储、网络能力的虚拟化管理和释放密不可分。有了巨大的算力、储存资源和大数据平台，数据就可以为我们提供更加丰富的信息，这不仅会影响公共政策的制定，也会影响企业行为，甚至重新定义

---

①　于鹏：《数据仓库与大数据融合的探讨》，《电信科学》，2015 年第 3 期。

②　Mayer-Schönberger V. Cukier K. Big Data：A Revolution that Will Transform how We Live，Work and Think[J]. *Houghton Mifflin Harcourt*，2013.

③　Kitchin. Big Data，new epistemologies and paradigm shifts[J]. *Big Data & Society*，2013(1).

企业、市场、资本等范畴。因此,关于大数据技术的应用,必须放在共享发展的各领域中加以详细考察。

大数据技术以其快速计算和对社会需求的及时回应等特点,推动深入了解人民日益增长的美好生活需求,有助于避免采取不合时宜的措施,故而已被应用于共享发展的各个领域。具体来讲:

第一,大数据技术可以为医疗和社会服务方面的问题提供技术支持。例如,在传染病的预防和管理方面,可以运用大数据技术监测人们的生活方式和行动轨迹,对传染病的扩散实现有效的预判与防控,也可以运用大数据技术监测通过多种来源的数据即时发现社会问题及社会服务需求,此外,还可以通过监测和分析社交媒体的大数据来分析舆情。中国目前已经将大数据技术与机器学习、深度学习等技术相融合,纳入循证医学、影像组学等学科的临床应用中,为健康管理提供更加优化的解决方案。[1]美国的 Pillbox Project 项目通过大数据分析减少医疗成本。[2][3]英国建立 Foresight Horizon Scanning Centre,利用大数据来应对各种健康和社会问题,如肥胖检查、潜在健康风险管理和流行病监测等。[4]欧盟通过 iKnow(Interconnect Knowledge) project 应对医疗保健的不确定性风险,该项目也为研究地震、海啸、恐怖主义的次生危机提供了技术支撑。[5]经济合作与发展组织将"评估大数据的经济效益"作为信息社会指标工作组(WPII)的工作核心,强调将大数据技术与医疗保健企业效率相结合。[6]澳大利亚政府信息管理办公室开发了一种自动化工具"政府 2.0",来综合分析、搜索公共卫生信息,从而

---

① 中文互联网数据资讯网:《亿欧智库 2019 中国医疗大数据研究报告》[EB/OL]. http://www.199it.com/archives/870154.html, 2019-05-23/2020-04-15.

② Lee BH. Big data generation and new business opportunities [EB/OL]. http://www.hri. co. kr/board/reportView. asp? firstDepth＝1& secondDepth＝6％20& numIdx＝18609, 2015-01-05/2020-04-15.

③ Pillbox. National Library of Medicine[EB/OL]. http://pillbox. nlm. nih. gov/, 2014-12-02/2020-04-15.

④ The Horizon Scanning Programme Team. The UK Government: 2014[EB/OL]. https://www.gov. uk/government/groups/horizon-scanning-centre, 2014-08-02/2020-04-15.

⑤ Go SJ, Jeoung YH. Health risk prediction using big health data[J]. *Health Welf Policy Forum 2012*, 193.

⑥ OECD. Exploring data-driven innovation as a new source of growth: mapping the policy issues raised by 'big data' [EB/OL]. http://www. oecd-ilibrary. org/science-and-technology/exploring-data-driven-innovationas-a-new-source-of-growth _ 5k47zw3fcp43-en, 2014-12-02/2020-04-05.

节省了时间和资源。①新加坡建立了风险评估系统 Risk Assessment and Horizon Scanning，以应对未来有关恐怖主义和流行病等不确定性风险。②韩国国家信息社会局（NIA）研发了"政府 3.0"系统，作为卫生保健和福利服务的大数据战略基础。③

第二，大数据技术应用于教育领域，有助于获得更多潜在的教育信息，揭示更有价值的教育规律，制定更加个性化的教育方案，促进教育实践更加公平、更加生动。以教育评价为例，目前，通过大数据技术实现的大规模教育测评已有广泛应用，比如经济合作与发展组织举办的国际学生评估项目（PISA）、国际教育成就评价协会主持的国际数学教育比较研究项目（TIMSS）等，这些测评项目对来自世界各地的学生进行海量数据的采集与处理。以 PISA 测试中的科学素养测评为例，数据的采集、清理、统计和分析以及评价模型建构都充分利用了大数据技术。④另外，区块链作为新兴数据存储技术，其中的数据信息全部存储在有时间戳的链式区块中，任意两个区块间都可以通过密码学方法相关联，可以随时追溯到任意一个区块的数据信息，具有大量记录数据、保证数据真实性的优势，因而可以用于完善教育评价机制，使学习数据记录更真实更详尽，为教育评价中存证难的问题提供思路。⑤

第三，运用大数据建立就业形势监测预警体系，分析人口流动与就业之间的关系，挖掘劳动力流动成因、就业趋势，有助于促进充分就业和高质量就业。大数据分析在人力资源管理中具有明显优势，企业可以使用大数据预测性的信息来确定潜在的应聘者，提高招聘流程的效率，减少通过简历进行梳理所花费的时间，以选择与工作内容更匹配的应聘者。其中，人工智能（AI）或机器学习可以用来帮助选择应聘者，通过挖掘该职位当前员工的数

① National Information Strategy Committee of Korea. Implementation of smart government using big data [Internet]. Seoul：National Information Strategy Committee；2012[EB/OL]. http://mmlab. snu. ac. kr/courses/2011 _ information-universe/presentation/1121. pdf，2015-01-05/2020-04-15.

② Risk Assessment and Horizon Scanning (RAHS). Singapore：National Security Coordination Secretariat[EB/OL]. http://app.nscs.gov.sg/public/home.aspx，2014-12-02/2020-04-15.

③ Song TM. Efficient utilization of big data on health and welfare[J]. *Health Welf Policy Forum 2012*，193.

④ 朱德全、马新星：《新技术推动专业化：大数据时代教育评价变革的逻辑理路》，《清华大学教育研究》2019 年第 2 期。

⑤ 沈忠华：《新技术视域下的教育大数据与教育评估新探——兼论区块链技术对在线教育评估的影响》，《远程教育杂志》2017 年第 5 期。

据,人工智能算法可能会发现该岗位的性格特征,从而改善招聘决策。但是,将大数据技术应用于就业分析也面临潜在风险,例如,由于算法的供应商主张算法的机密性,因此,雇主无法精确地查看选择算法的运行方式,如果没有能力评估算法的话,雇主可能很难判断不同算法的有效性。此外,在涉及人工智能算法选择标准的诉讼中,用人单位可能无法提供足够的证据证明决策过程,企业实际需求与企业所主张的算法可能并不完全一致。再者,大数据分析看似为招聘流程提供了一套客观标准,从而降低了招聘决策的主观性,并有可能消除就业歧视,但是,事实上,算法本身可能包含算法工程师固有的歧视性因素,而这一点未必为企业所知。

第四,与传统的扶贫信息管理平台相比,大数据能够更加客观全面地评判深度贫困地区的脱贫成效,深入分析阻碍脱贫攻坚的真正原因,设计精准的扶贫方案,从而提升脱贫成效。在决战脱贫攻坚、决胜全面建成小康社会的关键性阶段,健全大数据精准扶贫的监督问责机制,优化大数据扶贫平台设计,是真正实现脱贫成效的重要路径。[1][2]但是,过度依赖大数据技术来解决贫困问题也有一定局限,例如典型案例"醉汉路灯下找钥匙"——一个酒鬼正在路灯下寻找他丢失的钥匙。一名警察问:"你丢了什么?"那人回答:"一把钥匙,但我找不到。"警察问他:"您还记得丢失钥匙的地方吗?"他回答:"是,那边。"看上去很困惑的警察问:"那么,为什么不在那边找呢?"酒鬼回答:"因为没有光!"这一案例反映了一种观察性偏见,即人们在最容易看的地方搜索答案。的确,在大数据时代,大部分人可以通过轻松访问海量数据及分析数据所需的强大软件和计算能力,但是,目前许多穷人仍然无法获得必要的互联网知识。如果没有适当的抽样,从调查得出的任何统计数据都可能会产生偏差。增加样本大小可以减少采样误差,但不能消除偏差。海量但有偏差的样本将产生"貌似精确的统计信息",那么,是否可以保证用这样的方式能够真正获取关于贫困的相关数据呢? 为了解决这一问题,有学者提议将"大数据"方法的便利性与"小数据"方法的统计严谨性相结合,并将此命名为"全数据革命"(All Data Revolution)。[3]这种方式被世界银行采用,将"大数据"与"小数据"结合起来以进行贫困评估。即"通过即时和频

---

① 李晓园、钟伟:《大数据驱动中国农村精准脱贫的现实困境与路径选择》,《求实》2019年第5期。

② 聂燕敏:《用大数据提升深度贫困地区脱贫成效》,《人民论坛》2019年第15期。

③ Lazer, David, et al. The parable of Google Flu: traps in big data analysis[J]. *Science*, 2014.

繁跟踪进行的幸福感调查"(SWIFT)。

同时,我们也应当注意到,伴随着大数据技术的大规模产业化应用,越来越多的冲突事件尖锐地出现在我们面前。

第一,大数据技术的应用导致了对各种岗位的要求发生变化。有人认为,大数据技术的发展可能导致失业率上升,尤其是那些重复性劳动的工作可能会被机器人所取代。例如,有人曾认为,自动驾驶可能令司机们面临失业,扫地机器人会取代家政行业的从业人员,以此类推,大量工作岗位将因为大数据技术而减少就业机会。但事实果真如此么? 本书认为,大数据技术消灭工作,也创造工作。首先,以往任何科学技术的进步的确都产生了不同行业间工作岗位被重新分配的现象,某些行业就业机会减少,但另一些行业的就业机会却在增多。例如,移动手机尤其是拍照手机普及之后,传统座机和照相机生产商的销售额的确受到冲击,但是,越来越多的人开始为移动App工作,而这在移动智能手机普及之前是不可想象的。其次,大数据技术导致人类的工作岗位被机器人所取代这一观念被过分夸大了。事实上,目前,大数据技术对工作起到的是辅助作用。例如,在银行系统应用大数据技术,按理说将减少银行出纳的工作机会,但事实不然,银行系统非但没有出现大量失业,技术进步降低了银行开设分行的成本,因此有机会增加了工作岗位。再有,大数据技术的进步也可能推动劳动生产率提升,民众闲暇时间增加,从而带动旅游、文娱和餐饮等消费需求,这些更富个性化的服务业工作岗位一般难以被机器所取代。当然,这并不意味着大数据技术对就业没有冲击。大数据技术的发展虽然可能不会减少工作岗位的总量,但对就业结构却有巨大的冲击。研究发现,那些需要直觉、创造力、说服力的工作,以及那些需要感官精确辨识能力和人际交往能力的工作受到的冲击更小,而那些需要中等技能职业等冲击较大。这种"职业两极分化"的趋势剧烈震荡着二战以后西方社会形成的"橄榄型"社会结构,这种"橄榄型"社会结构中庞大的中产阶级发挥着社会稳定器的作用,但是大数据技术有可能对他们的阶层流动造成影响。也就是说,我们在考虑大数据技术对就业的影响的同时,也要考虑其对社会结构等其他问题的影响。

第二,大数据技术的应用存在曲解人类需求的风险。例如,智能音箱曾出现安全隐患,护理人员向智能音箱询问关于心脏病的信息,却被其给出对患者进行自杀等危险行为的诱导。这反映出大数据技术仍需解决网络安全风险、数据安全风险和算法安全风险等问题。智能家居设备的道德困境在于,消费者作为生产公司的利益相关者,既希望在使用智能家居设备时获得个性化的体验,但又不希望个人数据和私人对话存在隐私泄露的风险。事实上,在美国多起涉及智能家居设备的案例中,设备生产方通常不会视为有过错的,因为它们采用的技术规范并没有违反商业行为与道德守则中规定的任何政策,并要求每位客户承认适用条款来授权客户的全部知情权,甚至通过加密的方式使用户数据避免被泄露,但是,他们可以针对客户的个性化需求提供广告和推荐,这是变相的利用客户数据牟取更多利益。事实证明,智能家居生产方在其广告和措辞精明的隐私政策中掩盖了数据收集范围和性质。2015年,长期致力于"信息时代的民主价值观"的非营利性组织电子隐私信息中心呼吁对包括语音助手在内的"始终在线"的设备进行调查。没有有效的伦理监管机制,就无法防御智能用品和语音助手的侵入性利用。

第三,大数据技术近年被广泛应用于教育和医疗领域的脑机接口技术(Brain Machine Interface,BMI)引发争议。脑机接口是在人或动物脑与计算机之间建立的不依赖于常规大脑信息输出通路的一种全新通信和控制技术,用于记录和分析学习者在学习过程中的脑活动状态,有效改善脑活动状态,增强学习者对脑部的控制能力,这使其在医学临床和教育教学领域中有广泛而深远的应用前景。在医学领域,脑机接口主要体现为强化功能:强化功能是指"人类增强"(Human Intelligence,HI),即将芯片植入大脑,以增强记忆、推动人脑和计算设备的直接连接,浅层次的研究是脑机单向,更深一层次的将是机脑双向。在教育方面,基于大数据技术研发的监测头环能够采集佩戴者的脑电波信号,并把这些脑电波信号转化成注意力指数,可以实时跟踪学习者注意力情况,并配有专业注意力提升课程,让使用者通过训练养成保持专注力的好习惯。但是,无论是在医疗还是教育领域的应用,都面临着质疑:非侵入式的脑电技术难以获得分辨率更高的信号,侵入式脑机接口技术虽然可以有所改进,但目前尚无法解决人体排异反应及颅骨向外传输信息会减损这两大问题,要想实现更为复杂的精细化的交互和功能,还有很漫长的路要走。但是,大脑意识如果被准确地读取,人类将会面临全新的隐私数据安全问题。因此,有必要在大数据技术研发伊始就探讨其可能存在的伦理风险。

二、大数据技术对共享发展伦理的潜在风险

以共享发展伦理促进新时代中国特色社会主义发展,以共享发展伦理规定发展的合理性边界,尤其是大数据技术等前沿技术领域的发展,是共享发展理念具有深厚伦理蕴意的根本原因。大数据技术的合理性边界不是源

于自身技术上的瓶颈，而是基于大数据与人类的关系，这催生了大数据伦理的研究。这种伦理问题已经与传统的伦理学旨趣发生了较大的偏移，其原因在于，大数据伦理讨论的不再是人与人之间的关系，也不是与自然界的既定事实（如动物、生态）之间的关系，而是人类与自己动态数据的关联。因此，大数据技术应用于共享发展领域是否将人置于核心、是否以人的自由全面发展为旨归、是否促进了社会的公平和可持续发展，应当是衡量大数据技术研发和应用方向的重要尺度。目前，大数据技术应用于共享发展伦理各个领域都存在潜在风险。

第一，大数据技术应用于共享发展各领域的过程中，可能存在发生隐私泄露的潜在风险。众所周知，隐私的概念很难定义。目前，一个突出的观点将隐私与背景联系起关于信息如何依赖于所涉及的参与者、访问信息的过程、访问的频率以及访问的目的，存在关于信息如何流动的上下文规则。当违反这些上下文规则时，就会出现隐私侵权行为。发生此类违规是因为错误的参与者可以访问信息、访问信息的过程不合规，或者访问的目的不合适等。这种违法行为存在问题的规范性原因可以分为两类——结果主义和道义论问题。一种观点是结果主义者的担忧，结果主义关注的是影响隐私人的负面后果被侵犯了，这可能是有形的负面后果。例如，医疗数据的泄露有可能导致就业歧视，一个人的艾滋病毒状况一旦被泄露，或者因医疗数据可能被他人利用而遭受情绪困扰。另一种观点是道义上的担忧，道义上的问题不依赖于经历负面后果。在此类别中，即使没有人使窃取医疗数据也可能会发生。例如，假设某个组织无意中访问了患者存储在医疗机构中的数据，该组织意识到数据对他们没有价值并且破坏了记录，也许患者永远不会发现，在这种情况下，很难说患者在结果主义意义上受到了伤害，但许多人认为，即使没有伤害，失去对你的数据的控制，入侵本身也是道德问题。这是一个道义论问题。

第二，大数据技术的收集过程中，可能存在权属不清的潜在风险。产生大数据的包含记录方与被记录方，对于数据所有权的归属主要有两种不同意见。例如，在健康医疗大数据项目建设和实施过程中，会形成民众的健康医疗档案。对于医疗大数据的权属认定主要有以下几种观点：一是医疗大数据的所有权应归属患者自身，因为大数据的基础类数据完全来自患者；二是医疗机构所有，因为医疗大数据的关键在于被成规模地开发利用，医疗机构通过自身诊疗工作，将不同科室、不同病种的数据信息进行加工整合，使得医疗大数据真正有价值；三是医疗大数据应秉承多方共有的方式，数据的产生在于患者,加工行为归属医疗机构,但应在有关行政机构的管理下予以应用。针对以上三种观点,2018年,国家卫生健康委员会印发了《国家健康医疗大数据标准、安全和服务管理办法(试行)》,强调各责任单位对医疗大数据的采集、存储、挖掘、应用、运营、传输等多个环节中的安全和管理负责,同时,也要求责任单位应当依法依规使用健康医疗大数据有关信息,提供安全的信息查询和复制渠道,确保公民隐私保护和数据安全。①以上反映了大数据伦理的基本原则:一是无害性原则,即大数据技术发展应坚持以人为本,服务于人类社会健康发展和人民生活质量提高;二是权责统一原则,即谁搜集谁负责、谁使用谁负责;三是尊重自主原则,即数据的存储、删除、使用、知情等权利应充分赋予数据产生者。但是,在不同国家,对大数据权属有不同的规定。美国《隐私法》规定要以不同的方式处理健康数据,具体取决于健康数据的创建方式和处理数据的人员,即医疗大数据所有权属于托管人。的确,大数据权属制度是相当复杂的问题,涉及生产力发展水平、要素价值变化、利益集团博弈、法律制度安排及文化传统等,其中,与产权有关的伦理道德规范,是非常重要的因素。因此,要完善共享发展各领域中大数据权属制度,就必须充分认识产权伦理的影响和作用。

第三,大数据技术在共享发展各领域的使用过程中可能存在算法歧视。比如基于医疗数据的就业歧视,如果雇主或保险公司从医疗大数据中了解到求职者的健康状况,就有可能导致有某些疾病的求职者被雇用的几率下降。有人认为,这种考虑是基于算法原则的,因而是合理的。再如基于性别数据的就业歧视,亚马逊公司曾经在2014年开发了"算法筛选系统",用于招聘的时候筛选简历,但是久而久之,开发团队发现算法对男性应聘者有着明显的偏好,当算法识别出"女性"相关词汇的时候,便会给简历相对较低的分数。根据路透社报道,出现这种问题的原因来自算法本身:亚马逊公司的整体员工构成以男性为主,男性占了2/3,尤其是技术岗位,男性比例则达到近4/5,于是,亚马逊用来训练算法的样本数据本身就带有很强的性别偏好,算法则只能从以往的大数据中学习,自然而然就学到了这个偏好。即使雇主主观上希望开发出一套排除带偏见的筛选系统,将不带偏见的数据输入算法中给算法学习,算法也无法达到绝对公平,因为现行算法中没有任何算法能实现绝对公平,这是一个大数据技术暂时还未能解决的问题。因此,

---

① 国家卫生健康委员会:《关于印发国家健康医疗大数据标准、安全和服务管理办法(试行)的通知》,《中华人民共和国国家卫生健康委员会公报》2018年第7期。

各国都出台了相关消除性别和身份歧视的法律,如中国出台了《中华人民共和国就业促进法》和《女职工劳动保护特别规定》,保障劳动者享有平等就业和自主择业的权利;美国出台了《遗传信息非歧视法(GINA)》和《"美国残疾人法案"(ADA)》,禁止健康保险公司或雇主基于遗传信息和残疾进行就业歧视……这些法律都有通过限制由于主管或客观的算法歧视导致歧视的相关条款。但更为重要的是,要在利用大数据设计算法的过程中建立、完善并运用算法伦理,以算法后果的不可预测性和算法的价值负荷为其理论前提,以尊重性、安全性、预防性、透明性和友好性为其基本准则,以培养设计主体的道德想象力和遵循价值敏感性设计思想来实现共享发展。

第四,大数据技术的交易过程,可能存在透明度不高的潜在风险。在数据传输流通中,最大的潜在风险就是个人信息是否安全,因此,我们必须讨论大数据如何交易、交易定价权由谁决定等问题。针对第一个问题,目前,大数据交易主要发生在基于云服务的大数据交易平台上,原始数据资源交易过程如图 3-2 所示。

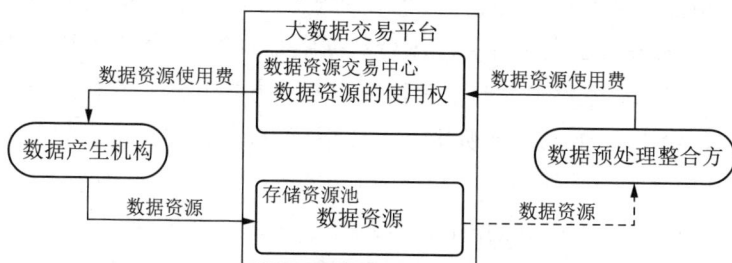

图 3-2　原始数据资源交易过程

它们之间的作用及机制由数据产生方、数据预处理整合方、数据挖掘方、信息/知识应用方和平台方之间的互动决定。其一,数据产生方将数据资源存储在平台数据中心存储资源池,在平台数据资源交易中心将数据资源的使用权出售给数据预处理整合方。数据预处理整合方虽然获得了数据资源的使用权,但是他只能在平台的数据中心使用数据资源,不能将数据资源传输给自己。其二,数据预处理整合方使用运行在平台数据中心计算资源池中的数据预处理整合系统,对购得使用权的数据进行预处理整合,并将经过预处理整合后的数据资源存储在平台数据中心存储资源池中,不能将这些数据资源传给自己。其三,数据挖掘方使用运行在平台数据中心计算资源池中的数据挖掘系统,对购得使用权的数据资源进行数据挖掘,并获得信息/知识。如果它用到的数据资源不在平台数据中心,需要先将这些数据资源传输到平台数据中心存储资源池中。其四,信息/知识应用方向数据挖掘方购买信息/知识的使用权,并将其应用到具体的业务中。其五,平台方搭建数据中心和交易中心,保障整个大数据应用产业链的正常运转。它保障存储在平台数据中心的数据的安全性。它对需要保密的数据和信息/知识具有保密责任。它有权要求并监督其他各方进行保密。①也就是说,以上五方完全有可能在不知情的情况下被进行大数据交易,归根结底,这还是大数据权属不清所造成的问题,因而会存在隐私权受到侵害的风险,这两个问题可参照本节的第一和第二个方面的讨论。

以上五个环节形成了大数据应用产业链。初期,只有少量的数据产生机构将数据资源储存在平台数据中心出售,此时,平台数据中存储的数据资源较少,数据挖掘机构仅通过挖掘这些数据,能够产生的有价值的信息知识较少,还不会大量出现专业的数据挖掘机构。但是,会有一些机构本身拥有大量数据资源,或想通过整合自身的数据资源和平台数据中心的数据资源,提高数据挖掘的价值,或想借助平台数据中心和其他组织机构进行数据资源交换,他们会将自身的数据自愿储存到平台数据中心,将数据挖掘系统运行在平台数据中心。他们储存在平台数据中心的数据,会以自用、与其他机构交换使用权、有条件地定向出售使用权三种方式利用。它们挖掘出的信息/知识也会以自用、与其他机构交换使用权、有条件地定向出售使用权三种方式利用。当有数据在平台交易中心出售时,需要先把数据储存在平台数据中心,这会导致平台数据中心的数据资源增多;当有机构使用平台数据中心的数据时,如果同时用到了不在平台数据中心的数据,需要先把这些数据传输到平台数据中心,这样也会导致平台数据中心的数据资源增多。平台数据中心的数据越多,越多的机构能通过使用平台数据中心的数据产生价值,也就会有越多的机构将数据放在平台交易中心出售,也就会有越多的机构再利用平台数据中心的数据时,将不在平台数据中心的数据传输到平台数据中心。这样,平台数据中心的数据资源就会实现滚雪球式的增长。随着越来越多的数据产生机构将数据资源储存在平台数据中心进行出售,由于同一信息/知识可以从不同的数据资源挖掘出,拥有大量数据资源的机构再难通过独自挖掘其拥有的数据资源获得超额收益。这时,这些机构就会将数据资源的利用方式由自用、与其他机构交换使用权、有条件地定向出售使用权变为非定向出售使用权。此时,由于平台数据中心有海量的数据

---

① 宋梅青:《融合数据分析服务的大数据交易平台研究》,《图书情报知识》2017 年第 2 期。

资源可供挖掘,能够将挖掘出的信息/知识的价值就会很高,就会出现大量专业的数据挖掘机构,也会随之形成大数据应用产业链,即大数据应用的每个环节都会有大量的专业公司参与进来。大数据应用产业链形成之后,就会形成正向循环,越来越多的机构会参与进来,产业链的每个环节也就会越分越细。

针对交易定价权由谁决定,业界普遍认为,数据资源的最高价格由效用价格论确定,即由它的使用价值确定,最低价格由成本价格论确定。在平台建立初期,平台数据中心的数据资源很少,进行数据挖掘的机构也少,能挖掘出的信息/知识也少,这时,数据资源处于卖方市场,信息/知识也处于卖方市场,信息/知识的价格将主要由它能给信息/知识应用方带来的收益决定,而数据资源的价格将主要由它能够增加的信息/知识的收益决定。由于同一数据资源应用的场景不同,产生的价值也不同,为了最大化收益,数据资源所有方会根据不同的场景收取不同的、该场景能获取的最大的费用。由于数据资源所有方能够完全控制数据资源的使用权,又是卖方市场,数据资源所有方完全能够做到这点。这时就会出现同一份数据资源给不同的数据挖掘机构使用、所收取的费用不同的现象。随着平台数据中心的数据资源增多和大数据应用产业链的形成,这时,由于同一信息/知识可以从不同的数据资源挖掘出,同样的信息/知识也能从不同的数据挖掘机构购买,这时数据资源就处于买方市场,信息/知识也处于买方市场。数据资源的价格将主要由数据资源的成本决定,信息/知识的价格将主要由数据挖掘的成本决定。[1]英国伦敦国王学院数字经济学讲师尼克·斯尔尼切克(Nick Srnicek)在其著作《平台资本主义》中,将这一正在兴起的经济模式命名为"平台资本主义"。他认为,平台作为不同群体互动的场所,已经成为诸多企业基于互联网技术的组织模式,而平台上的所有活动信息都将成为某个算法的分析材料,从某种意义上说,平台成了构建以数据为中心的经济的商业模式。平台资本主义的核心在于提取更多的数据,大平台可以进一步拓宽业务范围并成为垄断性企业,而被大量信息喂养的机器学习意味着垄断平台的大数据技术能够令其追求更多的利润和权力。这种垄断是隐蔽的,因为在基于云服务的大数据交易平台中,在数据资源所有方和数据挖掘方之间,在数据挖掘方和信息/知识应用方之间交易的都是使用权,使用权的交易使得交易价格看似即使出现暂时不合理的情况,也能及时发现、及时调

---

[1]　刘朝阳:《大数据定价问题分析》,《图书情报知识》2016年第1期。

整。这种貌似合理遮蔽了一个重要的事实:垄断本身就意味着一种不道德。垄断状态和垄断行为一旦发生在本应为共享发展的领域,是否能够真正发挥大数据技术所期待的公平与正义?数据垄断方通过不正当手段获取大数据资源,然后将其贩卖,从中谋取利益,很容易导致责任主体的不明确,甚至是缺失,其危害程度将会是惊人的。

三、新时代构建大数据治理的伦理约束机制

大数据不仅是一场技术和产业革命,也将推动共享发展的深刻变革。建立健全大数据辅助科学决策和社会治理的机制,必须坚持以人民为中心的发展思想。面对上述大数据技术对共享发展伦理的潜在风险,我们要用好大数据技术,就必须构建和完善伦理约束机制。

伦理约束机制是伦理观念和规范的程序化和制度化,是使伦理观念和规范见诸行动的保障机制。二战之后,伦理观念和规范的程序化和制度化在医学伦理、生命伦理等领域获得了长足的发展。我们可以借鉴这些经验,将之移植到大数据技术的研发和应用领域。事实上,这种尝试已经在一些国家和国际组织中出现了。[1]本书认为,新时代构建大数据治理的伦理约束机制应当至少包含以下方面的内涵:第一,权利与义务对等。应当进一步明确大数据的权属,在此基础上,保证权利与义务的对等:数据生产者作为大数据技术的坚实基础,既有为大数据技术发展提供数据源的义务,又有享受大数据技术带来便利的权利;数据收集者作为大数据技术的中间者,既有在网络公共空间中收集和交易数据的权利,又有保护隐私免于泄露的义务;数据使用者作为大数据技术的意义挖掘者,既有设计算法分析大数据的权利,也有使算法有助于推进实现共享发展的义务。第二,自由与监管适度。构建大数据技术研发与应用的伦理规则与秩序,在维护社会安全的前提下,给予公众适度的自由,平衡监管与自由两边的砝码。第三,创新与责任一致。对大数据技术的创新应用应当进行充分评估,使公众能够理解大数据技术会涉及他们哪些部分的信息或隐私,以一种更加开放但又更加谨慎的态度来促进大数据技术的良性发展。

要保证大数据治理的伦理约束机制的内涵得以实现,必须从以下几个方面入手。

---

[1] 李伦、孙保学、李波:《大数据信息价值开发的伦理约束:机制框架与中国聚焦》,《湖南师范大学社会科学学报》2018 年第 2 期。

第一,在当前阶段,尽管对大数据技术的伦理与安全规范已有广泛讨论和呼吁,但是,专门性规范尚未出台。目前,中国、美国、欧盟、英国和日本等世界主要经济体都发布了关于人工智能领域的伦理与安全规范,其中有涉及大数据技术伦理与安全规范的内容,为大数据技术明确禁区、划定边界、树立底线。2019 年,中国发布的《人工智能北京共识》,提出了涉及大数据技术和人工智能的各个参与方应该遵循的有益于人类命运共同体构建和社会发展的 15 条原则:在研发方面,要有益于增进社会与生态的福祉,服从人类的整体利益,设计上要合乎伦理,体现出多样性与包容性,尽可能地惠及更多人,要对潜在伦理风险与隐患负责,提升技术水平控制各种风险,并最大范围共享大数据技术和人工智能发展成果;在使用方面,提倡善用和慎用,避免误用和滥用,以最大化大数据技术和人工智能技术带来的益处、最小化其风险,应确保利益相关者对其权益所受影响有充分的知情与同意,并能够通过教育与培训适应人工智能发展带来的影响;在治理方面,对算法设计部分替代人类工作保持包容和谨慎态度,鼓励探索更能发挥人类优势和特点的新工作,广泛开展国际合作,共享大数据治理经验。①2018 年,欧盟发布的《欧洲人工智能战略》确立了七项关键要求,具体包括:一是人的自主和监督;二是可靠性和安全性;三是隐私和数据治理;四是透明度;五是多样性、非歧视性和公平性;六是社会和环境福祉;七是可追责性。②这份伦理准则明确了大数据技术和人工智能的研发与应用应当坚持以人为本的价值观立场,其最终目的应当是增进人类福祉。《欧洲人工智能战略》是建立在尊严、自由、民主、平等、法治和人的基本权利(包括少数人的权利)等价值观之上的,这些价值观在盛行多元主义、非歧视、宽容、正义、平等、团结的欧盟成员国中也获得普遍认同。2019 年,欧盟又发布了《算法责任与透明治理框架》(A governance framework for algorithmic accountability and transparency),将建立大数据技术研发和应用的伦理和法律框架具体落实,代表了欧盟推动大数据治理的最新努力。此外,2016 年,美国也发布了《为人工智能的未来做好准备》和《国家人工智能研究和发展战略规划》两份报告,将人工智能上升到国家战略层面。同年,日本提出了"社会 5.0"战略,将人工智能作为实现超智能社会的核心。需要指出的是,无论是中国的《人工智能北

---

① 《〈人工智能北京共识〉发布　提倡善用慎用人工智能》,《中国新闻》2019 年 5 月 27 日。
② 李晓华:《世界主要国家人工智能战略及其产业政策的特点》,《经济日报》2019 年 4 月 17 日。

京共识》还是欧盟的《欧洲人工智能战略》所设置的大数据技术的伦理框架和道德准则,都并不具有法律上的约束力,因此对相关机构和人员不会产生任何新的法律义务。但是,中国和欧盟现有的一些法律规定已经体现了上述伦理约束中的一项或者几项内容,例如安全、个人数据保护、隐私、环境保护等。

第二,世界主要经济体都纷纷成立伦理委员会或专家审查评估委员会,对大数据技术的开发和应用提供伦理指引,并对具有重大公共影响的大数据技术产品进行伦理与合法性评估。2016 年,美国成立"人工智能和机器学习委员会",负责协调全美各界在大数据和人工智能领域的行动,探讨制定相关政策和法律。2018 年,欧盟委员会成立了一个专门的欧洲科学和新技术伦理小组(EGE),探索大数据技术和人工智能的伦理治理机制。在中国,2019 年,中央全面深化改革委员会第九次会议审议通过了《国家科技伦理委员会组建方案》,旨在加强统筹规范和指导协调,推动构建覆盖全面、导向明确、规范有序、协调一致的科技伦理治理体系。①《方案》指出,要通过规范大数据技术研发活动中伦理审查的程序,正确导向科学工作者的科学态度、科研价值观,打造一个覆盖全面、价值明确、层级有序的科技伦理体系,从而推动大数据技术的良性发展。这套方案表明了我国对大数据治理的伦理约束机制的三个态度:首先,从社会公共利益角度出发,大数据伦理建设是平衡大数据技术发展和社会普遍伦理道德冲突的协调机制;其次,从大数据技术的成效角度出发,大数据伦理建设是规范科学试验程序、端正科研工作态度的行为准则;最后,从大数据治理体系建设的角度出发,大数据伦理建设与大数据技术成果激励形成内外呼应,是科学体系重要一环的补全。但是,截至目前,针对大数据技术的伦理审查标准、伦理审查机构和伦理审查制度等问题,尚有不完善之处。首先,在伦理审查标准方面,大数据伦理建设目前仍然缺乏宏观的"顶层设计",具体的细节操作也有待于随着技术本身的发展而逐步落实到可操作化的细则,大数据技术的研发人员在伦理操作和监督审查方面存在标准不统一、审查主体缺位错位等问题;其次,伦理审查机构的负责单位责任尚不够清晰,也就是说,对大数据技术进行伦理审查究竟是应该由政府、市场还是第三方机构来主导,尚未有明确规定,对责任单位的有效监管又应该如何实施,也没有明确的规定;再次,伦理审查

---

① 《中央深改委会议审议通过〈国家科技伦理委员会组建方案〉》,《郑州晚报》2019 年 7 月 25 日。

制度尚不完善,无法对大数据研发的审查工作做到事前审批、事中监督和事后跟踪,更无法对大数据伦理问题实现终身追责。

第三,应当特别强调在大数据技术研发中贯彻伦理原则。要从海量数据中进行有效的信息加工,就必须对数据结构进行挖掘,分析数据对象中数据元素之间的关系,而这种分析工作是要通过算法来实现的。算法是用于解决特定问题的一种"有限、抽象、有效、复合控制"的数学结构,数据结构是算法实现的基础,算法总是要依赖于某种数据结构来实现的,往往是在发展一种算法的时候,构建了适合于这种算法的数据结构。目前,与大数据相关的算法有预测算法、分类算法、细分算法、关联规则算法、个性化推荐算法等。[①]由此可见,大数据技术研发中的伦理原则,是无法独立于算法设计的。然而,在算法设计中分析大数据治理的伦理约束机制是有难度的。一方面,基于大数据的算法不仅分析规模庞大,而且需要用到这种方式来进行决策和治理问题往往具有较高的复杂性。例如,被用于向医生推荐诊断和治疗方案的临床决策支持系统(CDSS),识别大量分布式数据及之间的关系,以寻求可操作性的方案,这种算法是否是完美的、能否代替以往由医生来作的决策,尚有待商榷。因为算法依赖于大数据,而大数据并非中立,大数据收集带有社会固有的不平等、排斥性和歧视的痕迹。另一方面,算法的不确定性和不透明性也会成为问题,这一点尤为体现在大数据技术的前沿领域——深度学习。深度学习是一个复杂的机器学习算法,是学习样本数据的内在规律和表示层次,它的最终目标是让机器能够像人一样具有分析学习能力,能够识别文字、图像和声音等数据。关键是,算法设计者并不需要理解算法产生的决策规则的基本原理,也就是说,深度学习赋予了算法一定的自主性,也使其变成了一个黑箱,这种自主性在某种程度上决定了算法必须保持不确定性,也就增加了算法设计中对道德问题的识别和纠正难度。为此,欧盟于 2018 年发布了《欧盟数据保护通用条例》(General Data Protection Regulation, GDPR),要求所有算法解释其输出原理,也就是说,深度学习成为一种非法的方式。[②]这是否就意味着无法在大数据技术研发的过程中贯彻伦理原则了呢? Brent Daniel Mittelstadt 提出可以绘制基于算法如何运作的组织结构图,来对算法设计相关的道德挑战进行更严格的审视。这一理论将大数据视为某个决策或行为结果的证据,认为它们有可能

---

①　邵峰晶:《数据挖掘原理与算法》,中国水利水电出版社 2003 年版,第 303—317 页。

②　《欧盟通用数据保护条例及其合规指南》,王敏译,武汉大学出版社 2021 年版,第 11 页。

以单独或结合的方式触发不符合伦理的行为,这项触发工作是以复杂和(半)自主的方式进行的,经由算法设计使行为效果的责任分配复杂化。这些不合伦理规范的行为是由何种算法设计引起、基于这种算法设计如何处理大数据、这些问题可能与哪些行动者的潜在过失有关、谁应对结果负责,种种问题可以在 Brent Daniel Mittelstadt 的组织结构图中变得可追溯。因此,根据对大数据技术研发中的各种算法逐个分析,从而倒推出应当如何更好贯彻大数据治理的伦理约束原则。

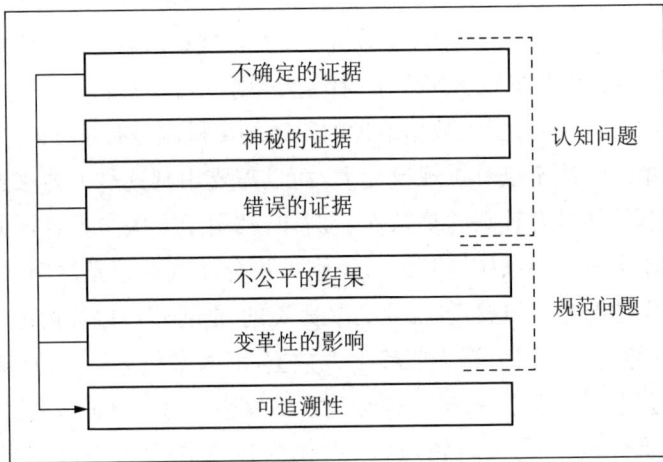

图 3-3 算法相关的 6 类伦理问题①

综上所述,坚持共享发展,满足人民日益增长的美好生活需要,需要深入了解不同领域中不同群体的需求和问题,运用大数据技术收集和挖掘教育、医疗、就业等领域的数据,有望对这些领域的政策制定规划、提供和目标定位产生新思路。但是,目前,大数据技术应用于共享发展伦理各个领域存在潜在风险。是否将人置于核心,是否以人的自由全面发展为旨归,是否促进了社会的公平和可持续发展,应当是衡量大数据技术研发和应用方向的重要尺度。因此,必须构建和完善伦理约束机制,建立和完善大数据技术的伦理与安全规范,组建大数据技术伦理委员会,在大数据技术研发中贯彻伦理原则。

---

① Brent Daniel Mittelstadt, etc., "The Ethics of Algorithms: Mapping the Debate", Big Data & Society, July-December 2016, p.4.

第四章　中国特色社会主义的
　　　　资本伦理及其使命

　　新时代中国特色社会主义积淀着中华民族最深沉的精神追求，代表着中国民族的精神标识。中国特色社会主义以马克思主义为指导，马克思的资本理论在马克思主义思想发展史上居于核心地位。《资本论》是唯物史观在运用到资本主义生产方式研究中的科学结论。资本对于社会发展是有贡献的，但是只有马克思站在工人阶级的立场上，以劳动价值论为基础，以剩余价值论为核心，对资本的历史使命作了严格剖析和分析批判。资本只有在无产阶级的塑造之下，才能克服"恶"，发扬"善"，为人民服务。

第一节　经典作家对资本批判及其伦理意蕴的阐释

　　马克思最初从自我意识哲学开始，随后在客观的物质现实面前止步，进而意识到物质利益对于理性的超越性地位，逐步转入政治经济学的研究。马克思以唯物史观的方式逻辑地生成了通向共产主义的现实路径，而这样的现实路径亦需要对于资本主义本身的全面认识。马克思对于资本的批判集中体现在《资本论》中，可以说马克思的资本批判是其共产主义理论的补丁。但是马克思的时代资本主义并未过渡到共产主义，反而出现了新的变化，如今更是如此。中国特色社会主义的建立，就是基于马克思的方法与意志之下，马克思对资本批判的本质性展现，以及对资本主义社会运行的内在机理把握，对于当今中国特色社会主义的发展具有不朽的价值。但是新现象的出现需要有马克思资本批判的中国化的运用，以洞悉新的历史条件下资本主义世界资本的运动，以及社会主义框架下资本的运动，从而在把握资本运动轨迹的情况下利用其为推进社会主义事业服务，最终实现共产主义的道德社会。

一、马克思的资本批判及其伦理意蕴基本内容

马克思在对资本的批判中,认为资本不是物而是一种凝结于商品物中的社会关系,而伦理本就是指人与人之间的一种社会关系,所以资本作为社会关系概念其本身就具有一定的伦理意蕴,因而资本批判与伦理意蕴是相互交织的。马克思的资本批判内在就具有道德批判的色彩,伦理意蕴的基本内容与资本批判实际上具有一致性。

马克思对于资本的批判始于商品范畴。马克思说:"商品首先是一个外界的对象,一个靠自己的属性来满足人的某种需要的物。"[①]这是指商品的物理属性,即对人而言的使用价值,而商品的使用价值对于不同的商品是不尽相同的,交换的必要性就潜藏于其中。因而在商品体与不同商品体的交换中,产生了另一种价值,即交换价值,其是指具有不同使用价值的商品体交换的数量比例。"作为使用价值,商品首先有质的差别,作为交换价值,商品只能有量的差别,因而不包含任何一个使用价值的原子。"[②]所以,使用价值是商品体间质的不同,而数量的计算需要某种"质"的同一性,因而需要抽去使用价值,寻求不同之中的某种同质性。马克思认为两种价值背后的两种劳动,即具体劳动与抽象劳动。特定的劳动创造了商品的特定效用,即劳动者劳动力自我的输出,体力与脑力的耗费创造出了不同商品的不同的效用。这种抽象是一种客观的抽象,以思维呈现现实中无法物质化呈现的东西。两种劳动创造两重价值,商品的两重因素构建了商品概念,从而劳动——价值——商品构成了商品体的简易溯源史。商品体的发展并未到此结束,商品的交换中需要一种功能物质,即将商品的交换普遍化的物质承载物。这种承载物在商品体的历史性交换中,自然地筛选淘汰,从简单的价值形式、扩大的价值形式到一般价值形式,最后形成货币。所以说,货币源自商品而固定地被赋予作为交换媒介的职能,是对商品两重因素矛盾的解决。交换的两端的意愿的商品并不经常性地匹配,因而需要货币作为一种价值的承载者,或者说一种价值标记,记录下交换参与者所拥有的商品体,可以说这种记录构成了交换普遍化的资格。因而商品溯源史也构成了货币溯源史的一部分,即劳动——价值——商品——货币。劳动、价值、商品、货币构成了资本主义形成与发展的客观物质条件,资本作为一种关系就体现在内

---

① 《马克思恩格斯文集》(第 5 卷),人民出版社 2009 年版,第 47 页。
② 同上书,第 50 页。

含价值的商品交换中,正是在商品的交换运动中资本实现自身增殖,也展现了其反道德性或者伪道德性。

马克思对于资本的批判是基于劳动力及剩余价值概念的批判。就资本主义生产的基本条件而言,马克思说:"货币和商品,正如生产资料和生活资料一样,开始并不是资本。它们需要转化为资本。"①而转化为资本的条件呈现为一种两极对立:一极为货币、生产资料和生活资料的所有者;另一极为自己劳动力的出卖者。"因此,创造资本关系的过程,只能是劳动者和他的劳动条件的所有权分离的过程,这个过程一方面使社会的生活资料和生产资料转化为资本,另一方面使直接生产者转化为雇佣工人。"②所以,资本主义的生产条件是要促进两极的形成以及保持这种状态的延续,而这个形成过程即是资本的原始积累,大量的人被强制性地与自己的生产生活资料相分离,为了谋生不得不涌向城镇工厂出卖劳动力以换取生存资格。同时这种分离也造就了资本主义所需的庞大的商品价值量的实现场所,即广阔的市场。资本的目的就是增殖其本身,而增殖的份额只能源自对劳动力的无偿剥夺,所以说资本的原始积累,也是劳动力的原始积累,而劳动力正是剩余价值的源泉。正如马克思所言:"劳动力的价值和劳动力在劳动过程中的价值增殖,是两个不同的量。资本家购买劳动力时,正是看中了这个价值差额。"③所以,马克思对资本的批判正是揭露了剩余价值生产的不正当性。马克思将剩余价值的生产分为绝对剩余价值及相对剩余价值的生产。前者是生产时间的绝对延长,而劳动者自身恢复劳动力的生活资料的必要劳动时间,则被压迫在生理极限的边缘;后者是在生产力提高的前提下,相对地缩短必要劳动时间,从而剩余劳动时间相对地延长。而此两种方式在生产过程中,实际上是相互交织的。劳动力商品的特殊性就在于可以生产超过自身价值的价值,而这一点被资本家所利用,以满足必要生活的工资换取了剩余价值的无偿占有,剩余价值这个概念完整地呈现出剩余劳动力被剥夺的惨剧。这种对于劳动力而言的惨剧,对于资本家而言则是享乐、奢靡。资本家自身所应付出的谋生劳动则被他人所"代劳",而代价仅是付出本就是属于劳动者所应得的一部分,同时又以蒙蔽的方式剥夺了本就是属于劳动者的另一部分。这种对于劳动者的剥削构成了资本主义社会的基座,而资本以价格的形式遮蔽了这种无偿占有,表现为以一定的货币量换取劳动者

---

① 《马克思恩格斯文集》(第5卷),人民出版社2009年版,第821页。
② 同上书,第50页。
③ 同上书,第225页。

工作的时间。在劳动——价值——商品——货币概念序列中,资本掠夺了劳动力概念,将劳动力概念转换为劳动,扬言货币购买的是劳动,这样就以合法的方式用工资换取劳动力为他者运用,劳动力实质上就成为商品,从而改写了商品货币史为资本生产史,截取了历史的深度为平面的结构,构造了资本生产不断循环的封闭序列,即货币——商品——更多货币,在这种循环中不断地再生产维持资本自身的物质基础以及关系条件。

马克思深入到资本主义背后所掩盖的剥削性中,揭露资本主义的反道德性,所以伦理意蕴的基本内容就包含在马克思对于资本的批判中。对于资本的批判,"马克思决不像某些道德学家那样,简单地停留在对于资本主义的道德指责,而是深入资本主义经济关系,将资本主义种种反道德、不道德的现实一点点地再现出来。在这里与其说是理论批判,不如说是实证批判。"①马克思的理论批判立足于资本主义的客观现实,并且以批判的武器解剖了资本主义的内在机理,认为资本源于对剩余劳动力的无偿占有,并且以价格或工资的方式将此种不正当地方式合法化,掩盖了价值的不平等交换。所以,马克思对于资本批判的伦理意蕴实际上构成了马克思的伦理学说的基本内容,而"马克思的伦理学说归根结底是一种无产阶级的道德解放学说,它不再以传统的、纯粹概念体系性的面貌呈现,不是从道德概念本身出发谈论道德,而是以一种不具道德形式而具有道德内容的方式糅合进其整个学说之中,是一种别具一格的伦理学"。②所以,马克思对于资本批判的伦理意蕴的基本内容实际上无法以一种清晰的伦理道德概念的方式呈现。对于马克思所建构的别具一格的伦理学,需要以马克思自身的方式言说马克思的资本批判的伦理意蕴,即以马克思所构建的概念来言说。首先,伦理意蕴基本内容体现在剩余价值概念中,剩余价值概念以一种揭露资本压榨剩余劳动者的方式言说"资本的道德",即不道德的资本,其构建了一种让劳动者不得不服从资本逻辑的道德秩序,塑造了异质性的两极,"在一极是财富的积累,同时在另一极,即在把自己的产品作为资本来生产的阶级方面,是贫困、劳动折磨、受奴役、无知、粗野和道德堕落的积累"。③其次,伦理意蕴基本内容体现在原始积累概念中,资本的原始积累是描述资本罪恶的发展史,"掠夺教会地产,欺骗性地出让国有土地,盗窃公有地,用剥夺方法、用残暴的恐怖手段把封建财产和克兰财产转化为现代私有财产——这就是原

---

① 胡贤鑫:《〈资本论〉伦理思想研究》,湖北人民出版社 2006 年版,第 9 页。
② 余达淮、贾正宇:《论马克思的伦理学说》,《齐鲁学刊》2021 年第 1 期,第 53 页。
③ 《马克思恩格斯文集》(第 5 卷),人民出版社 2009 年版,第 744 页。

始积累的各种田园诗式的方法"。①再次,伦理意蕴基本内容也体现在劳动概念中,当下作为雇佣劳动者的劳动皆是为他者的劳动,都是一种谋生劳动,或者说《1844 年经济学哲学手稿》中马克思所称之为异化劳动。而人的解放所实现的就是劳动成为人的第一需要,其以人自身的发展为目的,劳动不再是他者性的劳动,而是自我实现的劳动。最后,伦理意蕴基本内容也体现在自由人联合体概念中,资本主义生发于两极对立以及需要维持着两极矛盾而存在,因而根本性的基本矛盾是其实质。不道德的资本社会最终会被共产主义所取代,"代替那存在着阶级和阶级对立的资产阶级旧社会的,将是这样一个联合体,在那里,每个人的自由发展是一切人的自由发展的条件"。②马克思对于资本批判的伦理意蕴主要以批判资本的方式呈现,而正面性的界说则只是轮廓型的概括,以上四个概念中前三者就是以否定性的方式呈现,自由人联合体则是以正面概括的方式来表征。

总之,马克思的资本批判与伦理意蕴具有同一性,在资本的批判中彰显人文的关怀,这种批判是一种现实的批判,是为通达共产主义的道德社会而铺路的。所以伦理意蕴一方面体现于马克思所要实现的共产主义的目标中,另一方面所要实现的目标的现实路径生发于资本的实证批判,因而伦理意蕴始终以一种隐性的方式呈现,可以说马克思对于资本批判的概念都包含着伦理意蕴。

二、马克思的资本批判及其伦理意蕴的中国化进程

马克思的资本批判所要达成的目标,即共产主义社会,而我国目前仍处于社会主义的初级阶段,因而为达到共产主义所需的高度发达的生产力仍需要驾驭资本的力量以不断迈进,但同时亦要尽量避免资本的负面效用。所以,马克思资本批判的中国化进程导向伦理意蕴由隐性走向显性,在社会主义制度性地运用资本的同时,导出马克思的伦理思想以规制资本的负面效用。

马克思的资本批判及其伦理意蕴的中国化进程体现在新中国成立以来的经济建设之中。中华人民共和国成立伊始,首要任务就是要改变经济落后的现状,党中央充分认识到经济发展的必要性。毛泽东提出以社会主义改造促进工业化,提升中国经济发展能力的发展战略,以变革生产关系、解放及发展生产力,建立社会主义制度。毛泽东吸取苏联的教训,认为在社会

---

① 《马克思恩格斯文集》(第 5 卷),人民出版社 2009 年版,第 744 页。
② 《马克思恩格斯文集》(第 2 卷),人民出版社 2009 年版,第 53 页。

主义不发达阶段发展商品生产、商品交换和利用价值规律具有必要性。虽然中国社会主义的经济理论经历了曲折探索,但是在此时期的理论都为探索适合中国国情的经济理论奠定了坚实基础,为新中国社会主义经济的起步与发展提供了理论支撑和经验借鉴。党的十一届三中全会以后,拉开了改革开放的序幕,明确全党工作的重心转移到经济建设上来,明确建设有中国特色的社会主义的道路,通过改革开放以解放和发展社会生产力,根本上还是要依靠人民群众的积极性和创造性来推动中国经济社会的发展。以解放思想加快改革开放,改革开放又推动思想解放,始终坚持马克思主义政治经济学的基本立场、观点和方法,紧扣社会主义初级阶段的基本国情和改革开放的现实场景。世纪之交,党的十五大明确"公有制为主体,多种所有制经济共同发展,是我国社会主义初级阶段的一项基本经济制度",突出强调了非公有制经济作为社会主义市场经济重要组成部分的"合法地位"。之后,以胡锦涛同志为总书记的党中央提出了科学发展观,注重从整体观点和普遍联系观点分析和解决经济问题。而马克思对资本的批判中也含有对资本所创造的巨大生产力的肯定,因而在落后的国家建设社会主义实际上也就需要利用资本对于生产力发展的巨大推动力。而随着社会主义市场的建立与发展,资本亦不可避免地存在于社会主义市场经济中,一方面因资本主义的世界性的主导,在全球化的趋势中,社会主义市场经济亦会被资本逻辑所裹挟;另一方面,因市场经济的存在,即使是社会主义的市场,其中亦蕴含着资本关系。与其说是市场的社会主义运用,不如说是社会主义对于资本的利用,因而此过程不可避免地会受资本逻辑的影响。

在利用资本对于社会主义生产力物质性地构建的同时,资本亦会带来其自身的"意志",即不断追求资本增殖,这种目的同样会给劳动者带来堕落与折磨,即使在社会主义的框架下会有所减弱,因而需要构建一种伦理与资本意志所对抗。马克思的对资本批判的伦理意蕴就需要从幕后走向前台,即以马克思的伦理学的显性方式出席,对抗资本所带来的不道德。资本的意志凌驾于人之上,"资本已经从'物'堂而皇之变成了大写的'人',而人的主体地位却被轻而易举地夺走。资本结构在本体论上是一个客体存在物,但是这个客体存在物有一种力量,这种力量在现实社会中起着'抽象成为统治'的作用。所以,资本是一个真正的抽象成为凌驾于生产者之上的权力"。[1]社会

---

① 王欢:《从资本逻辑到符号逻辑——马克思人的解放思想的当代研究》,中国社会科学出版社 2016 年版,第 65 页。

始终是以人为主体的社会，尤其伦理的主体始终是人，而资本的篡位剥夺了人的主体地位，人被纳入资本权力的支配下，被湮灭在资本的客体性存在中。所以，马克思的伦理意蕴显性为伦理学的必要就是为了摆正人的位置，将社会主体性归还于人。资本本身具有一种进步观念，只不过这种观念乞求的是资本增殖量的绝对进步。马克思的伦理学意在利用这种进步观念，以进步的进步超越资本逻辑，意在运用资本逻辑自身的思想来毁灭其自身，以求共产主义的伦理在这种毁灭中自然而然地呈现为现实的准则。其实资本本身的进步观念是一种抽象的概念，因为抽象价值的背后是抽象劳动的凝结，而且商品的交换需要交换价值的同一性，即从商品不同的效用中抽象出价值，从而将一切抽象化，才能构成资本逻辑运动的通约关系。正是立足于抽象的链条中，资本主义可以将一切物，无论是有形还是无形物，在商品与货币端自由变换，抽象的社会功能保证了资本主义体系血液运输的连续性。而马克思更进一步利用了抽象的功能，将抽象丰富化为具体的抽象，这种具体是多元抽象的统一体，即概念结构的关系组合，任意一个概念在马克思那里都不是概念表面本身，而是概念背后的社会关系。马克思的伦理学就是这样一种具体的伦理学形式，不以资本的抽象机制，而是以抽象的具体机制在现实的基础上构建一种异质性的"意志"，以丰富的具体对抗资本抽象的空洞。现实生活中总有资本的漏洞，即资本的负面效用，可以说这种负面效用支撑起了马克思伦理学构建的具体内容，即对于资本的批判而具有的伦理意蕴的显化为伦理学说。

　　马克思的资本批判及其伦理意蕴的中国化进程最终显化为资本伦理的构建，而正是马克思的资本批判及其所具有的伦理意蕴具有构建资本伦理的可能。因为资本本身被马克思指认为一种社会关系，关系本就是人与人之间的关系，资本的伦理性从根本上而言仍是人与人之间的伦理关系。当对于资本的追求成为唯一目的，资本实际上就完成了人格化或人格的资本化，资本也就占据了人的伦理性的中心。可以说资本本身具有其自身的"伦理"，即一切为资本增殖的服务，其他皆可成为手段，资本已经扩展到可以利用一切作为手段，从有形到无形的东西，这就是资本的"伦理"。这种伦理已发展到利用表面的"善"，比如以慈善的方式推动商品的市场的扩张，如今的资本已跨过血腥走向"文明"，以"善"行粉饰"恶"。但是毫无疑问，资本既然发展到利用善行的方式增殖自身，说明资本本身已发展到新的阶段，即需要向自身所具有的"善"的方面转变才能继续保有自身的存在，因而在这个阶段实际上也就具有了"以伦理化资本"的可能。所以资本伦理即为"伦理的资本",以伦理化资本,其就是要放大资本的"善",在资本的内部改造、规训资本。尤其在已建立了社会主义制度的中国社会,而且"在社会主义社会人们能够克服自我利益而且道德进步是可能的。人们并不无限地追求高消费,反对把消费同满足或幸福等同起来的传统观念"。[①]我国已进入新时代,人们对于美好生活的需要在日益增长,这种需要已经跨越了资本自身的狭隘性,即物质发展到一定程度后的道德生活的缺失,以资本为目的的单维度已无法满足人们的需求。有学者认为,在西方资本主义社会,"我们所生活的这个社会释放了所有各种力量——这是从来没有其他社会做到过的,它释放了埋藏在个人身上的所有潜力,但它也鼓励人们以使用其他人的力量来为自己开路。我们社会的生存和繁荣,所付出的代价就是团结的永远缺乏。"[②]而在社会主义中国,美好生活的需求就是要扭转"团结的永远缺乏",回收所释放的"所有各种力量"以返回人自身,从而以自己的力量为自己开路,最终实现一种普遍性的团结,打破资本所建立的靠着人们之间对立才能有所收获的方式。所以说,资本本身所内嵌的伦理意蕴,就已经为资本伦理的构建打开了大门,并且伦理关系本身又体现为合理的社会秩序,中国特色社会主义就是这种合理的社会秩序,为资本的伦理化的运用提供了制度性的保障。所以,马克思的资本批判及其伦理意蕴在新时代中国特色社会主义下显化为资本伦理,其现实基础就是资本的社会主义化的中国运用。

马克思的资本批判指出了资本对于生产力的推动作用,而问题在于生产力运用方式应该是与为人本身的发展相适应的。所以,马克思的资本批判及其伦理意蕴的中国化进程就是要化资本的生产力为社会主义的生产力,在社会主义的框架下为人们的生活水平提高服务,同时在物质生活水平提高的基础上构建精神生活。而马克思的伦理意蕴的显化就构成了这种精神生活所需的理想状态,因而对于资本的伦理规约就构成了马克思对于资本批判及其伦理意蕴的中国化进程的运用。

三、新时代马克思的资本批判及其伦理意蕴的深化

新时代马克思的资本批判及其伦理意蕴进一步地深化,尤其体现在中国特色社会主义政治经济学的形成,是中国建设社会主义的实践总结,是马克思主义政治经济学与中国的具体国情相结合的结果,是马克思主义政治

[①] 王欢:《从资本逻辑到符号逻辑——马克思人的解放思想的当代研究》,中国社会科学出版社 2016 年版,第 189 页。

[②] [法]莫里斯·古德利尔:《礼物之谜》,王毅译,上海人民出版社 2007 年版,第 255 页。

经济学的中国形式,同时也是所含伦理意蕴的政治经济学式的理论显化,是对资本进行规约的现实性理论体系,是马克思资本批判的伦理意蕴的现实化。

新时代的经济实践构建并丰富与完善了中国特色社会主义政治经济学的开放体系。党的十八大以来,习近平总书记高度重视中国特色社会主义政治经济学的建设,"提炼和总结我国经济发展实践的规律性成果,把实践经验上升为系统化的经济学说,不断开拓当代中国马克思主义政治经济学新境界"。①构建中国特色社会主义政治经济学是进一步推动中国经济社会发展的需要,也是发展中国经济理论的需要。针对我国经济发展的阶段性特征,提出要把推进供给侧结构性改革作为经济工作的主线,加快经济发展质量变革、效率变革、动力变革,不断增强经济活力,推动转变经济发展方式。党的十九届四中全会在原有社会主义基本经济制度的基础上,将分配制度和社会主义市场经济体制一并纳入社会主义基本经济制度的范畴中。当今为构建适应我国经济发展新时代要求的新的经济发展理论,就要站在国际化的高度进行理论创新。党的十九届五中全会就提出,要加快构建以国内大循环为主体、国内国际双循环相互促进的新发展格局。其以国内大循环为主导,国外循环作为发展的辅助,同时国内大循环又要推动对外循环逐步走向正常,以经济联系团结联合多数国家,为构建世界治理新体系、建设人类命运共同体贡献力量。社会主义社会本身就是一种新的共同体文化,建设双循环的格局实际上就是以经济融通、共享的方式弘扬这样共同体文化,双循环发展是与此相符合的,而以往的政治经济学没有以经济大循环为主线论述社会主义经济发展,只是注重内在的自我发展,缺乏经济发展的共同体维度。单独的自我发展只能是零和的发展,尤其在当今资本主义所主导的世界,资本主义的发展要求市场的无限扩张,而问题在于市场的边界具有限度,其最终导向的结果就是经济世界性的崩塌。而双循环的发展方式则是自我构筑,在发展的同时亦能抵御来自资本主义世界性风险。这就是当代马克思主义政治经济学中崭新的篇章。充分借鉴、吸收一切有益的知识体系和现代分析方法,并且时刻以苏联为鉴,同时也吸收了其有益于我国经济发展的一面,丰富与完善中国特色社会主义政治经济学。马克思主义政治经济学在政治经济学的中国特色社会主义形式中实现了自身,并且

---

① 《立足我国国情和我国发展实践发展当代中国马克思主义政治经济学》,《光明日报》2015年11月25日。

在向当下的现实与未来敞开中不断发展与丰富。

中国特色社会主义政治经济学同样内蕴伦理,其始终秉持着马克思唯物史观的方法与路径。马克思对资本批判以唯物史观为根本方法,对于资本批判的伦理意蕴亦是基于唯物史观之上,所以说马克思的批判既是理论批判亦是实证批判。马克思对于资本批判的伦理意蕴所显化的伦理学同样是以唯物史观作为其方法,是在"实证"基础上而构建的伦理学。而中国特色社会主义政治经济学是马克思对于资本批判的延续。马克思所要建立的共产主义社会本就是在对资本主义现实废除的基础上而诞生的,是建立在资本主义物质文明极致之上的。而中国的社会主义的建立则是跨越式的发展,从传统的社会越过资本主义社会而直接建立了社会主义制度,因而实际上缺失了资本主义时期的物质生产力积累阶段,但这并不意味着跨越式的发展非合理性,物质现实才是合理性的根本,我国的实际情况是直接建立社会主义制度的前提条件,所以需要以社会主义的框架为基础弥补社会主义的内容。社会主义的建立与发展是在坚持唯物史观的方法上,符合历史现实所生成,因此需要经历一个物质生产力的积累阶段,从量到质的积累,这个过程中物质生产力的积累同时需要"精神生产力"的发展相伴随,也就是说物质力量的增长需要精神力量的驾驭力的提升。可以说,资本主义阶段所包含的"物役性"是通向共产主义发展的不可避免的阶段,"武器的批判"不仅仅需要物质力量,同样需要强大的精神力量。当前中国特色社会主义是初级阶段的社会主义,是物质生产力的积累与"精神生产力"积累的阶段,要以社会主义的制度框架一方面驾驭资本的力量建设物质文明,另一方面运用马克思主义理论所内蕴的共产主义伦理以"去资本的人格化"。中国特色社会主义政治经济学所体现就是物质文明与精神文明相互纠缠的双螺旋结构,在物质生活的建设中更重视精神生活。如果说资本主义是"物的迷失",社会主义就是"人的觉醒"。人之所以为人就在于人所具有道德特质,而社会主义就是要激活并且普遍化这种道德特质,进而最终从"物役性"中释放人自身。中国特色社会主义政治经济学就是在经济发展的同时兼顾精神的发展,以伦理意蕴的显化构建社会主义的伦理以对抗资本的"恶",可以说中国特色社会主义政治经济学并不是单向度的经济理论,而是具有伦理意蕴的社会主义经济伦理理论。

中国特色社会主义政治经济学是对马克思的资本批判及其伦理意蕴新时代的诠释。中国特色社会主义政治经济学是与马克思对于资本批判一脉相承的新时代的产物,因为中国特色社会主义政治经济学本身就是马克思主义政治经济学的中国形态。社会主义的本质是为了人民,同时其也是马克思主义政治经济学的根本的立场,因而也是中国特色社会主义政治经济学的根本立场。马克思的资本批判就是为了解放人本身,对于资本的批判就是解剖资本主义而显露其内在的本质,在资本主义的基本矛盾的致命性缺口中,指出社会主义取代资本主义的必然性。当时马克思所处的时代实际上是工业资本主义的时代,而今资本主义产生了新的变化,发展到数字资本主义阶段,其与技术的合谋改变了自身的增殖方式,所容纳的生产力亦在不断地释放,虽然矛盾有所缓解,但是根本上并没有解决。

"资本主义新变化中包含着很多具有共性的社会机理,这是人类在探索社会发展中积累的共同财富,资本主义不可以独享其成,社会主义没有理由拒斥人类文明的优秀成果。"①中国特色社会主义政治经济学继承了人类社会的"共同财富",而作为一个更美好的社会制度,社会主义应该比资本主义更加真实,在继承共同财富的基础上,要不断创造美好生活、逐步实现全体人民共同富裕。在新的历史条件下继续夺取中国特色社会主义伟大胜利,就需要继续发展社会主义的经济与文化,所以中国特色社会主义政治经济学就是因此而生的开放的、与现实联动的理论体系。新时代指向中国特色社会主义阶段性的胜利,主要矛盾也转变为人民日益增长的美好生活需要和不平衡不充分的发展之间的矛盾,完全可以表现出"马克思的人文主义是务实的"。②社会主义就应该是务实的,马克思的社会主义理论的科学性就在于此,而非资本主义所谓的虚幻的平等。中国特色社会主义的建设同样具有务实性,新时代下人民对于美好生活的需求尤其是质的飞跃,其反映的是社会的进步和发展阶段的提高,亦是社会主义的纵深推进。中国特色社会主义政治经济学就是为不断推进社会主义的伟大事业、在实践中生成的理论,其内含了马克思资本批判的时代化,即数字资本的批判,以及内蕴伦理旨归,其是对当时社会条件下马克思的资本批判及其伦理意蕴的新时代条件下的诠释。

马克思的资本批判及其伦理意蕴在新时代被深化,是与当前我国步入新的历史阶段相一致的。把我国建成富强民主文明和谐美丽的社会主义现代化强国是下一阶段的目标,因为经济作为基础,就需要构建适应中国特色社会主义的经济理论体系,以抵御资本主义的世界性风险,让中国

---

① 孟宪平:《数字时代的资本主义新变化》,《社会科学研究》2020 年第 6 期。

② 克里斯蒂安·福克斯:《大数据资本主义时代的马克思》,《国外马克思主义研究》2020 年第 4 期。

特色社会主义在世界上屹立不倒。所以中国特色社会主义政治经济学本身就是不可或缺的一环,在社会主义的发展实践中推进社会主义的现代化,其所具有的伦理意蕴本身就是新时代中国特色社会主义伦理思想的组成部分。

第二节 后疫情时代资本伦理与双循环新发展格局

一、后疫情时代的发展对资本批判及其伦理意蕴的新要求

庚子年初,由新型冠状病毒所引发的肺炎疫情短时间内迅速扩散并席卷全球,成为自第二次世界大战以来发生的最为重大的公共卫生安全事件,直至今日,世界范围内的疫情影响仍在持续。由新冠病毒引发的肺炎疫情,不仅严重危及了人们的生产和生活秩序,而且严重损害了广大人民群众的生命健康安全。疫情背后所折射出的是人与自然、人与人及人与社会的失衡,归根到底,疫情引发了一场史无前例的伦理失序,并因此带来了巨大的伦理风险。进入新冠肺炎疫情常态化之后,批判性地看待资本的增殖逻辑,进一步开掘资本的伦理意蕴并且以伦理规制资本,已成为新时代中国特色社会主义伦理问题的题中应有之义。

所谓“后疫情时代”,在我们看来,就是疫情已经得到有效控制从而使得防控进入常态化和常规化的阶段。学者晏辉指出,后疫情时代中的“‘时代’是一个比附性的用法,指的是疫情结束后的社会时空结构,以及需要修改、矫正和完善的社会场域”。①疫情打乱了人们原有的正常生产生活秩序,在重大疫情和重大灾难过去之后,如何从这种失序中恢复,如何重新进行理性思考,如何保卫和过好我们的平凡生活,如何矫正疫时的一些错误观念以及对防疫政策与防疫制度的优化,都构成后疫情时代的重要任务。更重要的是,“‘后疫情时代’不仅仅指疫情过后的社会时空结构,更是指这个时空结构中的人们如何反思、批判和构建的过程,借以建立起值得汲取的集体道德记忆”。②区别于追求以确定性和真理性为主要特征的科学理论知识,伦理学意在探寻实践理性知识,并力图能够对人们的生活给予有益的指导,这决定了在面对灾难和疫情之时伦理学应当葆有理性而清醒的立场,而不是情绪化和非理

---

① ② 晏辉:《面对公共危机,伦理学该如何思考和表达》,《道德与文明》2020年第3期。

性地表达赞美和谴责。疫情防控阻击战中始终坚持奋战在一线的医护人员、研究人员和志愿者，为社会树立了光辉伟岸的伦理典范。从康德主义的观点来看，他们是最值得称颂和礼赞的，因为他们既是他们自身道德生活绝对律令的制定者，又是其伦理领域绝对律令的忠诚践行者，他们之所以做出这样的行为选择是出于其内在高尚的德性，易言之，德性与规范在他们那里亦是统一的。另外，后疫情时代的资本批判应从哪些维度着手，后疫情时代如何构建伦理共识并以伦理规制资本，这些也已成为亟待澄清的重要理论议题。

　　从资本增殖的维度审视，此次新冠肺炎疫情的暴发有着其更深层次的内在因由：资本无限制地扩张所导致的人主体力量的空前增长，生态文明逻辑被淹没在单一化和同质化的资本拓殖逻辑之中，并最终引发的人与自然关系的紊乱和失衡。早在《1844年经济学哲学手稿》中，马克思就曾谈到过"自然界是人无机的身体"，[①]也就是说，从单纯生物学意义来看，自然界是人身体的扩大和延展，自然界为人提供最基本的生存和生活资料，人的本质力量的确正是通过改变自然界才得以实现。但是，自然界本身并不像人一样具有能动的自主性意识，毋宁说相对于人来说自然界更多地表现为无意识的受动性存在，这决定了人与自然的伦理关系不是一般交互性和双向的关系。正如李建华所指出的："人与自然共生伦理关系同一般的人伦关系不同，其调节是单向度的，因为自然没有自我意识，这不但决定了人与自然关系和谐的难度，也决定了人类生态伦理意识的至关重要性，事关人类生存的命运。"[②]换句话说，自然只会以报复性的形式回应人类活动的过度索取。而资本为了推行以其自身为基础和与其自身相适应的生产方式，不断地突破一切时空限制，任何界限对于资本来说都应当表现为被克服的界限。正如马克思所精辟指出的那样："要探索整个自然界，以便发现物的新的有用属性；普遍地交换各种不同气候条件下的产品和各种不同国家的产品；采用新的方式（人工的）加工自然物，以便赋予它们以新的使用价值……要从一切方面去探索地球，以便发现新的有用物体和原有物体的新的使用属性。"[③]在资本逻辑主导下，人同自然界日益疏离，自然所具有的丰富价值降低至只有工具的作用。现代化生产的发展与科学技术进步紧密结合在一

---

① 《马克思恩格斯选集》（第1卷），人民出版社2012年版，第55页。
② 李建华、吴长静：《后疫情时代的共生伦理及其人类命运共同体实践》，《湖湘论坛》2020年第5期。
③ 《马克思恩格斯全集》（第30卷），人民出版社1995年版，第389页。

起,这一进步在将人类从自然的奴役之下解放出来的同时令人产生了通过技术理性能支配自然的幻想。人对于自然呈现出征服者的姿态,毫不掩饰地表现自身的欲望与野心,不加限制地从自然攫取所需的各类资源,这在破坏自然的同时也毁坏了人类自身生存与发展的基石。

后疫情时代的资本批判首先要坚持破除资本崇拜。资本在历史上无疑起到过非常巨大的文明作用,它创造了比过去一切时代总和还要巨量的生产力,它是征服一切闭关锁国的野蛮人和仇外心理的重炮,所有国家和民族都被卷进资本增殖的历史洪流之中。关于这些,马克思、恩格斯在《共产党宣言》中对其有过深刻而详细的论述。但是伴随着这种伟大文明创造作用的,是商品、货币、资本成为社会的主导和支配力量,商品拜物教、货币拜物教和资本拜物教是其具体表现形式,工业化成为实现剩余价值的工具和手段。资本主义生产关系在强化对广大雇佣劳动者统治的同时,也"形成和强化了对自然的支配关系,极力压榨和掠夺自然财富,导致了自然的异化"。①对此,马克思早已洞察到:"在私有财产和金钱的统治下形成的自然观,是对自然界的真正的蔑视和实际的贬低"。②因此可以说,疫情的暴发既不是工业文明发展的必然伴生物,也不是人类中心主义的惩罚性后果,它毋宁说是资本本位和资本统治时代下的拜金主义、个人主义、利己主义和自私自利造成的恶果。坚持资本批判并不是要我们取消资本,因为那种做法只会使经济社会的发展同时止步,资本批判要求我们对资本设置红绿灯,防范资本逻辑对生活世界和自然世界的蔓延和入侵。早在 2005 年,时任浙江省委书记的习近平同志在考察湖州时就提出"绿水青山就是金山银山"的著名论断,良好的生态环境是人类得以安居乐业的基础性保障,生态安全是人民群众最普惠的民生福祉,是不容买卖的最重要的公共产品。因此,如果对资本扩张和增殖不加以规制和批判,自然界以及自然界提供的生态服务和生态产品都成为交易的对象而淹没于利己主义的冰水之中,那么就会带来严重的社会不公正,甚至会重新引发新一轮的伦理失序。正如学者汪信砚所指出的:"保护生态环境、克服生态危机是涉及国计民生的大事,节制资本自当包括不让资本的逐利活动破坏生态环境。"③著名生态学马克思主义者本·阿格尔在其代表作《西方马克思主义概论》中也谈道:"我们的中心论点是,历

---

① 张云飞:《面向后疫情时代的生态文明抉择》,《东岳论丛》2020 年第 8 期。
② 《马克思恩格斯文集》(第 1 卷),人民出版社 2009 年版,第 52 页。
③ 汪信砚:《生态文明建设的价值论审思》,《武汉大学学报》(哲学社会科学版)2020 年第 3 期。

史的变化已使原本马克思主义关于只属于工业资本主义生产领域的危机理论失去效用。今天,危机的趋势已转移到消费领域,即生态危机取代了经济危机。资本主义由于不能为了向人们提供缓解其异化所需的无穷无尽的商品而维持其现存工业增长速度,因而将触发这一危机。"①尽管阿格尔将生态危机归结为消费领域而不是生产领域似乎是值得商榷的,但他也确实道出了当代资本主义的重要难题。坚持资本批判需要对资本提出新的伦理规制和要求,挖掘其人性的价值和意义。

后疫情时代的资本伦理,表现为一系列新的伦理秩序与伦理要求,概括起来有以下几个方面。第一,全球化呈现出新的特征。无论是所谓逆全球化、反全球化和"脱钩"及"退群"等现象,都不能说明全球化趋势已经发生了逆转。新冠肺炎疫情造成的巨大破坏性影响使得任何一个国家都不可能置身事外。全球化应当从传统的发达国家主导和资本增殖为其目的向发达与后发国家共同主导与增进人民福祉转变,这客观上会促成以商谈伦理和对话伦理为主要特征的健康国际伦理的形成。第二,中国抗疫的成功经验引发世界关注,使得资本主导的单一型资本主义工业文明不再成为文明的必然选择,从而形成了文明的新的可能,使人们重新思考我们所追求的现代化到底是一种怎样的现代化。现代伦理也不再是西方资本主义伦理的同义词,它可以有多种多样的构建模式。第三,整体主义价值观和集体主义价值理念会重新受到重视。新冠肺炎疫情不仅是一场生物性灾难,更是一场世界性大考,生命至上、人民至上的无产阶级道德价值理念使得中国共产党带领中国人民取得了抗疫斗争的重大胜利,向世界交出了一份满意的答卷。因此,那种资本主导的个人主义至上价值将会被重新加以审视,相应地,社会的共同体意识、责任意识则会显著增强,责任伦理和最低限度的底线伦理将会更加受到人们的重视。

二、构建后疫情时代的发展伦理秩序支持双循环新发展格局

2020 年 5 月 23 日,习近平总书记在参加全国政协十三届三次会议时强调,要坚持用全面、辩证、长远的眼光分析当前经济形势,努力在危机中育新机,于变局中开新局。面向未来,我们要把满足国内需求作为发展的出发点和落脚点,加快构建完整的内需体系,逐步形成以国内大循环为主体、国

---

① [加]本·阿格尔:《西方马克思主义概论》,慎之等译,中国人民大学出版社 1991 年版,第486 页。

内国际双循环相互促进的新发展格局,培育新形势下我国参与国际合作和竞争新优势。①双循环的发展格局是以习近平同志为核心的党中央在面临风云突变的国际国内形势所作出的重要战略部署,是事关全局的系统性深层次变革,也是中国之治的最好体现。双循环作为马克思主义中国化的最新成果,作为一种崭新的治理形式,无疑需要伦理价值的指引,因此,探寻双循环背后的发展伦理基础和伦理秩序支撑,尤为必要。

无论是国内大循环还是国际大循环,本质上都属于社会再生产过程,从政治经济学角度看,就是生产、分配、交换和消费一系列经济行为能够顺利进行和完成,社会总产品能够得到实现,因此无论是国内经济还是世界经济的繁荣都有赖于双循环中"两个循环"的辩证统一。正如著名学者程恩富所言:"国内大循环发展,生产出更多更好、价格更便宜的产品,能够更好满足国际市场的需求,从国际大循环中购买更多的原料、资源、能源和零部件以及制成品,从而推动国际大循环的发展。国际大循环发展,提高资源配置效率,降低生产要素和商品价格,有利于更好满足国内生产和消费的需求,更好促进国内大循环。"②此外,双循环发展格局是有重点的发展模式,即以国内大循环为主,旨在形成国内国际大循环的良性互动。习近平总书记指出:"人类历史上,没有一个民族、没有一个国家可以通过依赖外部力量、跟在他人后面亦步亦趋实现强大和振兴。"③这就是说,国内大循环决定着中国经济的独立自主,是中国经济不受制于人的关键,完备的国内再生产循环体系是享有国际社会平等话语权重要的前提和基础。在《矛盾论》中,毛泽东也明确指出,"外因是变化的条件,内因是变化的根据,外因通过内因而起作用"。④这意味着外因(健康有序的国际大循环)能为内因(国内大循环)提供良好的外部环境,但是事物本身(中国经济的繁荣)取决于内因,因为外因时刻在发生变化,而例如当国际大循环中出现诸如贸易保护主义、加征关税、反倾销时,外部条件就变得对事物本身不利了。最后,双循环发展格局中强调以国内大循环为主,并且将满足国内需求和构建完整的内需体系作为出发点和落脚点,这在根本上不同于过去所强调的所谓扩大内需。"当下国内大循环为主的完善内需体系更注重需求的结构,强调市场主体的活力,居民

---

① 《习近平在看望参加政协会议的经济界委员时强调　坚持用全面辩证长远眼光分析经济形势　努力在危机中育新机于变局中开新局》,《人民日报》2020 年 5 月 24 日。
② 程恩富、张峰:《"双循环"新发展格局的政治经济学分析》,《求索》2021 年第 1 期。
③ 《习近平谈治国理政》(第 1 卷),外文出版社 2014 年版,第 29 页。
④ 《毛泽东选集》(第 1 卷),人民出版社 1991 年版,第 302 页。

消费主导而非政府主导拉动，需要制度供给实现结构性改革，释放长期发展红利；而过去强调的扩大内需更多是需求管理的层面，强调财政政策等政策工具作用，是通过政府投资和政府购买的方式管理需求，刺激经济，虽然能够一定程度上可以应对外部冲击，但并不能解决发展中的长期问题。"①

作为伦理学的一门全新的学科，发展伦理学只是在 20 世纪 80 年代末才开始逐渐盛兴起来的。1987 年成立的"国际发展伦理学协会"标志着发展伦理学的正式形成，此后涌现出了诸如德尼·古莱、克拉克等一批专注于发展伦理学问题研究的学者。面对日益恶化的人与自然间关系，发展伦理学之父德尼·古莱曾大声疾呼："（人类）需要的是一种有力合成的涵盖框架，一种把人类自由与大自然完整之间的所谓对抗协调起来的哲学观。换一种说法，我们必须提出一项理性规划，使三种不同的伦理价值观要求——公平、自由和尊重大自然——都能相对化。这些价值观中没有单独一个具有绝对价值；更重要的是，每一种只能在关系到其他两者时才能确定并划定它的正确界线。"②也就是说，发展伦理就是关于生态安全的生态智慧伦理，只有拥有了生态智慧，伦理健康与和谐的发展才有可能。"人类的生存必须从属于大地、依赖于大地情感。人类要接受大地的恩典，保护大地处处固有的秘密，这就是人类生存的诗意所在，也是人类未来命运的诗意所在。"③人真正诗意的栖居就在于尊崇自然，顺应自然，构建一种和谐的生命共同体。但是"唯 GDP 主义"支配下的发展理念导致了一种畸形、扭曲和错位的发展，并产生了一系列严峻的现实发展问题，正确发展理念的缺位使发展陷入了严重的伦理困境，导致治理失序，严重阻碍了国家治理现代化的进程。解决这些问题需要在经济增长的基础上融入对伦理价值和伦理关怀的考量，确立一种新的伦理规范已成为当务之急。人的发展落后于经济社会的发展，是当代发展观念最大的伦理困境。正如有学者精辟阐释的："近现代以来国家治理在谋求发展的过程中忽视了伦理道德关怀，人们将自身置于发展之外，向内完善的努力严重滞后于向外扩张的实践，致使国家和社会出现一系列的严重问题，倒逼国家治理思考和反思发展的伦理诉求。"④推进国家治理体系和治理能力现代化建设需要融入发展伦理的价值意蕴，建立发展伦理新型伦理范式是破除当前阶段发展瓶颈的重要理论路径，国家治理

---

① 董志勇、李成明：《国内国际双循环新发展格局：历史溯源、逻辑阐释与政策导向》，《中共中央党校（国家行政学院）学报》2020 年第 5 期。

② ［美］德尼·古莱：《发展伦理学》高铦等译，社会科学文献出版社 2003 年版，第 143 页。

③ 李培超：《环境伦理》，作家出版社 1998 年版，第 29 页。

④ 孙维维：《国家治理视域中发展伦理的反思及其范式构建》，《行政论坛》2020 年第 6 期。

引入人的发展程度、人的生存状态维度是十分必要的，没有人的发展显然不是真正的发展。因此，发展伦理本身就具有了双重的向度：一方面，发展要尊重人和考虑人，而非经济理性压制伦理规则的"野蛮式发展"；另一方面，发展伦理还要充分考虑自然，在不破坏生命共同体的前提下有限度地索取，这就"要求我们在整个生态系统中处于合理的、正确的'生态位'，即处在自然生态链的合理位置，让大地之上、天空之下的一切事物都按照自己的规律自由发展，而非只是按照人的需要和意志对其进行肆无忌惮的掠夺和改造"。①

在新冠肺炎疫情大背景下审视双循环发展格局，健康有序的良性互动发展模式有赖于发展伦理理论上的支撑。就国内大循环来看，人与发展的关系，从人与人的基本社会关系出发，最终定格于人与国家的关系之中，也就是国家治理。如果国家治理罔顾人的生存和发展价值，那么这种治理模式所呈现出的发展伦理必然是扭曲和失范的。因此，就国内大循环来看，构建发展伦理秩序的支撑主要表现为以下几点。首先，必须重建发展的价值理性。新冠肺炎疫情的暴发无疑是大自然以极端化、恶劣化的方式对传统经济理性的反抗。这警示我们，当代国家治理必须是发展具备正义观念的伦理基础，它不仅包含生态正义，也是代际正义和环境正义等多种正义形式的统一，只有以这种正义价值理念为基座，致力于改善人的生存状态和追求美好生活的公共善，才能说这种发展伦理是可接受的。其次，构建国家治理体系与发展的新型关系。引入多元化的发展价值指标，而不是仅仅以经济增长单一指标作为发展的最终指向，以"创新、协调、绿色、开放、共享"为主要内容的五大发展理念国家治理顶层设计是构建这种新型关系的最好指导。最后，这种发展伦理必须面向实践。这就是说，必须致力于解决东西部发展不均衡、贫富分化等社会现实问题，这意味着这种发展伦理不是简单地掺杂一点道德的语言或者添加一剂道德的"调味品"，而是要改善现阶段人的生存和发展困境，这也是新型发展伦理的全部生命力所在。另外，就国际大循环来看，同样需要发展伦理的理论支撑，这可以从伦理范型的历时性变化来理解。传统伦理以人与人的关系作为伦理基点，更多体现为以仁爱、互助、本分等为特征的关系伦理和角色伦理，重点关注作为道德个体的人在特定场景所能够作出的伦理选择，是一种推己及人的个体伦理，但是这种伦理范型的不足是缺少关涉作为类存在的人类大范畴以及与之相匹配的国际伦理。全球化背景下的"人类命运共同体"以及全球资源的代际公正等问题，

---

① 龙静云、吴涛：《论以自然为根的绿色发展伦理》，《伦理学研究》2020 年第 3 期。

显然已经越出了传统伦理规范的视域。因此，后疫情时代国际大循环需要的是一种尊重自然、生命至上、和谐共生和共同繁荣的国际伦理。

第三节　扩大金融开放力度的伦理规约 与双循环新发展格局

一、扩大金融开放力度对资本批判及其伦理意蕴的新要求

金融开放作为一项政策，一直贯穿并持续于我国的改革开放时期，对外开放的政策使我国的金融业发生了翻天覆地的变化。金融开放由金融市场开放、金融服务业开放、人民币汇率形成机制市场化改革、经常项目和资本项目可兑换以及人民币国际化等部分组成。[①]在外汇管理体制方面，从中国人民银行决定完善人民币兑美元中间价报价机制，人民币的市场化水平得到了明显提升，资本项目的可兑换由直接投资领域扩展到了证券和其他投资领域，[②]使人民币国际化的进程得到了实质性的进展。金融业双向开放的步伐加快，成效显著。在我国的金融政策中，一直有一项坚持双向开放的持久政策。无论是银行业、证券业还是保险业，无论是从法规政策的制定，还是对外资控股的公募基金的批准和逐步取消对外资保险机构的设立要求，一系列开放举措都标志着我国金融业进入了全面开放的新阶段。

就现状及近几年我国取得的金融业的成就来看，金融开放毫无疑问是我国扩大对外开放的重要一环，同时也是事关改革发展稳定大局的继续扎实推进的关键一招。一是我国金融开放始终坚持统筹推进。例如在证券市场中，我国的汇率形成机制与资本项目开放相互协调，从而避免了"单线作战"对整个金融体系产生严重影响。二是渐进式的开放方式。金融开放需要制度基础和重要载体，而我国在这方面的成功经验就是依托有效平台，比如《关于建立更紧密经贸关系的安排》（CEPA）就成为金融扩大对外开放的制度支撑，并选择合适的开放窗口和平台以及框架，从设置试点地区有序推进到全国开放，形成渐进式金融开放进程。由此看出，我国的金融开放的过程中始终持有一个基本的方向，就是金融开放要服务于国家经济社会发展

---

① 周小川：《新世纪以来中国货币政策的主要特点》，《现代经济信息》2014 年第 2 期。
② 管涛：《新一轮扩大金融对外开放的新思路》，《金融博览》2018 年第 8 期。

这一目标。对于这一方向的坚持，使我国的金融开放始终能够沿着正确的轨道前进。而扩大金融开放也成为中国自身发展的必然趋势。目前，我国银行业的资产规模、股票市值、债券规模都位于世界前三位。受新冠肺炎疫情和中美贸易争端的影响，我国金融开放扩大，与世界各国的金融联系也更加紧密，"蝴蝶效应"也就更加容易发生。所以，风险与挑战并存的现实问题也使我国在经济发展中具有防范系统性金融风险的迫切需求。

在服务新时代经济大局中，扩大金融开放，一方面会使联动性风险等级提升，由于我国目前正处于经济快速增长时期，但经济发展内动力不足，与发达国家的较大差距使经济结构体不够稳固，这样就给供给侧结构的调整带来了较大阻力；另一方面，虽然我国的人民币汇率机制已经建立，但是进入深化期的汇率机制改革，机制的弹性尚且不足，加之企业融资的结构和渠道还存在不畅通和不完善，就使得资金配置的效率低，作为实体经济血脉的金融体系就会造成企业发展悖于现代企业制度的目标，从而严重制约我国金融市场的良性发展。基于此，扩大金融开放对金融监管提出了新的要求。金融监管与扩大金融开放是相辅相成的，金融监管在跟进金融开放的过程中，我国监管部门和监管机构不断熟悉全球市场和全球规则，不断革新金融监管政策和金融治理，并进一步将我国的有益经验和有效时间转化为"国际语言"，在全球金融规则的制定中贡献出中国智慧。①在全球金融市场不可以忽视中国发展的现实情境下，中国方案的制定和中国道路的探析诚然是"摸着石头过河"，但在以马克思主义为指导思想的新时代的中国特色社会主义建设中，时刻回溯文本，从经典中汲取前行的力量和指导，是我们的理论优势和制度自信的源泉。

生产方式作为历史唯物主义的核心概念，其变革被赋予了世界历史和世界市场的双重含义。这一变革促使国内市场向外扩张，而走向世界市场后又必然反过来促进国民经济及其他产业发展，在《资本论》中，马克思所认定的作为金融资本的"资本"，是一种现代资本的样态，而这种样态是伴随着世界市场及国际贸易才形成的。资本主义的大机器工厂制度从诞生之初，就是高度依赖世界市场的。所以资产阶级必须大力发展世界市场，而金融市场又是世界市场的必然组成部分。以资本运动为世界市场的推演，以社会分工体现世界市场的历史性。

马克思的世界市场理论中，社会分工的进程绝不是一个主观臆造的事

---

① 宋晓燕:《国际金融危机后时间监管变革考》,《东方法学》2018 年第 1 期。

物,而是社会历史发展的重要结果。正是资本主义的社会分工,这种分工的特殊性,深刻地改变了世界市场的面貌。马克思认为资本主义分工的特殊性,关键在于以往的产品生产被大规模的商品生产所替代。马克思写道:"(资本主义意义上的分工)产品本身越片面,它所交换的商品越多样化,表现它的交换价值的使用价值的系列越大,市场越大,产品就越能在更充分的意义上作为商品来生产,它的交换价值就越不取决于它作为使用价值的直接存在。"①可见对于资本主义制度而言,其所带来的分工的结果是"产品片面化"的趋势,以往有限的商品生产,越发被分割为一定数量的简单的、工人间不得不相互联系的工序,产品片面化了,生产者也片面化了。最终演化为恩格斯所言的,在资本主义制度下"分工是劳动资料对工人的直接支配"的结局,劳动者所从事的生产是因为劳动的生产资料被剥离,不得不出卖自己的劳动力。马克思并不否认随着资本主义分工进程的加快,能够实现生产力的革新,但是马克思却提请人们注意:"分工使劳动的社会生产力,或者说,社会劳动的生产力获得发展,但这是靠牺牲工人的一般生产能力来实现的。所以,社会生产力的提高不是作为工人的劳动生产力的提高,而是作为支配工人的权力即资本的生产力的提高而同工人相对立。"②显然,这一过程不是自然发生的,而是刻意人为造成的。就世界市场而言,马克思意在提醒世人,应该在世界市场的商品流通、交换的背后,看到所有依据世界市场而紧密联系在一起的人反而不得不普遍地被动参与到资本主义的社会分工进程中,不得不出卖自己的劳动力,而世界市场越是发展,反而宣告着"资本权利"的愈加膨胀,而依据世界市场建立起普遍联系的人类,却旋即被资本主义的分工变为"原子化"的人。应该清醒地认识到,在资本主义所主导的世界市场中,世界市场与任何市场一样,首要的存在意义,都是作为实现交换价值的场所而存在,即使是资本主义所推行的"国际分工"依然是,并且只能是建立在这个历史现状的基础上的。

　　资本主义的分工,显然不是自愿的,但是其特殊性就在于,由于劳动者与生产资料的完全分离,资本主义分工形成了更大对立的力量以及对劳动者更大的压迫。而这些都被掩藏在了现实的自由假象之中,所有的古典政治经济学家,或者说蒲鲁东等人,都被这种自由假象所迷惑,而忘记了资本主义的分工实质上是一种"资本的自然"。

---

① 《马克思恩格斯全集》(第 26 卷),人民出版社 1974 年版,第 296 页。
② 《马克思恩格斯全集》(第 34 卷),人民出版社 2008 年版,第 259 页。

这种"资本的自然",在金融市场里体现得极为彻底,而不可忽视的是,这种自然性存在着世界市场的信用危机。首先,就信用本身来看,资本主义制度将信用的发展提升到了全新的高度,因为资本主义的扩大再生产,其本身是高度依赖信用制度才会实现的,正如马克思所指出的"再生产过程的全部联系都是以信用为基础的生产制度"。①在现实社会中,信用制度承担着重要的角色,信用制度的存在,才能够组织更多的社会闲置资本,将其投入生产领域。但是,对于资本主义扩大再生产而言,问题就出在这种依托于信用的再生产模式,其本身带有相当的大的盲目性与投机性。马克思指出:"正是信用促使每个生产领域不是按照这个领域的资本家自有资本的数额,而是按照他们生产的需要,去支配整个资本家阶级的资本。"②也就是说,在资本主义再生产的情况下,资本家在以信用方式融资以扩大再生产之时,往往会会忽略其"自有资本的数额",即自身的支付能力与偿还能力,直接以扩大再生产为出发点,力图能够最大限度地通过信用制度,套取整个资本家阶级的全部用以扩大生产的资本。而在世界市场中,这种情况被扩大了,因为对于资本主义而言,世界市场的存在,意味着有着更多的国外资金、技术及劳动力可以被投入到资本主义扩大再生产中,这将会极大地加速再生产的速度。所以对于资本家而言,在世界市场中的交易中,往往更加忽视"自有资本的数额",以期获得更多的再生产资本,可是,"只要信用突然停止,只有现金支付才有效,危机显然就会发生"。而信用危机的本质,马克思写道:"事实上问题只在于汇票能否兑换为货币。但是这种汇票多数是代表现实买卖的,而这种现实买卖的扩大远远超过社会需要的限度这一事实,归根到底是整个危机的基础。"③马克思在此强调,从根本上来说是资本主义的生产模式,无视真正社会需要,而是从资本的增殖出发,才为世界市场的危机提供了根本的可能性,而信用制度的崩溃只是世界市场危机的导火索。

马克思关于世界市场中信用危机的论述,事实上也是对金融市场中虚拟资本的论述,对于理解虚拟资本,进而规范虚拟资本的运营也有着重要的指导意义。当然,马克思所论及的虚拟资本,主要是从股票债券及银行汇票等入手的。马克思指明了虚拟资本本身并不能即时带来利润,而是需要在一个特定的时间范围内才能获得利润,并且,此种利润的实现带有一定的风险性。结合世界市场来看,由于世界市场的存在,虚拟资本能够走得更远,

①③ 《马克思恩格斯文集》(第7卷),人民出版社2009年版,第555页。
② 《马克思恩格斯全集》(第26卷),人民出版社1973年版,第233—234页。

而所获得的预期的收益也能够更多,这样就会出现资本的收益远远大于劳动收益的情况,加之世界市场的不断发展,在很大程度上加剧了信息的不对称,这就使得虚拟资本有可能在世界市场上找到"法外之地",从而加剧世界市场的危机。在《资本论》第三卷第二十五章"信用和虚拟资本"中,马克思专门考察了世界市场中东印度贸易的问题。马克思发现在东印度的跨国贸易中,人们已经开始以单纯追求虚拟资本的利润而转卖商品的情况。马克思写道:"在东印度贸易上,人们已经不再是因为购买了商品而签发汇票,而是为了能够签发可以贴现、可以换成现钱的汇票而购买商品。"①特别值得注意的是,恩格斯在《资本论》第三卷增补中,在马克思的这一论述下专门论述了,此种"贸易上的欺诈"而存在的空间正在越来越小。恩格斯写道:"在来往印度的商品必须绕过好望角用帆船运送的时候,这种欺诈办法一直流行着。但自从商品通过苏伊士运河并用汽船运送以来,这种制造虚拟资本的方法就丧失了基础——漫长的商品运输时间。而自从英国商人对印度市场的状况,印度商人对英国市场的状况能够在当日由电报得知以来,这个办法就完全行不通了。"②

二、以扩大金融开放力度的伦理规约促进双循环新发展格局

党的十九届五中全会进一步提出,要"畅通国内大循环,促进国内国际双循环"。③这一新发展格局,理论底蕴在于马克思的资本循环与周转理论。其中,内循环为主体与稳中求进、扩大内需的方针是一脉相承的,而国内的资本大循环要求生产消费分配的各个环节,都需要落实到国内的经济实现中来。也就是说,依靠国内的生产环节生产出来的绝大部分产品都要在国内进行销售,支撑经济发展顺利进行的各个环节都必须落实到国内来。那么,对于金融业来说,并非否定原有的金融开放中的双向开放之意。恰恰相反,作为一个完整的方针,双循环是一个政策组合的大框架。在当今新时代,新意在于强调内循环为主体。这是对于我国本土雄厚的金融市场的内在潜力的正确认识,并且这一认识框架在扩大金融开放宏观政策下,体现了一种防风险、稳增长的战略思维。所以,在扩大金融开放,相对于国内大循环来说,资本的约束一是体现在加强金融监管的立体化全方位上,二是体现

---

① 《马克思恩格斯文集》(第7卷),人民出版社2009年版,第461页。

② 同上书,第462页。

③ 《中共中央关于制定国民经济和社会发展第十四个五年规划和二〇三五年远景目标的建议》,人民出版社2020年版。

在环境和气候变化因素等生态伦理所带来的硬约束上。过去环境和气候变化因素对资本市场主体的约束力更多的是依靠情怀、责任感去维护和推动，收效不大。原因在于，支持环境保护、控制气候风险的产品往往具有公共产品性质，其中的利润难以获得，产权难以界定，这就会导致市场失灵，因为资本的特性就在于逐利。但进入新时代，尤其是在中国，情况发生了变化。2020年9月，习近平主席向全世界庄严宣布了"30·60目标"，即2030年前实现二氧化碳排放达到峰值，2060年前实现碳中和。这将是一个比较强的硬约束。也就是说，作为一个碳排放大国，我国要用30年时间实现世界上大多数成熟市场国家50年左右的时间才实现的目标，是故，这一宣告实属不易。

所以，在外循环方面，更加坚定稳步推进人民币国际化，以此来更好地服务于我国企业在新形势下的产业对外转移和全球布局。这次疫情后，有可能导致国际金融体系发生巨大转型，国际货币体系的多元化和人民币的国际化将对下一步我国推进更高水平对外开放和参与国际分工产生深远的影响。对此应有充分的准备和应对，落实好党的十九届五中全会关于人民币国际化"坚持市场驱动和企业自主选择，营造以人民币自由使用为基础的新型互利合作关系"的要求。在新一轮供应链调整、产业结构升级和价值链跃迁的过程中，实施"本币主导、本币优先"战略，更多地通过使用人民币实现产业对外转移和调整升级，提高我国企业在全球的资源配置效率，将全球布局的主动性握在手中。

在内循环方面，充分重视环境和气候变化因素可能产生的深远影响。中国在绿色金融领域起步得很早。2012年，中国银保监会就发布了《绿色信贷指引》。2016年，中国人民银行会同相关部委出台了《关于构建绿色金融体系的指导意见》。此后，中国人民银行和相关监管部门一起，在绿色金融方面做了很多工作，取得了积极成效，也得到了国际社会的广泛认可。可以说，中国目前已经成为国际绿色金融产品、绿色金融市场、标准制定等方面的积极参与者、贡献者，甚至在某些领域已是引领者，具备了非常好的基础。中国绿色金融之所以能走在全球第一方阵，也是因为绿色金融早在2016年就成为我国发展经济的指导思想，生态文明甚至被写入了宪法。在这一维度上，环境和气候变化因素必将成为下一步落实双循环新发展格局的一项重要的硬约束，对产业结构调整升级和金融业改革发展产生非常深刻的影响。金融业为经济社会的绿色发展转型提供比较好的支撑，大有可为。

第五章 自由人联合体及其新时代伦理观

置于"百年未有之大变局"的宏观视界之中,中国之治探索将马克思"自由人联合体"伦理范式与其新时代中国政治实践相融合,追寻健康持续"美好生活和社会和谐"的现代化强国图景的实现,进而实现大国之治,意义深远。"人类命运共同体"与"自由人联合体"都是人类社会的卓越的公共思想产品,它们都昭示着对未来社会主义治理的智慧探求。显然,"自由人联合体"作为马克思对未来社会伦理范式的主题图景的思索,为其新时代中国实现善政良序提供了智力镜鉴。不得不说,新时代,"人类命运共同体"是对自由人联合体的中国现实表达。其二者在"百年未有之大变局"视域中,回答了中国之智与全球治理的"正义""平等"等诸多伦理层面的价值旨归追问。

第一节 经典作家共产主义理想论述的伦理解读

人类社会自始至终都没有放弃对未来社会的构想,可以说,这是人类的一个永恒的议题。事实上,这一议题,无论在何时何地,对于人类来说都是一个能够引起巨大兴趣与共鸣的议题。西方社会自工业革命以来,社会物质财富的飞速发展,为人类再度构思这一问题提供了一个全新的可能性。由此开始,一大批学者对这一问题进行了深入的思考,而其中的很多学者则深刻地认识到了,现行的资本主义制度,无论如何是人类跨入更高阶段发展的一个重要阻碍,新的社会应该是对资本主义社会的否定,进而西方近代有很多学者都致力于共产主义的探索,而马克思主义的出现,才为这种探索提供了真正可能的出路。当然在马克思以及恩格斯的著作中,事实上对于未来共产主义社会的描写不多,往往是一些"粗线条"似的描绘,因为马克思与他的战友恩格斯,自始至终都是一个革命者,而不是"语言家"。当我们审视马克思对于未来共产主义社会所遗留下的"草图"之时,往往会发现,马克思所构想的共产主义社会,虽然总体着墨不多,但是却留下了很多值得思考的问题。而对于伦理学研究工作者来说,没有什么能够比探究共产主义理想社会的伦理观念是什么更吸引人的议题了。对于这一问题,本书认为,以"自由人联合体"为主要特点的共产主义社会,可以视作我们窥探共产主义理想社会伦理体系的一把锁钥。而对"自由人联合体"的伦理解读,将会使我们能够从伦理道德角度更加靠近马克思的设想,因此本书结合马克思生平若干重要的著作,用以分析理解"自由人联合体"的内在价值。

一、马克思"自由人联合体"是一种新的伦理走向

人与人的和谐并非字面意义上的关爱、帮助与和平共处等,其最重要的前提是要在消除人与人之间的对立、消灭人与人之间的剥削、消除普遍的异化状态的基础之上,才能够谈人与人之间的和谐关系。但是,在资本主义生产条件之下,人与人非但不和谐,甚至出现了资本主义生产过程中的劳动异化。恩格斯早就论述过劳动在促使从猿转变到人过程中发挥的作用,因此从这种意义上来说劳动是人的第一生存需要。而这种首要性的需求发生异化,必然使人脱离本真状态,故而走向最深层次的异化。马克思最先就是以劳动为基本的主轴,对资本主义社会展开批判的,揭露了其剥削和不平等的本质。从哲学史的角度审视,劳动是马克思世界观转变的重要标志,是马克思哲学思想的重要发源地。

而马克思所撰写的《1844 年经济学哲学手稿》(以下简称《手稿》)最先对人类发展的"异化"状态予以指证。马克思认为在当前的资本主义制度之下,人的"异化"已经发展到十分严重的地步,而这种"异化"可以从四个方面来理解。马克思在《手稿》中分析了四种"人的异化"。第一,人同自己的劳动产品相异化。这主要是指在资本主义制度之下,工人所生产的劳动产品,不归工人所拥有,而被夺走,工人所能够得到的就只有所谓的"工资"。第二,人同自己的劳动异化。从人类学的角度来看,人类每一次机能的进一步完善,都是值得被称赞的进步。从人类拿起第一块石头,到人类可以逐渐征服自然,都是一部部人类的赞歌。在资本主义制度之下,人类的劳动水平有了巨大的发展,但自此开始,人类的劳动却成为人类生活不幸的来源。第三,人同人的类本质相异化。在此,人的"类本质"是一种费尔巴哈式的表述,将"类本质"视为人的根本是《手稿》的重要理论基点。人的本质是自由

自觉的劳动,但是在资本主义社会,人丧失了自我超越和无限发展的普遍性[①],人脱离了自身的类本质。主要的表现就是劳动产品作为客体反过来统治主体,人的劳动过程不再表征人的类本质。第四,人同人的异化。人类社会自诞生以来,人与人之间的交往就客观存在,当然,人与人之间的交往不能说是一帆风顺的,也会出现各种关系的疏离与转变,而在资本主义社会制度之下,人与人之间的关系却被尖锐地对立,特别是工人与资本家之间的关系越发难以维系。可以说在资本主义制度下,人与人之间的关系面临着被全盘扭曲的风险。

人类社会自诞生以来,就有着"联合"的趋势,而马克思在《手稿》之中所论及的,不过是想向世人呈现在当下的社会条件之下,人类组合"联合体"的美好愿景被何种凶神恶煞所阻碍,或者,换一个角度来谈,《手稿》向世人所呈现的是,人类社会的"异化",已然进行到一种无以复加的程度,进而必须,也不得不对人类社会进行一个根本的改造。如果任由这种人的异化趋势继续发展下去,人类社会必将步入一个黑暗之地。而马克思所构想的"自由人的联合体"正是黑暗之地的反面。我们也可以这样理解,马克思在《手稿》中体现了马克思开始使用"异化劳动"这样的批判的武器,首次用以武装自己关于未来社会"自由人联合体"的构想,由此阐发了马克思就如何步入这种"自由人联合体"的首度深入思考。具体而言,马克思提出以下的构建路径。

首先,必须对私有财产制度展开最彻底的批判,实现"扬弃",这也成为共产主义伦理观念的重要内容。事实上,积极实现私有财产的"扬弃",这种"扬弃"思维本身,就蕴含着一定的伦理思想。马克思通过《手稿》意欲向世人说明的是,共产主义社会并不是要消除私有财产,准确地说,共产主义社会是要消灭私有财产所引发的严重的社会对立,这就必须对私有财产进行一个彻底的改造。

其次,完成对人的本质的重新掌控。马克思在《手稿》中提出,在积极实现了私有财产的扬弃之后,是"人的本质的真正占有"。马克思认为,人的本质问题,应该在社会中去找寻,而不是从自然界中去引申出所谓的人的本质。费尔巴哈采取的是正是后者的模式,认为人只要能够回归自然,一切问题就都解决了。事实上,这无异于刻意回避问题。马克思在《手稿》中,指明了未来社会所要真正实现的是人能够再次占有"人的本质",也就是说,在马克思的认知中,未来社会是一个人能够真正发展与完善自身社会关系的一

---

① 《马克思恩格斯文集》(第 1 卷),人民出版社 2009 年版,第 178 页。

个社会,是一个人能够协调自身与他者、自身与自然及自身的自省的理想社会。简言之,人与自然界都获得了解放,都获得了持续发展可能,而这正是未来社会的和谐之处。

第三,私有财产的"历史终结"之处。在《手稿》中,马克思论述了未来共产主义社会是一个已经实现了私有财产"扬弃"的社会。在此也就需要讨论这样一个问题,即在理想的共产主义社会,私有财产的"历史终结"是否已然来临?

马克思对这一问题,秉持一个非常谨慎的态度。而事实上,对于这一问题,应该结合共产主义运动的历史来理解。共产主义运动在很大程度上,是围绕私有制及私有财产的超脱控制而展开的,共产主义运动的各种实践经验,也必然是围绕私有制为主导的社会的而获得的。所以,理解私有财产的"历史终结",可以从共产主义的运动来理解,共产主义运动一定会获得更高一级的形式与内容,这是人类社会发展的一个必然规律,而那时的私有财产也将获得一种全新的解释。

与实现人的和谐相对应,马克思探讨了私有财产与人的本质异化之间的逻辑关联。他批判了所谓"平均共产主义"或言之"粗陋的共产主义",认为它们尽管也在批判私有财产,但是并没有认识到私有财产的本质,主张退回到原始社会,以那种生产力极其低下的方式重新去占有财产,因而也是极其错误的,这无疑是在开历史的倒车。它们还以主观主义想象代替客观经济现实,这也是黑格尔主义在它们身上的某种复活。总之,《手稿》虽然还表现为马克思思想转变的科学起点,但这一经典文本为我们探寻共产主义伦理提供了极其宝贵的理论线索。

二、马克思"自由人联合体"是一种新的实践观

"自由人联合体"既是一种全新的伦理走向,放置在现实生活中,也是一种能够真正指导人群实践的伦理观念。换言之,"自由人联合体",其本身也是一种富含实践的伦理观念,有其特定的实践意味。而马克思《关于费尔巴哈的提纲》,这一"包含着世界观的天才萌芽的第一个文件"[①],对于我们更好地理解"自由人联合体"的内在实践观念,有着重要的意义。为此,我们通过对《关于费尔巴哈的提纲》的解读进而实现论述如何理解"自由人联合体"内在的实践观。

---

① 《马克思恩格斯文集》(第2卷),人民出版社2009年版,第297页。

第一，马克思聚焦"多数人"的思维轨迹。在马克思一生的经历中，马克思与关于"人"的研究，始终产生着千丝万缕的联系。马克思在大学期间原本攻读的是法律学科。但是，他逐渐对黑格尔为代表的德国古典哲学产生了兴趣，自此，马克思的思维轨迹产生了重大的改变。马克思逐渐对"人"产生了一种哲学化认知与学习的兴趣。而马克思《德谟克利特的自然哲学和伊壁鸠鲁的自然哲学的差别》的博士论文，是马克思思想发展中的一次巨大的深化，为马克思直接投身政治斗争奠定了思想基础。在走出大学之后，在《莱茵报》从事编辑活动后，马克思认为，在黑格尔那里，虽然有人的论述，但是却是一种被所谓世界精神所统辖的"人"，是一种类似奴役般的存在。而在此时，费尔巴哈哲学以一种强有力的姿态，进入马克思的视野之中，马克思通过对费尔巴哈的观点的学习，重新确立了要想研究人，不应该从决定的理性中去找寻，而应该回到现实生活中。但是，费尔巴哈所谓的人，是一种自然化的人，进而费尔巴哈所谓的"人的实践"，也不过是一种类似于动物的、独立个体的实践。事实上，费尔巴哈所关注的，永远只是一个个个体的人，而对多数人，对群体乃至阶级等都不甚关心，马克思在《关于费尔巴哈的提纲》中所体现的，正是对费尔巴哈的反题。即对于哲学的批判而言，真正要关注的是"多数人"，或言之是要在"市民社会"中去完成理论的批判。

第二，实践活动永远是未来社会与"自由人联合体"的真正本源。《关于费尔巴哈的提纲》最为人所熟知的就是，它是马克思首次明确提出自己关于实践观认识与看法的重要性文件。《关于费尔巴哈的提纲》中，马克思提出了一个全新的实践的世界观思维方法。顺着马克思的思路来理解，人类社会历史不是精神发展的历史，不是事物客体的机械运动的历史，也不是对人类的精神、价值以及客观对象的抛弃。人类社会只能而且必须以实践的方式统一主体与客体的过程。共产主义是人类主体价值的真正实现，而"自由人联合体"同时也是一种丰富的实践思想。本书认为，"自由人"只有通过"实践"活动才能组合成为"联合体"。在未来的社会背景之下，"自由人联合体"本身，不是一种固化的人群集合，而是富有实践观点的，也就是说"自由人联合体"是一种更高伦理阶段的，且自由自愿的实践活动，是一种不是以"异化"而存在的实践活动。

第三，以人的本质为其理论基点是马克思伦理思想的基础。苏格拉底开启了西方哲学的伦理学专项，哲学家从探讨自然世界转而开始关注人本身。但审视古今中外的伦理思想，他们要么探讨道德概念、道德语词、道德心理，要么立足抽象而非社会现实的人，因此在探求人与人之间的关系和人与自然之间的关系之时得出了片面的结论。马克思以实践为核心的新世界观的形成,为正确理解人的本质提供了经典解释:"人的本质并不是单个人所固有的抽象物。在其现实性上,它是一切社会关系的总和。"①今天,正确理解马克思关于人的本质的理论,有助于从根本上理解建设和谐社会的意义。

首先,对于人的理解,应该是超越个体进而实现联合的人。从人类学的角度来看,人类社会在最初是以一种群体生活的样态存在的,但是随着人类社会的发展,特别是近代工业革命以来的发展,人类的存在越发以一种"原子化"的状态而存在。当然,我们不能否认,在现代社会人与人之间就是没有联系的,而是想言明在现代社会的背景下,人与人之间的联系理应由被赋予更多的内容与更多的意义。人不应该被再次以一种"原子化"的人而被理解,而应该从一种人与人之间的交往关系而理解。

其次,对于人的理解,应该结合社会的生产活动,实现人的社会联合。此处,本书想表明的是,人的联合,可以从多方面来理解,但是从实践上来看,人的联合应该是一种社会性的,而非自然性的,也就是说,"自由人联合体"从根本上来说是一种社会状态,而非自然状态的表述,"自由人联合体"本身也蕴含着关于生产力、生产关系等社会物质基础的内容。所谓的关怀人、协调人的种种尝试只能而且必须从社会现状出发,而不应该被一种超阶段、超水平的"人类计划"所取代。

最后,对人的理解,不能逃离阶级、阶层的具体分析。我们必须明确,自资本主义制度以来,人存在的现状已经被深刻地改变,人确实是以一种阶级的形式而存在的。阶级的对立确实是社会中关于人的一个最重要的特点。所谓人的本质离不开一定的阶级、阶层,是想说明这样一个问题,对于人的本质的理解,离不开每个人的经济范畴,离不开经济的摩擦与交往,实现人与人、人与社会的和谐发展,不等于抹煞对立、回避阶级性。这种对人的分析方法的存在,不应该从人的外在表现而言,并非戴着有色眼镜去看人,而应该特别注重每个人所存在的社会现状与结构。

三、马克思"自由人联合体"还是一种新的历史向度

从马克思本人的经历来看,1844 年至 1848 年之间是马克思思想形成的一个最为重要的阶段。从《手稿》中马克思已然认识到人的那种深刻异化

---

① 《马克思恩格斯文集》(第 2 卷),人民出版社 2009 年版,第 60 页。

存在的状态必须予以彻底的改变，到《关于费尔巴哈的提纲》中，马克思已然鲜明地表示，这种对人的异化状态的取代，必须贯之以彻底的实践活动才能实现。在《德意志意识形态》（下简称《形态》）一书中，马克思和恩格斯对唯物史观的表述，则完成了对过去以往思想的一次彻底的清算。将这种关于人类社会未来"自由人联合体"的设想，首次建构于一个完整的理论框架之上。"自由人联合体"的预设正是在以上思想发展的基础上的提升和完善。这一预设不是按先验逻辑需要去裁剪历史和生活，而是从历史的、现实的、具体的社会物质生活出发，科学论证人类主体作用的历史辩证法和坚持以现实物质生产出发的历史唯物主义的完整统一。在此以后，马克思不再以种种绝对抽象、理性化的思想来论及人的解放，而是以一种历史唯物主义的观点，从阐述世界进而改造世界，用历史唯物主义的观点铺陈人与人、人与社会的和谐与解放。自此，"自由人联合体"获得了一种真正的、全新的历史向度，在此我们对这全新的历史向度予以简要说明。

第一，"自由人联合体"发展的历史进程。通览马克思本人一生的经历，我们会发现，马克思对人类社会的联结形式非常关注，不仅只关注资本主义制度之后人的联合这么简单。《形态》的历史作用在于，它已经表明了马克思和恩格斯认识到人类社会的联合，对于这一问题的解释，只能从历史的角度来理解。《形态》已经表明在整个资本主义及资本主义以前的人类社会历史发展时期，由于生产力水平发展的历史原因，"物役性"和"似自然性"现象以种种形式发生和存在着。事实上，马克思对资本主义以前的人类社会历史非常关注，但是，马克思到底对此进行了何种研究，我们不得而知，直到后来《历史学笔记》《人类学笔记》的出现，我们才发现，马克思对人的联合形式，已经有了深入的研究，从人类社会的最早"原始群状态"到"共同经济体"的瓦解，再到封建的田园经济，以及近世的虚假共同体，马克思和恩格斯事实上反而在梳理人类联合的历史进程，而这种思想早已在《形态》中得以加强。形象地说，在《形态》中，马克思已然认识到，在日后的研究中，不对自由人联合体的历史脉络搞清楚，就不符合唯物史观的对人的研究的方法论要求。

第二，实现"自由人联合体"，需要客观的历史条件。马克思在其研究历程中，逐渐认识到人的解放是一种"生产者"的解放，是一种经济制度的解放，"直接的生产者只有在现实历史发展的过程中才能不断地意识到自己的使命，逐渐地掌握自己的命运"。也就是说，马克思认识人的解放只能有生产者，在马克思所处的那个年代，也就是只能由无产阶级才能予以实现。但是,人的解放何时实现?是一个迫切需要回答的问题,与马克思同时代的很多学者,都对这一问题作了回答,但是总体上而言,此类回答都与马克思本人的观点相差甚远,或者说,都是离题万里的观点。马克思甚至苦笑道,各个学者带来一大堆超越历史与社会阶段的解放方案,简直是在召开又一次"莱比锡宗教会议"。马克思和恩格斯创作《形态》的本意就是要对这些"德意志形态"进行彻底的清算。不同的学者,观点都有不同的错误,但是马克思事实上表明了这些观点的一个共有错误,即超出现有的历史阶段与生产状态,去妄谈人的解放,而将人的解放自身的那种社会性完全抹煞了。自由劳动使人真正成为自由的主人,从而真正实现了"劳动自由",因而有可能重新书写人类文明史,继而创造属于人本身的真正历史。人的自由得到最大程度的实现,作为伦理关系主体的人类也将获得解放,实现从必然到自由的飞跃。

第三,对于"自由人联合体"的理解,应该在人类认知与发展水平不断提高的动态进程中完成。《形态》本身那种丰富的历史性,为我们揭示了这样一个重要的观点,那就是,自人类诞生以来,始终在一次次克服自身的生存条件与生活状况的限制,而实现着一次次的整体性前进。马克思认为这是人类社会的一个绝对规律,只不过资本主义制度的存在,严重威胁着人类社会的这一条进步的规律,为此"自由人联合体"本身也应该是人类整体认知水平的前进与飞跃,它逐渐地克服了人类在资本主义制度下所沾染的病症。比如在一个多世纪前马克思就告诫说:"不要陶醉于我们对自然的胜利。对于每一次这样的胜利,自然界都报复了我们。"那么以"自由人联合体"形式而存在的人类,对于人与自然的关系,也必然会实现一种全新的伦理水平与状态。以往那种认为"自由人联合体"实现的未来社会,必然昭示着人对自然全面的征服的观点,是不符合马克思关于人类总体进步的核心思想的。这一观点,对于我们思考人类未来的道德与伦理水平有着重要的启迪,因为我们对于未来的"人"的精神活动,事实上知之甚少。未来"自由人联合体"思维状态在想什么?会想什么?我们不得而知,但是只要是站在人类总体进步的角度上来看,那么我们对于"自由人联合体"中的自由人,就有大体的认知与收获。

总而言之,实现人的和谐,实现"自由人联合体"中自由人的塑造,应该注意以下三点:一是要注意分析人的社会性,弄懂、了解是什么在真正制约着人的发展,而应该对其予以何种变革。二是要注意人类物质生产活动在何种意义上是进步的,也就是将人类的物质生产活动的彼岸与此岸进行沟通,对人类社会的物质生产既要有现实性,也要有超前性。三是要充分尊重人的主观能动性,发挥人的主体性作用,这是人类社会和谐的一个最重要的推动性力量。本书认为,这是《形态》给予我们的一份宝贵遗产。

第二节　自由人联合体的伦理范畴

马克思在《共产党宣言》当中预言,未来社会是"自由人联合体",是一种新的历史形态和社会组织形式。在这样的社会样态当中,阶级和阶级对立将会消亡,将会被替代;公共权力将会转移,失去其政治统治和阶级压迫的社会职能;人与人之间联合起来,每个人的自由发展是一切人自由发展的前提。在百年之未有大格局下,宇宙图景、社会图景和人类图景都会呈现深刻的变革,人的行为、生活态度、文化差异、思想观念也会呈现差异性和多样性,因此作为调节群体行为的外在习俗,以及指导个体行为的内在品格的行为范式,是否仍有存在的意义和价值。在一个由科技发展所造成的对未来人类生存具有巨大影响的社会,如何避免"恶之准则",从而坚守"善之立场",构成了人类道德思维的核心要素及未来伦理学发展的主要基调。由此可见,对马克思"自由人联合体"进行细致探究,并结合中国特色社会主义的实践特色、理论特色、民族特色和时代特色对其进一步丰富发展,对于满足社会实践的需要具有重要的理论与实践价值。

一、自由的伦理规约与实践呈现

在《共产党宣言》中,马克思、恩格斯正式阐发了"自由人联合体"的理论。党的十九大报告中习近平总书记提出要坚持走和平发展的道路,推动构建人类命运共同体。出于对人类命运的高度关注,经典作家用"自由人联合体"这一概念来表征未来社会的伦理关系,而习近平总书记则使用人类命运共同体将其与当代社会勾连起来。每逢时代变革的重要历史节点,人类对于"往何处去"这一问题尤为关注。走在全球发展的十字路口,大多数人主张命运与共,但也有少数人固执地宣扬"事不关己,高高挂起"。其实,无论是从社会现实的当前维度分析,还是从人类发展的长远视角看待,各个国家只有坚持命运共同体思想,加深理念认同与实践协作,人类才能拥有更加美好的未来。人类命运共同体承继了自由人联合体的"问题意识"与改变世界的思维逻辑。为此,要理解人类命运共同体的理论内涵和价值意蕴,探讨马克思"自由人联合体"的深刻内涵必不可少。

人区别于动物,最根本原因就在于其行为受控于自我反思能力即精神性,这种精神性的自控行为有别于自然界中的无物质的反应特性、植物的刺激感应性和动物的感觉与心理等本能行为。在人的精神性的本能活动中,人的自由、自主能力成为人之所以为人的本质所在。"所谓自由,意味着当事人从自然因果链条的制约及外在环境束缚下的一种解放,意味着其能够基于自身的洞见,而非从属于他人的意志来行事。"①也就是说,自由意味着人并非简单地保持着像其动物本性那样是其所是的状态,受制于既定生存环境的桎梏,而是自我塑造者和建造者和设计师。正是因为自由是人类精神性的重要体现,因此古往今来的思想家、哲学家、政治学家思考和研究的重要节点就是如何实现自由问题。20世纪下半叶,以赛亚·伯林提出了"消极自由"和"积极自由"这"两种自由"。所谓"消极自由"意味着主体的行为没有受到别人的束缚;而"积极自由"主要表达了个体的愿望,希望自己的行为意图取决于自己的自由意志,而非受别人所支配,是由自己的理性及自觉的目的所推动,而不是被外来的原因所影响。总之,个体意志是有思想、能动性的存在,对于主体所作的选择负责,并且能够通过提出想法及目的对这些选择作出说明。

马克思"自由人联合体"当中的个体首先具备的伦理特质就是合乎价值的自觉——自由联合体。在特定的社会历史条件下,马克思所追求的自由,不是少数资产阶级的自由,而是大多数人的自由;不能只是资本具有自由向度,而具有感性活动的现实个人的却没有独立与自由本性;不能仅仅在政治领域及市民社会当中所赋予的各种政治权利与自由,而是在经济、文化、社会生活等各个领域的自由;不仅是孤立的、对立的基础上人与人的自由,而是人与人联系、联合基础上的自由。

1. 主体图景建构:理性主义的彻底扬弃

在马克思自由人联合体伦理范式当中,他首先建构了主体图景。也就是说,在面对自由时,需要论证自由的主体及其展开维度,而论证的前提从对理性主义的批判开始。在康德那里,自由意志是道德实践的第一法则,人能够凭借理性为自身和自然界立法,然而在法则和普遍规律建立的同时,人的自由也受到抑制,但人只有按照自由意志行事才能说得上自由。在黑格尔看来,自由,就是指自己是自己的决定者,自己具有独立自主性。"自由正

---

① 甘绍平:《伦理学的当代建构》,中国发展出版社2015年版,第5页。

是在他物中即是在自己本身中，自己依赖自己，自己是自己的决定者。……只有当没有外在于我的他物和不是我自己本身的对方时，我才能说自由。"①而真正绝对自由、完全独立自主发展的主体就是绝对理念。如果我本身还受着任何外在物制约，或仍存在他物成为我的目的的话，那我就绝对不可能谈论自由。以此观点审视，只有绝对精神是自由的，因为它非但不受任何外在物的制约，反而是它们存在的根本依据。但是这种自由也是有限度、有义务因而是有责任的。只是这种限制不应从外部加来，而应是内在于主体的，即应当是"自己本身之中"的内容。进而，黑格尔把历史上发展着的国家看作是自由的主体。"要知道国家乃是'自由'的实现，也就是绝对的最后的目的的实现，而且它是为它自己而存在的。"②"'国家'是道德的'全体'和'自由'的'现实'。"③因此，所谓自由的限制不是别的，就是国家所给予的那些限制，主要是"法律"，特别是一个国家的宪法具有特殊的意义。显然，走到这一步，黑格尔的目的便是为了论证当时普鲁士国家的完全合理性。

马克思从写作博士论文时期黑格尔式的"精神自由"，到《莱茵报》时期的"出版自由"，再到《共产党宣言》时期"自由人联合体"，最终到《资本论》时期的"全面的人的'个性自由'"。马克思通过对宗教的批判，摆脱纯粹宗教的束缚而获得抽象的精神自由，实现作为哲学的自我意识的觉醒；通过对"书报检查令"的批判，实现对普鲁士"封建特权"的反对；通过对"资本""私有制"的批判，为实现人的"个性自由"奠定基础。从敬仰黑格尔到批判黑格尔，从纯粹式的"绝对精神自由"到个体的"人性自由"，马克思本身也从一个青年黑格尔派，转变为实践革命派；从一个客观唯心主义者，转变为辩证唯物主义者。马克思在《黑格尔法哲学批判》当中，深刻批判了黑格尔的自由观。他表示，黑格尔将主观的自由看成是形式上的自由，而并非将客观自由看作主观自由的现实实现与实际表现。这是因为在黑格尔那里，"自由的假设内容或现实内容有了一种神秘的载体，所以，自由的现实主体在他那里获得形式的意义"。④

马克思在批判黑格尔"绝对精神"主体论的基础上，提出具有生命的、主体意识的"现实的个人"是自由的真正主体。其一，在马克思看来，自然界只

---

① ［德］黑格尔：《小逻辑》，贺麟译，商务印书馆1982年版，第83页。
② ［德］黑格尔：《历史哲学》，王造时译，生活·读书·新知三联书店1956年版，第79页。
③ 同上书，第89页。
④ 《马克思恩格斯全集》（第3卷），人民出版社2002年版，第79页。

是人无机的身体,因此现实中的人只能是与自然发生着关联的人。从此维度出发,那么理解人绝对不可能脱离自然,人的存在、人的本质以及人的自由的实现都必须以自然,从而以人的感性存在为前提。"全部人类历史的第一个前提无疑是有生命的个体的存在。因此,第一个需要确认的事实就是这些个人的肉体组织以及由此的个人对其他自然的关系。"①现实的个人以及他们的活动、物质生活条件是自由存在的现实前提。从这一角度来看,是作为个体的人对外在于他的自然的认可与依赖,人的存在离不开自然的影响,这也就意味着人与自然之间存在着不能分割的紧密联系。在马克思之前的传统哲学家都将人的概念抽象化,而马克思则将人置于自然的背景上,将"人不可避免地会处于一定的环境下生存和生活"这一点纳入考量,以现实的、作为生物的人为出发点来审视自由问题的正确性与恰当性。可见,"人是自然存在物"这一见地使马克思在对自由主体的考察上就避免了抽象性和虚假性。其二,在马克思看来,现实的人是自由人。人同其他自然存在最大的不同在于人具有自由意识,因此人不仅可以意识到自然是人的第一性存在,而且还能意识到自身与自然界无意识对象之间的区别。可以说,正是人的有意识的自由意识,使人从自然界中超拔出来,成为一种特殊的类存在。人的活动是有意识的生命活动,人能够依靠意识能动地改造、重塑甚至超越外部对象,这一点是人的本质体现,也是人的自由的本质体现。其三,在马克思看来,现实的人是社会关系的总和。马克思批判了费尔巴哈抽象的、孤立的、空洞的、凝固的人的个体,并指出"人的本质不是单个人所固有的抽象物,在其现实性上,它是一切社会关系的总和"。②这也就意味着正因为现实的人是社会关系的总和,个体思想的产生不是先天的,也不是主观自生的,更不是外在神秘力量赋予的,而真真切切是社会大生产的产物。这也就是说,个体自由、独立的行动并非任意的,而必须以社会为媒介,在社会交往、按社会规则行事。

个体的、现实的人作为自由的前提,在本质意义上就是抛弃宗教和理性主义神秘的面纱,充分相信作为个体的存在。人能够在充分发挥其能动作用的基础上,主宰自己的命运,成为社会物质财富、精神财富的创造者,也成为社会变革的决定力量。在"自由人联合体"当中,每个人都能够自由而充分地发挥其全部才能和能量,其他人不再是自己自由发展的限制,而是其实

---

① 《马克思恩格斯文集》(第1卷),人民出版社2009年版,第519页。
② 同上书,第501页。

现。但同时,这种自由不是在幻想中摆脱一切必然而独立的,"最初的、从动物界费力出来的人,在一切本质方面是和动物本身一样不自由;但文化上的每一个进步,都是迈向自由的一步"。①当伴随着物质资料极大丰富,人们生活境界极大提升,现实的人体已经不存在对个人生活资料的忧虑,已经能够与被认识的自认规律和谐共处时,人们才能达到真正的自由。

马克思、恩格斯在《共产党宣言》中把"自由人联合体"看成无产阶级和人类解放的价值目标。"自由人联合体"是社会化的人、联合起来的生产者,合理地调节他们和自然之间的物质变换,将它置于社会成员共同控制之下,而不让它作为盲目的力量来统治自己;靠消耗最小的力量,在最无愧于和最适合他们的人类本性的条件下来进行这种物质变换,比资本主义社会更高级,以每个人的全面而自由的发展为基本原则的社会形式。

2. 实践逻辑进路:资本逻辑的总体批判

马克思对于自由联合体的核心要素和首要前提就是劳动自由。在历史的发展进程中,由于社会分工的存在,其范围内的社会关系出现独立化,这也就意味着在个人生活同他不得不屈从于某一分工部分以及与之配套的各种条件的生活本身之间出现了差别,而这种差别仅仅存在于阶级对立当中。在资本主义社会,表面上个体在资产阶级统治之下自由度更好,因为维系他们的生存条件是偶然的而非必然的,但从某种意义上讲,他们由于屈从于物的力量,便愈发不自由。"单个无产者的个性和强加于它的生活条件即劳动之间的矛盾,对无产者来说是显而易见的,特别因为他从早年起就成了牺牲品,因为他在本阶级的范围内没有机会获得使他转为另一个阶级的各种条件。"②

基于此,马克思通过对资本逻辑的总体批判,描绘了自由在实践中的逻辑进路。在资本逻辑主导的社会,佣人—工钱;工人—工资;职员—薪金或报酬③,工人出卖自己的劳动力换取利息;而资本家似乎出租劳动资料,让别人代替自己劳动,通过付给工资的方式实现其自由交易,这样就导致表面平等正义掩盖下的剥削实际。这种公司其实就是"同'普通人'即牲畜般的存在状态相适应的最低工资"。④在资本逻辑主导之下的工人其自由本性是难以实现的,因为人最本质规定性的劳动本身就是不自由的。资本主义之

①　《马克思恩格斯文集》(第9卷),人民出版社2009年版,第120页。
②　《马克思恩格斯文集》(第1卷),人民出版社2009年版,第572页。
③　同上书,第127页。
④　同上书,第115页。

称谓由来意味着资本很重要,资本其重要性就在于其中可变资本部分,它能够为资本家带来价值增殖。在资本主义生产过程中,资本承担不同的职能:货币资本、生产资本、商品资本。通过资本周转与流通,可变资本即劳动力资本生产财富越多,其生产的影响和规模越大,工人本身就越贫困,其所占有的对象就越少。商品本身的价值增殖同人的世界的贬值成正比,商品数量增多随之而来的是人购买能力的下降。在剩余价值生产过程中,作为自由生命体现的、富有创造性的劳动并不能导致自我实现,而仅仅沦为动物、机器,成为谋生的手段而非需要。工人自己的物质活动和精神活动的产物成为一种外在的异己力量反对、支配、奴役人本身,造成了人的"生活世界的殖民化"。在这种"异己""奴役""对立"的状况下,达到了"奴隶状态的顶点",使得工人同自己的劳动产品相异化。"工人生产得越多,他能够消费得越少,他创造价值越多,他自己越没有价值,越低贱;工人的产品越完美,工人自己越畸形;工人创造的对象越文明,工人自己越野蛮,劳动越有力量,工人越无聊;劳动越机巧,工人越愚笨,越成为自然界的奴隶。"①这一点在商品拜物教和货币拜物教当中体现得最为集中,原本供人使用、为人服务的商品、货币,反过来把人统治了,人为物品所奴役的现象日益普遍化,金钱至上的逻辑愈发典型化。

异化劳动使得人同劳动产品、同他的生命活动、同人的类本质以及人本身相异化。劳动已经不再是自愿的、自由的、渴望的活动,而是痛苦的、强制的、奴役的劳动;劳动已经不仅是作为自由生命主体"人"内在目的性的一种需要,而是维系其生存的一种手段。工人在劳动进程中"不是肯定自己,而是否定自己,不是感到幸福,而是感到不行,不是自由地发挥自己的体力和智力,而是使自己的肉体受折磨、精神遭摧残"。②工人也只有在劳动之外才能感到自由,他在不劳动时才觉得舒畅、快乐、幸福。同时,工人在劳动过程所体现的是自我牺牲、自我折磨而非自我实现,工人的人性在这种劳动中完全丧失。"人(工人)只有在运用自己的动物技能——吃、喝、生殖,至多还有居住、修饰等等——的时候,才觉得自己在自由活动,而在运用人的机能时,觉得自己只不过是动物,动物的东西成为人的东西,而人的东西成为动物的东西。"③也就是说,在这种劳动状态下,人退回到了动物的生存层次。人生存需要吃喝,但人生存不只是吃喝。

---

① 《马克思恩格斯全集》(第3卷),人民出版社2002年版,第269页。
② 《马克思恩格斯全集》(第42卷),人民出版社1979年版,第93页。
③ 《马克思恩格斯文集》(第1卷),人民出版社2009年版,第160页。

从一般意义上看,自由竞争是资本主义自由的最明显和外在的表征,但是这种自由只是资本的自由,人并没有自由。人类活动如果在资本逻辑的框架之内开展,那么人仿佛获得了一种自由的假象,即可以无所限制地做不违反资本增殖本性的事。"人们又通过不断回顾被自由竞争所摧毁的那些限制来把这种自由教条地宣扬为自由"①,自由竞争是资本的现实发展,由此荒谬地认为,自由精神是人类自由的终极发展,认为否定自由竞争就等于否定个人自由,就等同于否定以自由为基础的社会生产。然而,这种自由"不过是在有局限性的基础上,即在资本统治的基础上的自由发展"②。这种个体自由同时在某种意义上,也是最彻底地取消任何个人自由,使得个性完全屈从于资本主义生产方式和社会条件。马克思和恩格斯在《德意志意识形态》当中指出,资产阶级所谓的个体自由,实际上表达的是主体的命运受到偶然性摆布,自由竞争和劳动分工所引致的强大物化权力,既发展了资本,也在相同的程度上破坏着资本的统治基础。人在这种生产方式之下遭受着前所未有的危机。正如黑格尔指出的,资本主义时代被看作是人类发展的最异化,从而是最进步、最精神性的形式。在商品流通和交换当中,主体作为交换者互相对立,达到了异化的最高阶段,实现对其潜能完全发挥之后的扬弃,私有财产即人的自我异化的积极的扬弃,因而也是通过人并且为了人而对人的本质的真正占有的新型社会形态。以生产力高度发展、社会财富充分发展为前提,人们通过联合而且普遍性联合占有生产资料,他们用公共生产资料进行社会化的劳动,并且自觉地把许多个人劳动力当作社会劳动力来使用,有计划地控制物质生产过程。在这一生产过程中,每个人都能够主宰自己的命运,都能够完全自由发展、完全发挥其全部才能和力量。

3. 自由内在规约:时间维度的积极展开

自人类产生之时起,人就在时间的坐标中实现着自我的超越。为了探索自身的奥秘,人类逐步在科学界和哲学界开展了对时间问题的研究。作为一个社会革命家,马克思一生都致力于追求人的自由与解放。从马克思最初的博士论文中的简单感性的时间观念到后来的人本主义时间观,再到科学的革命的时间观,马克思在历史唯物主义的指导之下,逐步形成了自己对于"自由时间"的独特理解,以时间为中轴探讨人的真正自由和解放。在对旧世界的批判和新世界的发现中,在对人自由全面发展的畅想和希望的

---

① 《马克思恩格斯文集》(第8卷),人民出版社2009年版,第179页。
② 同上书,第180页。

过程中,马克思阐释了自由的内在规约,时间维度积极展开。作为主体的存在,要想真正实现其精神自由,除了有基本物质资料生产方式作为基本生存和发展的保障,还必须存在能够保障其自由支配的闲暇时间,只有这样,才能增加生命的快乐及实现生命的意义和终极价值。

时间是马克思主义哲学的重要范畴,是运动着物质的存在形式。作为"逝者如斯,不舍昼夜"的一维的、不可逆的时间定义的描述,表达了自然物理客体运行的机械性、过程性和延续性。然而,与人的存在、发展和自由相结合的时间观念,不仅仅是外在于主体精神性的存在,重要的是人的生命尺度、人的存在发展息息相关的范畴。从社会发展层面,马克思将时间分为劳动时间和自由时间。"劳动时间本身只是作为主体存在着,只是以活动的形式存在着"①,而自由时间则是人真正自由的存在形式,因此这种意义上的时间并非真正独立于人的活动之外的抽象存在,而是在实践当中的现实存在。在马克思的理论体系中,时间第一次被赋予了属人性特征,它是人真正用来发展自身的时间,是从事文学、艺术和理论批判的时间,具有美学向度。自由时间使得人摆脱了繁重物质生产劳动的困扰,是真正解放的先决条件。在 19 世纪,资本家通过绝对与相对剩余价值实现资本的拓殖,因此剩余劳动时间的劳动力的价值是价值增殖的唯一源泉,同时,在由剩余劳动所创造的剩余产品当中所游弋出来的时间就是自由时间,而这时间本应该由工人自由支配和占有,进行娱乐休息,进行社交活动、政治活动和社会活动,用于自主学习提升个人能力,进行思考、锻炼及科学实践活动。"它不仅对于恢复构成每个民族骨干的工人阶级的健康和体力是必需的,而且对于保证工人有机会来发展智力,进行社交活动以及社会活动和政治活动,也是必需的。"②而这种自由时间的获取是以工作日缩短为根本条件的,这在马克思所处的资本主义时代是完全不能实现的。

"理解资本主义的这种矛盾性质——以及它包含的无异化社会诸种可能性——关键是时间的概念。"③马克思强调,一切经济学归根结底可以被归结为关于时间的经济学。在资本主义社会,雇佣劳动的目的是为了生产更多的商品,商品的交易并不是单纯为了购买更多的商品,而是以商品交易作为手段获得更多的货币资本,进而扩大再生产。资本家在投入的过程中,一部分用于购买生产资料即原料、辅助材料、生产设备,这一部分在生产工

---

① 《马克思恩格斯全集》(第 46 卷),人民出版社 1979 年版,第 118 页。
② 《马克思恩格斯全集》(第 16 卷),人民出版社 1964 年版,第 216 页。
③ 〔英〕戴维·麦克莱伦:《马克思传》王珍译,中国人民大学出版社 2016 年版,第 296 页。

程中不改变自己的价值量,不能带来价值增殖;而另一部分则用来购买劳动力资本,这一部分资本在生产过程中,除了生产自身的等价物,还有一个超过自身等价物的余额,这一余额就是剩余价值。而这部分则是可以变化、可大可小的。基于此,资本家为了榨取更多的剩余价值就必须无偿占有工人的剩余时间,资本家使工人工作的时间比仅仅用来满足体现他产品中劳动力价值所需要的时间要长。由于资本主义的利润建立在剩余劳动时间的创造上,为了获取更多的利润便不得不占有剩余时间。基本途径有两条:一是强迫工人延长劳动时间,或强迫工人提高劳动强度,绝对地增加剩余劳动时间,这种方法叫"绝对剩余价值";二是通过技术进步,缩短必要劳动时间,即缩短工人再生产劳动力价值的时间,相对延长剩余劳动时间,这种方法叫"相对剩余价值"。这正是马克思所批判的,因为在他看来,共产主义核心要素之一就是时间,"全面的"个人发展用来自由支配的闲暇时间,"正像单个人的情况一样,社会发展、社会享用和社会活动的全面性,都取决于时间的节省"。①

而自由时间的获得是以社会生产力的高度发展和劳动时间的缩短为前提的。"工作日有一个最高界限。他不能超出一定限度。这个最高界限取决于两点。第一是劳动力的身体界限……除了这种纯生理界限之外,工作日的延长还会遇到道德界限。"②也就是说,一方面,工人在劳动之余必须有一部分时间休息,例如吃饭、睡觉等;另一方面,必须有满足精神和社会需要的自由时间。而满足精神需要的自由时间与劳动实践、生理恢复时间、家务劳动时间成反比。因此,要想有更加充裕的自由时间,就必须缩短劳动实践、生理恢复时间、家务劳动时间。而随着大工业的发展,现实财富的创造越来越取决于科学在生产中的运用,只有通过机器的广泛使用,但并非作为资本同活劳动相对立,而是变成联合的工人财产,成为社会生产的要素。这种创造性依赖于个人能力的发展,依赖于闲暇实践的自由发散与创造。"个性得到自由发展,因此,并不是为了获得剩余劳动而缩减必要劳动时间,而是直接把社会必要劳动缩减到最低限度,那时,与此相适应,由于给所有的人腾出了时间和创造了手段,个人会在艺术、科学等等方面得到发展。"③

---

① 《马克思恩格斯全集》(第 46 卷)(上册),人民出版社 1964 年版,第 120 页。
② 《马克思恩格斯全集》(第 16 卷),人民出版社 1964 年版,第 249—250 页。
③ 《马克思恩格斯全集》(第 46 卷)(下册),人民出版社 1979 年版,第 218—219 页。

二、正义的价值责任与澄明理路

关于"平等""正义"等思想是马克思伦理思想的核心范畴。自古以来，"公平""正义""平等""权利""义务"等范畴就是哲学家伦理思想的重要概念。例如，亚里士多德表示国家制度必须适合人民的特性和要求，它赋予平等的人以平等的权利、不平等的人以不平等的权利，这样就是正直的。"霍布斯的政治哲学（包括他的道德哲学），就是通过这个作为道德原则和政治原则的'权利'观念，而最明确无误地显示它的首创性的。"①自罗尔斯《正义论》问世以来，不同流派的学者都在不同层面探讨"正义""分配正义"等问题，而马克思的正义理论也成了西方学者热议的话题。在这场争论当中，有的学者例如伍德、塔克尔认为"马克思与正义之间存在矛盾"。塞缪尔认为，马克思本人不是分配正义的捍卫者，他从来就没有用分配正义的概念来批判资本主义。有的学者例如科恩认为，"马克思与正义之间没有矛盾"。科恩认为，经济平等既是历史发展所不可避免的，也是道德上正确的等。尽管西方学者争论不休，但马克思确实在批判资本主义私有制、资本主义道德原则的基础上，提出了社会主义道德重要范畴"分配正义"，最终实现"自由人的联合体"，实现人与自然、人与人、人与社会的和谐共处。

1. 经济正义：资本私有化之扬弃

历史唯物主义认为经济基础决定上层建筑，马克思对于经济正义的分析阐释是社会正义和文化正义的基础和前提。恩格斯在《反杜林论》中指出："如果想把平等＝正义当成是最高的原则和最终的真理，那是荒唐的。平等仅仅存在于同不平等的对立中，正义仅仅存在于同非正义的对立中。"②恩格斯在这里表示，他对于"正义"本身的论述是具有条件性的，也就是说，"正义"本身的实现必须摆脱旧历史、旧社会本身，这个旧社会本身指向的就是资本主义社会。资产者所谓的平等、正义完全不能等同于无产者的平等、正义。无产者的平等必须是消灭剥削、消灭阶级本身，如果超出这个范畴，就无法真正理解公平与正义。

每个社会的经济关系首先表现为利益，资本主义社会利益分配的话语权掌握在资本家手中。在资本主义社会，工人所赖以生存的所有生产资料包括厂房、机器等全部由资产阶级所占有，这样的结果就是工人的劳动形成

---

① ［美］施特劳斯：《霍布斯的政治哲学》，申彤译，译林出版社2001年版，第2页。
② 《马克思恩格斯文集》（第9卷），人民出版社2009年版，第353—354页。

资本积累,资本积累产生分工扩大,分工扩大增加工人的人数。工人的劳动越来越作为他人的资产同他相对立,工人便随之日益完全依赖于劳动,这种劳动马克思称之为片面的和机器般的。"随着工人在精神上和肉体上被贬低为机器,随着人变成抽象的活动和胃,工人也越来越依赖于市场价格的一切波动,依赖于资本的使用和富人的兴致。"①而结果就是"过去表现为个人对个人的统治的东西,现在则是物对个人、产品对生产者的普遍统治"②。在主要以物为依赖关系的资本主义社会,人成了物的奴隶,通过在货币交换过程中由"商品拜物教"变为"货币拜物教",形成了物对人全面的统治。

在资本主义社会,由于资本家追逐剩余价值,追逐资本所带来的利润,因此必然会导致以下后果:工人生产的财富越多,生产影响和规模越大,他们就变得越来越贫穷,越变成廉价的商品。"物的世界的增值同人的世界的贬值成正比"③,工人对自己的劳动产品的关系就表现出对一个异己对象的关系,从而劳动对工人本身也就不再是他本质的体现,而是外在的关系。在整个劳动的过程中,工人感受到的不再是愉悦和自己力量的确证,而是"肉体折磨"和"精神压抑",从而使劳动成为一种手段,一种维持个人生活的手段。"异化劳动把自主活动、自由活动贬低为手段,也就把人的类生活变成维持人的肉体生存的手段"④,而不是满足一种需要。通过对异化劳动的分析,马克思认为通过异化劳动,工人在生产过程中,产出了一个关系即一个"同劳动疏远的、站在劳动之外的人对这个劳动的关系"⑤,让我们试想一下,假定工人劳动的产品以及劳动本身不属于工人个人,那么必然属于某个异于工人的存在物,这个劳动之外异于工人的存在物就是资本家。从而,马克思得出结论:异化劳动是私有财产的最终原因并随着生产的不断发展,二者相互作用。也就是说,工人痛苦的、异己的劳动本身是资本家实现资本积累增加私有财产的唯一源泉;而为了实现扩大再生产获得更多的财产,又要不断加深异化劳动。导致这一切的原因就是"分工",而最重要的分工就是物质活动和精神活动的分工。"只要分工还不是出于自愿,而是自发,那么人本身的活动对人说来就成为一种异己的、与他对立的力量,这种力量驾驭

---

① 《马克思恩格斯文集》(第1卷),人民出版社2009年版,第120页。

② 《马克思恩格斯全集》(第42卷),人民出版社1979年版,第30页。

③ 同上书,第90页。

④ 《马克思恩格斯文集》(第1卷),人民出版社2009年版,第163页。

⑤ 同上书,第166页。

着人,而不是人驾驶着这种力量。"①在马克思那里,分工和私有制其实只不过是不同的表达形式,分工就活动而言,私有制就活动的产品而言。因此,马克思认为要消灭异化劳动,必须扬弃私有财产即私有制本身,因为私有制本身必然使得异化劳动更加固化深入,必然会给整个工人阶级和人类社会带来不可估量的悲惨结局。

同时,资本主义私有制的后果掩盖了资本家与工人剥削与被剥削的关系,似乎资本家与工人是处于公平地位,但恰恰由于劳动产品以"商品"形态存在。对于商品,马克思认为其最重要的内涵就是交换。在资本主义社会,由于生产资料私有制,社会就必然被分为两大阶级:一方是占有生产资料和生活资料的资本家;另一方则是有一无所有只能出卖自己劳动力的工人。工人让渡了自己的劳动力,资本家以货币的形式支付工人工资,从表面上看,确实公平正义,资本和劳动力的交换,在人们的感觉上,最初完全同其他一切商品的买卖一样,而正是这种交换,掩盖了资本主义社会资本剥削的全部秘密。这样无偿榨取本身表面上体现了资本主义社会平等、公正、自由的契约关系,但马克思通过剩余价值的发现,揭露了资本剥削的秘密。劳动力商品与其他商品的不同在于其不仅能够创造劳动力价值本身,还能进行价值增值,而这一部分价值就被资本家所无偿榨取。

马克思通过对资本剥削秘密的揭示,指出私有制和资本占有是剥削的根本原因,而资产阶级所谓的权利平等、分配平等只不过是一切不平等关系的假象。如何解决这一问题?马克思认为共产党人如果把自己的理论概括成一句话:那就是消灭私有制。必须让整个人类社会从私有财产当中解放出来,使工人从异化劳动、奴役关系当中解放出来,只有这样,才能实现真正的公平正义,才能最终实现人的解放、人自由全面的发展。实现这样一种公平正义,缩小人与人之间的分配差距,尽最大努力满足每个公民的合理需求,实现人自由而全面的发展的具体途径就是"社会主义按劳分配机制"。在共产主义社会初期,由于消灭了私有制,实现了社会对社会资料的共同占有,个体劳动在某种程度上就表现为社会劳动。而由于生产力的发展水平,这种平等、正义仍然存在着限制。人们的劳动本身依然存在着差别,劳动所带来的贡献是存在差异的,依照贡献所采取的"按劳分配"本身也就不平衡。在共产主义社会的高级阶段,通过发展生产力,实现物质资料的极大丰富,"按劳分配"和"按需分配"实现具体的历史的统一,让个人在努力劳动中实

---

① 《马克思恩格斯全集》(第3卷),人民出版社1960年版,第37页。

现自我价值的实现,感受到劳动的愉悦,人们在生产、分配、交换和消费每一个阶段都体现了人与人之间的平等,个人社会的对立完全消失,使个体作为差别和特殊的存在,在生产力高度发达的前提下,融入社会的普遍性当中,得劳动不再是手段而是第一需要。

2. 社会正义:虚幻共同体之扬弃

随着社会分工的出现及社会历史的发展,在君主专制政体中发生了人与人在政治上的不同地位转变为社会上的不同等级地位。"在法国大革命才完成了从政治等级到社会等级的转变过程,或者说,使社会的等级差别完全变成了社会差别,即在政治生活中没有意义的私人生活的差别,这样就完成了政治生活同市民社会的分离。"①通过这种分离,使得市民社会的成员脱离了自己的等级,作为国家成员和社会存在物,获得了人的意义,表现为人的规定性。作为个体的人,如何能平等地参与社会决策过程,如何平等地享有社会基本福利例如财富、收入、假期等,如何平等地享有在政府获得相应官职的机会,如何才能正确处理个人与社会、公民权与人权、经济权利与政治权利等之间的矛盾,是社会处于和谐的状态,这是社会正义所必要回答的问题。

社会劳动所提供的的产品除了满足全体社会成员最基本的生存需要之外,还有部分剩余,这也就使得一部分人几乎全部的时间都在从事劳动,另一部分人脱离了直接的生产劳动,而通过掌握政权来实现对社会的领导和对群众的剥削。同时,由于社会分工和私有财产的出现,使得单个人的利益同共同体利益之间发生了不可调和的矛盾,单个人对自身利益的追求与共同体利益对单个人利益的覆盖,成为亟待解决的问题。对个体来说,共同利益是"异己的"和"不依赖"个体本身的,于是要保证社会的稳定调和矛盾,就需要有一个独立于两者之上的形式来调和特殊利益和共同利益,这就是国家——虚幻的共同体。"虚幻的共同体"能起到调和作用吗,其实每个国家和民族的统治阶级即国家机器的实际操纵者,为了维护自己的统治,不得不将自己本阶级的利益描绘成社会全体成员的共同利益。在这种"虚幻的共同体"当中,个体的自由只是针对那些统治阶级范围内的个人来说才是存在的。"他们之所以有个人自由,只是因为他们是这一阶级的个人。"②在马克思看来,这个共同体本身只是阶级联合的表现形式而已,目的就是要实现

---

① 《马克思恩格斯全集》(第3卷),人民出版社2002年版,第100页。

② 《马克思恩格斯文集》(第1卷),人民出版社2009年版,第571页。

对另一阶级的统治。"任何一种所谓人权都没有超出利己主义的人,没有超出作为市民社会成员的人,即作为封闭于自身、私人利益、私人任性、同时脱离社会整体的个人的人。在这些权利中,人绝对不是类存在物,相反地,类生活本身即社会都是个人的外部局限,却是它们原有独立性的限制。"①资本主义生产方式存在依赖,由于这种"虚假的共同体"的存在,人们希望由整个社会占有全部生产资料,希望废除阶级,因为它与正义、平等相矛盾。但废除的条件也不是任意的,必须物质条件具备。在这种共同体当中,一个阶级反对另一个阶级的联合,对于个体来说是新的桎梏,只有在真正的共同体条件下,每个人才能在自己的联合中获得真正的自由、民主与平等。

真正共同体如何才能取代"虚幻共同体"? 马克思认为,"不能靠人们头脑中抛开关于这一现象的一般观念的办法来消灭,而只能靠个人重新驾驭这些物的力量,靠分工的办法来消灭"。②马克思并不否认社会共同体,相反,他认为只有在共同体当中,个人才能获得全面展示其才能的机会和手段,才能有个人真正的自由。从"自然共同体"到"虚幻共同体"再到"自由人联合体",阶级消失,国家消亡,人们从"畸形""被奴役""利己""罪恶"等状态中解放出来,这得益于"历史的产物""生产力高度发展"。只有在这样的社会当中,才能真正实现公平正义。它以人的本性为基础。人们脑力和智力的差别,并不是决定人之间差别的根本原因,也就是说,劳动上的差别不能导致占有和消费方面的特权和不平等,个人的自由发展不再是一句空话,取决于现有生产力基础上的个人共同的活动方式。"代替那存在着阶级和阶级对立的资产阶级旧社会的,将是这样一个联合体,在那里,每个人的自由发展是一切人自由发展的条件"。③

在这样的真正的共同体当中,社会生产资料被全体共同体成员共同所有和支配,所有社会成员都拥有平等、民主的权利参与整个社会或者说"真正共同体"政治、经济、社会等事务的管理当中。"马克思相信个体必须直接参与'国家的一般事务',其中囊括了对公共问题和私人问题的商讨。这种参与是在自我意识层面对人的社会性存在的一个表达:国家不是某种人们(偶然地)参与到其中的东西,而是通过商讨而作为人的社会性存在之部分的东西。显而易见,这样一种政治观点代表着向亚里士多德所界定的审慎

① 《马克思恩格斯全集》(第1卷),人民出版社1956年版,第439页。
② 《马克思恩格斯文集》(第1卷),人民出版社2009年版,第570—571页。
③ 《马克思恩格斯文集》(第2卷),人民出版社2009年版,第53页。

与民主的回归。"①通过平等地获得使用生产资料的权利,所有人平等、民主地拥有参与制定社会各项计划的权利的管理制度当中,同时也愿意平等地承担某些繁重的、甚至原本许多人本不愿承担的工作。劳动本身成为个体自由自觉的活动,通过主体直接参与生产过程、社会管理、政策制定,整个过程就是人知识的运用,以及物质创造力的确证。

3. 文化正义:"抽象"与"地域性"之扬弃

经济正义与社会正义最终要实现文化正义。人区别于其他动物本身就在于人是文化的存在。人从"自然的共同体"到"虚幻的共同体"再到"人类的共同体",从某种程度上的人性的解放、自由的彰显,就是他们追求公平正义的过程。而人类及其公平、正义、自由、平等等观念的展现、丰富和发展就是以文化的方式形成、存在和流传的。文化正义的实现能够充分地彰显主体自主、推进社会公平、凝聚价值共识。

主体正义——"抽象的人"与"现实的人"。文化是人在长期社会发展的历史中创造出来的,是人类在社会发展过程中创造的物质财富和精神财富的总和。大多数学者都强调认为,文化特指精神财富,是一种文明的存在方式和行为模式。而这种存在方式和行为模式则是以现实的人为历史前提的,这种现实的人不再是黑格尔所谓的绝对精神、绝对理念,不再是"处在某种虚幻的离群所居和固定不变状态中的人,而是处在现实的,可以通过经验观察到的、在一定条件下进行发展过程中的人"②。只有把人看作现实的人,才能进一步剖析文化的本质,把握人与文化的关系,把握人与社会历史的关系。也就是在这个意义上,马克思深刻批判了德国古典关于抽象的理念创造文化和历史的观念,实现了由"抽象的人"向"现实的人"的转化,从而为深刻阐释文化的本质奠定了基础和前提。

从而,马克思在阐释现实的人存在合理性的同时,批判了唯心主义的"头足倒置"和旧唯物主义"半截子",提出了人民群众是历史的创造者,既是物质财富的创造者,也是精神财富的创造者。无论历史的结局如何,将往何处去,首先必须肯定的是,现存的人们总是通过自己活动的方式来创造自身的历史,而这诸多不同方向作用的合力也就构成了人类历史。这种历史,不仅是物质资料的日益丰富,更是精神资源不断创造的过程。人们在满足自

---

① 〔美〕乔治·麦卡锡:《马克思与古人:古典伦理学、社会主义和19世纪政治经济学》,王文扬等译,华东师范大学出版社2010年版,第255页。

② 《马克思恩格斯文集》(第1卷),人民出版社2009年版,第525页。

身最低生存资源满足的同时，必然寻求更高层次的愿望和需求的实现，从而开启了人类文明的历程。

关于人以及文化本质的阐释，马克思认为劳动创造了人本身，是一切财富和文化的源泉。人们在不断劳动中，不仅完成了由猿向人的肢体转化，而且产生了彼此间能够沟通和交流的媒介语言。语言的产生进一步促进了人思维器官"大脑"的发育和形成，促进了"地球上最美丽的花朵"思维的产生，从而形成人类文明的生活方式——文化。文化的产生来源于感性的外部世界，没有自然界，没有感性的外部世界，人们什么也不能创造。人们在生产和生活中，不断地从自然界当中汲取生产和生活给养，为自己提供必要的生活资料。所以说，自然界所赋予我们的宝贵劳动资料和劳动对象是文化产生的第一前提，是一切财富和一切文化的源泉。在这种不断改造世界的实践活动中，人本质力量得到确证，从而出现了"人化自然"的存在，这种自然本身也就是文化自然或者说是文化世界。当人的劳动本身成为一种社会化的活动时，就成为财富和文化的源泉。文化是由人所创造的，它的最终归宿也一定是为他的创造者所服务的。人从诞生之日起就被打上了鲜明的烙印，其生命活动本身成了自己意志和意识的对象。在人的社会生活当中，存在着两种生产力：一种是物质生产力；一种是精神生产力。所谓精神生产力，也就是我们现在所表示的文化。文化发展的终极目标就是要实现人的全面自由发展，使人以一种全面的方式，也就是说，作为一个总体的人，占有自己的全面的本质。人类在其诞生之日，与动物本身是没有什么分别的，但是文化的诞生，使人类对其本质有了一种真正的占有，因此文化上的每一个进步，都是迈向自由的一步。

马克思表示，人的发展，其实是一个过程总体，它具有一定的阶段性和持续性。从最初人对于物质资料的完全依赖关系，将人的能力及个性困围于一个非常狭小的范围内，使人无法实现自由全面的发展。马克思通过扬弃异化劳动、扬弃抽象的"人的本质"，实现了人的本质——社会性的确证。个体脱离了"商品""货币""资本"的束缚，真正实现个体精神的愉悦。随着社会财富的极大丰富，人们所表现出来的就是建立从属于他们的社会财富基础之上的个性的自由与解放，宗教解放、政治解放，摆脱了环境与他人的支配，使得自己的身心都得到极大的满足，实现人的个性、能力和知识的协调发展，最终实现共产主义的最终目标。

交往正义——"地域性"到"世界历史"。文化正义从其本质上来说，是通过人们的交往实践活动来寻求文化正义的历程，整个人类社会随着交往的不断深入已经从"地域性"的交往模式变成了"世界历史"。世界历史思想在马克思之前,黑格尔就已经有了详细的阐释。他把整个人类历史理解为"绝对精神"自身的历史,他把实现完善自由的国家视为世界历史的目的,将各个民族和其伟大的历史人物视作宇宙精神实现其自己目的的工具。因此,就会产生以下后果:一民族完成它存在的目的之后,就必须让位于更强大的民族,这代表更强大民族所拥有代表的理念取代了落后的理念。强权就是公理,战争乃是观念之战、理性之战。世界历史的发展就是宇宙精神由它本质辩证演化的过程。马克思继承了黑格尔"世界历史"的思想,他认为"世界历史"并不是"绝对精神"自身先验的存在和发展变化,而是物质生产实践的产物。

迄今为止,人类历经了从"人的依赖"到"物的依赖"再到"自由全面发展"三个阶段,在历史发展进程当中,人们"生产物质生活本身即物质资料的生产",进而进行"人类自我以及社会关系的再生产",通过分工使得物质生产和精神生产相分离。马克思认为,资本主义制度确立之后,人类历史才逐渐成为世界历史,也就是说"世界历史"其实是资产阶级主导的历史,是以市场为主要的交往方式的发展。随着资本主义生产方式的确立,随着资本家出于资本积累、扩大产品销路的需要,资本家出走全国各地建立联系,开拓世界市场,这就导致"国家的生产和消费都成为世界性的了"。"各个相互影响的活动范围在这个发展进程中愈来愈扩大,各民族的原始闭关自守状态则由于日益完善的生产方式、交往以及因此自发地发展起来的各民族之间的分工而消灭得愈来愈彻底,历史就在愈来愈大的程度上成为全世界的历史。"①作为逐利特性的资本,为了实现价值增殖,寻求新的投资空间和销售领地,将整个世界市场都纳入资本主义文明体系中,引起资本的全球扩张,这种扩张不仅是资本的输出,还是社会政治体制、意识形态和文化领域的扩张,其后果便是所有民族甚至野蛮的民族都卷入到文明中来。

这种普遍的交往使每一个民族都依赖于其他民族的变革。"地域性的个人为世界历史性的、经验上普遍的个人所代替。"共产主义的实现也是以生产力的普遍发展和与此相联系的世界交往为前提的。而在真正"世界历史"前提下,个体不再是"分裂""孤立""自我异化"的,"各民族的精神产品成了公共的财产。民族的片面性和局限性日益成为不可能,于是许多种民族

---

① 《马克思恩格斯全集》(第3卷),人民出版社1960年版,第51页。

的和地方的文学成为一种世界的文学"。①这种文化超越了资本主义文化本身,是为广大自由人服务的。这也正如习近平总书记所说的"人类命运共同体思想","以文明交流超越文明隔阂,以文明互鉴超越文明冲突,以文明共存超越文明优越",用文明交流,交往正义推动文明的进步和世界的发展。

综上所述,马克思通过批判资本主义私有制和异化劳动来实现经济正义,通过批判"虚幻的共同体"以实现社会正义,通过批判"地域性"来实现"世界历史",在这过程中实现人本性的全面复归,实现自身审美愉悦和精神愉悦,实现各民族的相互交往和文明交流,真正实现个体的"自由""平等""公平""正义"。

三、义务的伦理辩证与价值自觉

马克思在十七岁时高中毕业论文中谈到他的初心:"如果我们选择了最能为人类而工作的职业,那么,重担就不能把我们压倒,因为这是为大家做出的牺牲;那时我们所享受的就不是可怜的、有限的、自私的乐趣,我们的幸福将属于千百万人,我们的事业将悄然无声地存在下去,但是它会永远发挥作用,而面对我们的骨灰,高尚的人们将洒下热泪。"②之后,马克思批判了共产主义等同于"大家幸福"的观点。他认为,所有人不吃亏、所有人都拥有共同的幸福、所有人在同一环境下感到同样的幸福等说法,并不是真正意义上的幸福,而是回到了宗教的暴虐统治的时候。马克思同时批判费尔巴哈关于幸福的论断。费尔巴哈主张追求欲望是人生来就有的,但其必须受到行为自然后果及社会后果的双重矫正。这就意味着我们在自身最幸福的同时,必须承认他人拥有相应欲望的平等权利,一方面要自我节制,另一方面要待人以爱。这种观点,在马克思看来是不适用和软弱无力的,只能导致一些人对另一些人尽可能的剥削和压迫。马克思论幸福的基本前提是把人自由自觉的劳动即实践作为人的本质、人的本性。在《德意志意识形态》中,马克思与恩格斯批判了施蒂纳唯心主义"义务论"的错误理解。他们认为,唯心主义之所以错误是由于将观念上的"义务"范畴变成了脱离现存物质生活条件、复杂的社会关系而独立存在的实体性范畴,从而论述了义务的真正起源。"在现实世界中,个人有许多需要,正因为如此,他们已经有了某种职责和某种任务,至于他们是否也在观念中把这一点当作自己的职责,这在一开

---

① 《马克思恩格斯文集》(第2卷),人民出版社2009年版,第35页。
② 《马克思恩格斯全集》(第1卷),人民出版社1995年版,第459—460页。

始还是无关紧要的。显然，由于个人都是具有意识的，他们对于自己的经验生活所赋予他们的这种职责也会形成一种观念，因而就使得我们这位圣桑乔能够抓住'职责'这个字眼，也就是说，抓住他们的现实生活条件在观念中的表现，而对这些生活条件本身则置之度外。"①马克思将现实的人作为义务的主体，而现实的人并非以孤立的状态存在的，是社会关系的总和，因此必须在人与人交往的过程中承担一定的责任和使命。在阶级社会中，幸福也相应地带有阶级性和个人性，这种幸福体现为原子式的单个人的狭隘的幸福，而只有无产阶级实现真正而彻底的解放之时，这种幸福也才会褪去阶级社会中幸福的片面色彩，从而成为使幸福真正成为幸福。而真正道德的行为就是要避免为不道德行为造成任何口实。在这过程中，人有许多需要，因此就必须有某种责任、任务和使命，而在这就是义务，是在共产主义社会当中人必须做到的，也是必须履行的。

马克思主义认为，权利与义务和道德一样，都不是从来就有的，而是社会发展到一定历史阶段的产物，是物质资料的生产方式决定的。在原始社会，由于生产力水平低下，以磨制石器为代表的生产工具，使得人们无法单独与自然界进行抗衡，因此不得不结成氏族同盟进行共同劳动，平均分享劳动成果。这种完全共有的生产方式所带来的完全平等、互助友爱、没有阶级压迫的伦理共同体，权利与利用之间没有任何差别。随着原始社会末期，生产力的发展，分工的出现，使得劳动产品有了越来越多的剩余。剩余产品的出现，使得一些人并不想拿出来同大家一起平均分配，而是占为己有。同时，由于社会分工的出现，简单商品经济的出现，商品生产与交换的发展，使得一部分占有生产资料的人成为剥削阶级，而另一部分不占有生产资料的人成为被剥削阶级。剥削阶级因为占有生产资料，希望进一步剥夺被剥削阶级的所有资产甚至人身关系，这样就使得二者根本利益之间的对立，阶级矛盾不可调和，于是国家就诞生了。而表面上调和各种矛盾的国家，在其本质上是掌握国家政权的阶级或者说是占统治地位的阶级意志和利益的工具和体现。在这样的社会形态中，权利义务的分配便一览无遗。"如果说在野蛮人中间，像我们已经看到的那样，不大能够区别权利和义务，那么文明时代却使这两者之间的区别和对立连最愚蠢的人都能看得出来，因为它几乎把一切其权利赋予一个阶级，另一方面几乎把一切义务推给另一个

---

① 《马克思恩格斯全集》（第3卷），人民出版社1960年版，第326页。

阶级。"①

马克思认为"权利""义务""平等""正义""道德"等词语是无用的字眼，因为即使这些词汇在伦理道德和价值层面都是值得赞赏和推崇的，但在资本主义社会是虚伪的、表面的、功利的，是具有欺骗和迷惑性的核心价值观。在资本主义社会，资产阶级享有权利，而"义务"完完全全属于工人。从这个层面来讲，资产阶级社会终将被瓦解，缘由在于在该社会中出现"劳者不获，获者不劳"的情形，长此以往，公平正义发展的伦理追寻早已丧失了。具体来说，资本主义社会出现的这种境况，它无情地压榨工人的剩余价值，将人的尊严变成了交换价值，更是一种公开的、无耻的、直接的、露骨的剥削，一种利己主义的道德遵循，甚至连温情脉脉的家庭关系也变成了纯粹的金钱关系。马克思通过深刻剖析资本主义社会权利义务不平等的社会现实，主张享有权利必须承担义务，承担义务必须享有权利，而这在资本主义社会是完全实现不了的。工人在资本主义社会承担劳动义务或者说雇佣劳动，创造的根本不是财产而是资本，是在不断产生出新的雇佣劳动来重新加以剥削的条件下才能增殖的财产而已。在资本主义社会，最基本的权利与义务——劳动的不平等与不公正的分配可以说是极其明显。资本家回避劳动义务而运用付出工资的方式雇佣工人劳动，运用劳动工具机器等所占有的生产资料控制、支配工人劳动，使其自由自觉劳动权丧失，使其在剩余劳动时间当中所生产的劳动成果被资产阶级所无偿占有，而这种劳动本身并非工人本应当承担的义务，但由于生产资料的占有，使其模糊了必要劳动时间与剩余劳动时间、必要劳动与剩余劳动之间的界限，从而利用表面的平等掩盖实质的剥削，从而迷惑工人。就工资而言，它本身只够勉强维持劳动者的生命再生产而已。

要想实现权利与义务的统一，无产阶级必须发挥其资产阶级的掘墓人的社会作用，实现消灭私有制的最终目标。无产阶级本身的道德义务根源于其道德原则和道德规范，其根本要求是履行对阶级、民族、国家的义务放在首位，重要的是为共产主义事业而奋斗的决心、职责和高度自觉。正因为作为无产阶级利益的代表没有不同的、特殊的利益，同时了解无产阶级运动的条件、进程和一般结果，才能承担得起废除资产阶级所有制的历史使命。无产阶级本身就是劳动者阶级，是劳动的人格化。"无产阶级问题从表象上看是一部分人对另一部分人支配的问题，是阶级的问题，但其归根结底是人

---

① 《马克思恩格斯选集》(第4卷)，人民出版社1995年版，第174页。

的劳动被人自身所创造的资本所支配、控制而成为雇佣劳动或异化劳动的问题,是让人的劳动回归人自身,让大多数人获得解放的问题。"①马克思从全人类解放和人全面自由发展的角度,主张无产阶级应当为了争取平等的权利和义务而斗争。"工人阶级的解放应该由工人阶级自己去争取;工人阶级的解放斗争不是要争取阶级特权和垄断权,而是要争取平等的权利和义务,并消灭任何阶级的统治。"②马克思认为,共产主义最重要的原则之一,就是"人们的头脑和智力的差别,根本不应引起胃和肉体需要的差别"③。也就是说,到社会主义社会,"按能力计报酬"转变为"按需分配",使得劳动上的差别不会在占有和消费方面存在不平等和特权。这是由于,在共产主义社会,由于消灭了私有制,迫使人们像奴隶一样服从分工的状况已经不复存在了,脑力劳动和体力劳动的区分随之消失,在劳动已经不仅仅是人们谋生的手段,而且本身成了生活的第一需要之后,"在随着个人的全面发展生产力也增长起来,而集体财富的一切源泉都充分涌流之后,只有在——那个时候……社会才能在自己的旗帜上写上:各尽所能;按需分配!"④同时,无产阶级的道德义务本身要求把履行对阶级、民族、国家的义务放在首位,是对共产主义事业的高度自觉。在国际国内形势深刻变化、我国经济社会深刻变革的大背景下,由于市场经济规则、政策法规、社会治理还不够健全,受不良思想文化侵蚀和网络有害信息的影响,道德领域不同程度存在着道德失范现象,拜金主义、享乐主义、极端个人主义仍然比较突出。这就需要人们尤其是青年人树立正确的人生观、道德观,增强道路自信、理论自信、制度自信、文化自信,筑牢理想信念之基。

马克思主义包含着丰富而深刻的伦理思想,尽管它并非是系统化的伦理学理论,在某种程度上马克思本人也并没有直接探讨道德问题,然而"哲学研究无论以何种方式展开,最终都会涉及伦理维度的运思"。⑤也就是说,哲学绝对不是脱离人类生活现实的智慧。马克思对资本主义的道德进行了无情的批判,对于资产阶级的贪婪、剥削与残暴进行了彻底的批判,对无产阶级及未来共产主义社会的道德范式进行了描绘。马克思始终关注并探索人自由而全面发展的实现条件和路径,并进一步论述在自由人联合体当中

---

① 陈培永:《〈共产党宣言〉的新时代阐释》,中国社会科学出版社2018年版,第50页。
② 《马克思恩格斯选集》(第2卷),人民出版社1972年版,第136页。
③ 《马克思恩格斯全集》(第3卷),人民出版社1960年版,第637页。
④ 《马克思恩格斯全集》(第19卷),人民出版社1963年版,第23页。
⑤ 向玉乔:《英美新马克思主义伦理思想》,中国人民大学出版社2016年版,第2页。

人的生存现状,是一个充分自由的、平等的、正义的、自觉的价值主体。党的十九大提出"到 2035 年左右基本实现社会主义现代化""到 2050 年左右基本建成社会主义现代化强国"的新时代目标,不仅关乎当代中国的经济和政治发展,同样也关乎当代中国的思想和文化创造。在此条件下,回归马克思主义经典理论,立足社会现实,将马克思"自由人联合体"伦理范式与中国新时代社会现实相结合,承接历史,探寻马克思经典著作中的伦理学论域是必要的而且是紧迫的。

第三节 自由人联合体的价值走向——人类发展

伦理学的最终归宿就是如何让人生活得更好,过上物质充盈、精神富足的美好生活。尤其是功利主义者将"最大幸福"或"最大福利"作为伦理道德原则,主张在追求个人利益的过程中,也就自然而然地增加了社会整体利益,实现社会利益的最大化。马克思"自由人联合体"概念的提出,本身就描绘了在共产主义社会人们的生活样态,作为共同体一分子的个体来说,拥有生产资料的使用权、生产劳动的自由权、社会提案的表决权、集会出版的自由权等。而推动社会进步的重要标识就是物资资料的生产方式,也就是说,要想实现"自由人联合体"必要条件应当是生产力的极大发展。而在生产力发展当中,作为劳动者的人是最活跃也是最积极的因素,如何使人更好地享受劳动过程、享用劳动成果、实现美好生活、感受公平正义,这是"自由人联合体"重要的价值指向。因此,关注人类发展的重要命题,协调人与人、人与自然、人与社会、人与自我之间关系,成为伦理学所必须思考的重大问题。

一、人类中心价值诉求:发展目的

人类发展的终极意义是快乐的最大化和最久化、痛苦的最小化和最短化。是为人们能够充分发挥内在潜能、拥有高质量的生活水平而创造条件,其基础是提高人们的能力、扩大人们可以做和可以实现的事情的范围。人类发展着重于人类自身的发展,主要体现在人的各种能力的增强,这些能力包括延长寿命的能力、享受健康身体的能力、获得更多知识的能力、拥有充分收入来购买各种商品的能力和参与社会公共事务的能力等。正如以色列历史学家尤瓦尔在《未来简史》中所说的,人类未来最重要的三个目标是:幸福快乐,长生不死,化身为神。

　　人类幸福感的获得在某种程度上取决于生产力的发展,因为在仅仅满足生存需要的社会当中,人的寿命较短,"在许多方面生活质量'较少人道'"①。从人能够直立行走,到学会使用语言、工具和火,再到学会种植、学会使用锄头和镰刀,农业取得了决定性进展,随即产生了金属制造和其他各种技术,从而导致了城市生活和文明的产生。马斯洛在《人类激励理论》中提出著名的"需要层次论",后在《动机与人格》一书中具体表述为生理、安全、爱与归属、尊重及自我实现五个层次,而最基本的生存需求总是第一位的。因此,在最初阶段,发展等同于增长,也就是按照GDP来计算的国民收入提高、经济总量增加、经济规模扩大。但经济发展并不等同于经济增长,还应当包括社会发展和自我发展。联合国《1996年人类发展报告》中指出,应避免物种"有增长无发展"的情况。其中,无工作的增长,指经济增长未能带来民众参与和管理公共事务、自由表达自己的意见和观点的可能性;无情的增长,指经济增长导致收入分配格局的恶化,财富的扩大带来了新的贫困阶级;无根的增长,指经济增长对文化多样性造成破坏;无未来的增长,指经济增长对生态、资源和环境造成破坏,影响了经济增长的可持续性。

　　人类文明发展的不同历史进程中,影响经济增长的主要因素在不断发生变动,总体观之,作为纯粹的简单生产要素例如土地、劳动力等作用在不断下降,而作为现代化核心推动力量的资本、特别是科学技术正成为增长的中坚力量。但是,具体来看,在特定的历史时期这种影响经济发展的因素也是不同的。例如,原始社会主要就是与人直接相关联的劳动;在农业时代,土地则成为第一性的生产要素;在工业时代的早期,资本是最主要的驱动力;而在后工业社会信息,技术等尖端科技则成为主导力量。回溯历史,我们可以发现,人与自然关系最紧张的时代就是工业文明的早期,这一时期虽然生产力得到了巨大发展,但是环境也以前所未有的速度在急剧恶化。人与自然的和谐共存逐渐成为人类文明发展史上愈来愈重要的议题。为此,发展本身的目的指向应当是人自身和全面的发展,人类发展的基本思想是使普通人生活富裕并享有更多自由。印度经济学家哈克认为,自由的扩展是判断发展的标准,发展可以看作是扩展人们享有的真实自由的一个过程。自由包括免受困苦,如饥饿、营养不良、可避免的疾病、过早死亡等。自由不仅是发展的首要目的,也是发展的主要手段,人的发展的最终目的。人类发展的本质就是要将人置于发展的中心,扩大人的选择能力以实现人的自由,

---

① ［美］德尼·古莱:《发展伦理学》,高铦等译,社会科学文献出版社2003年版,第44页。

使其能够自由选择其生活的方式和样态,而不仅仅是国民生产总值的增长、个人收入的提高、工业化、技术进步或者社会现代化等。今天谈论发展,并非简单地指 GDP 的增长,这种片面发展模式的弊端早已暴露出来。新时代的发展更多的是可持续发展,不仅着眼于改善人们的生活质量,而且要保障人们平等、自由等基本权利。在可持续发展的视域之下,经济是发展的基本遵循,人与自然的和谐时期重要先决条件,社会进步和伦理关系的改善是其最终目的,这样的自然—经济—社会"三位一体"的发展模式和发展系统才是当今时代的正确选择。也就是说,这种自由必须是在尊重必然性基础上的自由而非任意,否则就必然酿成社会危机以及人类自我危机。

例如 2020 年,新冠肺炎疫情在全世界范围内蔓延,成为国际关注的突发公共卫生事件。经研究发现,中国的新冠肺炎病毒来源于武汉海鲜市场所非法贩卖的野生动物。有媒体称,通过比对发现,武汉新型冠状病毒与2003 年的非典冠状病毒、中东呼吸综合征冠状病毒,达到 70% 和 40% 的序列相似性。对于日常市场售卖的猪肉、牛肉、羊肉来说必须接受严格的检疫才能上架,而对于野生动物来说,国家相关《动物检疫管理办法》规定:"合法捕获野生动物的,应当在捕获三天内向捕获地县级动物卫生监督机构申报检疫。"非法狩猎野生动物构成一定数量的视情节严重予以立案惩处。人依靠自然生活,同时人也反作用于自然界,改变自然界,为自己创造新的生存条件。在改变自然的进程中,作为具有能动实践能力的人也不能为所欲为,不要过分陶醉于人类对自然界的胜利。对于每一次这样的胜利,自然界都对我们进行了报复。因此,发展除了要以人为最终目的,同时也需要伦理学的最终关怀。破坏生态环境的相关法律法规的惩处,必须严厉,而在道德层面,对于自然环境的敬畏与博爱,真正意识到其是我们无机身体的一部分,才是我们应当思考的。我国新时代社会发展理念指明了人类文明发展新形态的方向:我国在深化改革新形势下,从客观实际出发,通过创新驱动发展、协调区域发展、绿色生态发展、开放共享发展的路径引领实践和创新,不断为社会发展注入新活力,进而为推进新时代社会发展开拓新局面。新时代社会发展理念符合马克思关于人的发展逻辑,为实现人的自由全面发展注入了新的血液。

二、可持续性价值尺度:发展特征

人的本质力量确证之后,就成为宇宙世界的中心。笛卡尔提出"借助实践哲学使自己成为自然界的主人和统治者",康德提出"人是自然界最高立法者""人是目的",洛克提出人要有效地从自然束缚下解放出来。以此为代表的价值观以人为唯一尺度,或从人的利益出发对待世界万物。人类将自己确定为世界的中心和主人,人由于是一种自在的目的,是最高级的存在物,为自己永无止境的物质幸福,将外在于我们的自然界看作仅仅拥有使用价值、用之不竭的资源库,其他自然存在物只有在它们能满足人的兴趣或利益的意义上才具有工具价值。人完全依据其感性的意愿来满足自身的需要,全然不顾自然界的内在目的性。在毫无节制的征服、掠夺中,人们消解了人与自然的边界问题,对自然完全不考虑利害平衡或者利益对等。在古代社会,"生态危机"是无从谈起的,因为人在自然面前显得无能为力;随着社会生产力的发展,人们在改造自然的过程中,使自己的本质力量得到确证,人从惧怕自然到征服自然,过去的平衡慢慢被打破,因此才有了是否能够借助"道德武器"构建生态伦理,实现人与自然彼此平等、共存共生、可持续发展理念的伦理诉求。

追溯可持续发展理论从提出到形成的过程,有助于我们更深刻地理解这一发展理念。20世纪后半叶,人们在由经济增长所带来环境压力的情况下,开始对传统增长经济模式提出质疑。1962年,美国生物学家莱切尔·卡逊的《寂静的春天》是最早开始关注环境问题的学术著作。在书中,作者描述了因为环境遭到破坏人类永久失去春天的可怖图景,引发了人们对于环境问题的关注。1972年,著名学术团体罗马俱乐部发表《增长的极限》,明确提出了"合理的增长"与"持续的增长"等一些概念。1987年,挪威首相布伦特兰在联合国报告《我们共同的未来》中正式提出了"可持续发展"这一理论概念。可持续发展强调了发展是有限制的,没有限制就没有发展的持续。生态可持续发展不同于以往将环境保护与社会发展对立的做法,可持续发展要求通过转变发展模式,从人类发展的源头、从根本上解决环境问题。德国哲学家阿尔贝特·施韦泽在《伦理与文明》一书中,提出了著名的敬畏生命伦理原则。他对伦理学重新加以界定,其核心是人类对世界及其遇到的所有生命的态度问题,即敬畏人类自身和人类之外的生命意志,生命没有高低和贵贱之分。如果人们没有干扰野生动物,而是存有"共享、同生、共命运"的理念,不伤害、无威胁,那么如"新冠肺炎""SARS""埃博拉"等疫情也许就不会发生。

人打破生态平衡的问题,不在于对其自身的损害达到何种程度,关键在于损害其后代人生存的权益。乌尔里希·贝克在《什么是全球化?:全球主义的曲解—应对全球化》中指出:"生态危机是文明社会对自己的伤害,它不是上帝、众神或大自然的责任,而是人类决策和工业胜利造成的结果,是出于发展和控制文明社会的需求。"①人类要生存,就必须发展一种与后代休戚相关的生态观,并随时准备牺牲自身的利益去换取后代人生存的权益和利益。也就是说,人希冀在更好层次上实现与自然的和谐,就要求其自身具有更好的文化素质、精神状态和道德水平。可持续发展涉及代内公正与代际公正的基本邻里原则,强调通过公正原则提升可持续发展的质量,保证后代人的幸福,以促进社会与自然的和谐发展。在人类可持续发展的视域下,要注重代内发展和代际发展,并强调代内发展是代际发展的基础,代内发展问题的解决是代际发展问题得以解决的前提,而代际发展是代内发展得以延续的充分体现。由于人类自身发展的全方位性,其伦理视域就不可能是单一的善恶标尺,单一的善恶尺度无法客观、科学地诠释涵盖了人与自然各个领域和各个层面的人类发展价值之维。于是,从伦理的视角对人类发展进行价值梳理、价值辨析、价值评判和价值确证,成为人类发展伦理特有的职责。一方面,通过对人类发展进行价值意义上的"解蔽"和"超越",确证真是人类发展的终极价值目标,并以此保持人类发展的求真意识、向善意识和创美意识;另一方面,通过对真假人类发展的价值辨析,明确人类发展的价值取向,对人类发展中出现的伦理现象进行清理与批判。"人类既是一种具有极强目的性生存创造力量的物种,也是一种具有极强自我矫正力量并追求合目的性存在的物种"②,只有让人在内心深处意识到自己的贪婪的欲望与无节制的行为会导致灾难的爆发,也许能真正从内心深处改变对自然宇宙的态度。而生态伦理学就是要以可持续发展为主要原则,通过提高公众环境意识,提高环境质量服务,通过要求个人对自然界负责,保护其存在和发展的多样性,进而有效地利用使用资源,保护资源的可持续性。

更好地理解可持续发展,可以从国家伦理、作为社会道德原则和道德规范的公共伦理及个体的美德伦理三个方面来认识,提倡共享经济、循环经济和节约经济。无论是孔子倡导的"克己复礼"(《论语·颜渊》),还是孟子表达的"不违农时,谷不可胜食也;数罟不入洿池,鱼鳖不可胜食也;斧斤以时入山林,材木不可胜用也。谷与鱼鳖不可胜食,材木不可胜用,是使民养生丧死无憾也"(《孟子·梁惠王上》),抑或是墨子"以时生财,固本而用财,则财足"《墨子·七患》,都体现了使用资源要有所节制。任何浪费都会给地球

---

① [德]乌尔里希·贝尔:《什么是全球化?:全球主义的曲解—应对全球化》,常和芳译,华东师范大学出版社 2008 年版,第 43 页。

② 唐代兴、杨兴玉:《灾疫伦理学:通向生态文明的桥梁》,人民出版社 2012 年版,第 145 页。

带来压力,都会增加人类可持续发展的困难。奢靡型的生活方式不仅有害于环境,更有害于道德个体,这种畸变的生活与生活本身的目的相抵触,需要以可持续发展的正确伦理观念加以矫正。在这个过程中,不仅社会能够培养健康的伦理精神,个体美德也相应地得到了实现。

三、人与自然同命共生:发展导向

新冠肺炎疫情的出现而引发的生态危机使人陷入困境,人与动物、自然的关系到底如何,对立还是统一? 传统发展观是以人类单向地从自然界所获取经济利润来核算的,没有考虑经济增长所付出的资源环境成本。这样的经济核算体系容易带给人们"资源无价、环境无价、消费无虑"的错误思想,而在实践行为上则采取一种"高投入、高消费、高污染"的粗放外延式发展方式。社会发展过程中,任何人都享有发展的权利,这也就意味着在发展过程中,不应当以效率的名义通过牺牲一部分人的发展权利来实现另一部分人的发展,而应当通过制度公正、经济公正、政治公正来保障每个人的发展权利得以公平实现。这对于人与自然关系同样适用。人类在发展进程中,也不应当以自身发展的名义通过牺牲自然环境、自然资源来实现发展需要。经济的发展给人们带来现实的眼前利益、物质利益,但是人类早已经走过了头。物质利益的满足能否不违背大自然作为"道德顾客"的利益,究竟怎样和我们的生态环境相处,在今天依然是一个问题。人们生活的幸福感并没有随着物质的到来如约而至,相反,无论对国家、社会还是个人来说,这种发展模式需要付出高昂的成本。因此,有必要对这种发展模式所蕴含的伦理内涵加以反思,即到底何种发展模式才是健康而正确的,既有助于增加人类幸福,又不破坏人与自然的和谐,这一切价值要求都将发展指向了以与自然共生共存的可持续发展模式。

杜维明从儒家道德与"文明对话"的角度讨论了建立共同体的可能性:"人们在一起共同生活、分享一种共同价值和实实在在的公民道德,并通过致力于实现公善而联合为一体。然而,这样一种统一体允许生活方式的多样性和信仰差异,只要这种多样性和差异不致侵害他者的基本自由和权利。"①美国新环境理论创始者、生态伦理之父奥尔多·利奥波德首次提出了"土地共同体",认为真正的文明应该是人类与其他动植物、土壤、山川、河

---

① 单虹泽:《儒家生态哲学视域下的人类命运共同体》,《中国社会科学报》2018 年 9 月 18 日,第 2 版。

流互为依存的合作状态。人类以土地征服者自居的角色要逐步转变为生命共同体中的一员并自觉维护大地共同体的伦理。人类尊重整个大地，不仅是因为它有用，而且是因为它是活的生命存在体，进而形成"一种处理人与土地，以及人与在土地上生长的动物和植物之间的伦理观"。①这种"生命共同体"理论的提出，预示着人类超脱自我中心主义的局限，开始从生态整体宏观视野来分析思考问题。在共同体当中，斗争性不再是人与自然关系的主题，"亲亲、仁民、爱物""民胞物与"，"圣人以天下万物为一体"，"大人者与天地万物为一体"，强调人对草木山川等外在于己的对象都要珍视和爱护，其中既包括生命意义的存在如动植物，也包括无生命的存在如河流山川。如果葆有对自然的敬畏之心、仁爱之心，人们就不会仅仅为了满足欲望、猎奇贪婪之心而大开杀戒，甚至利用一系列非法捕猎、屠杀、制作链条，突破法律底线，交易和使用"野味"，危害公共安全，引起生态危机。

人的自由全面发展是伦理学所追求的终极目标，而这种源自生命意义上的自由却非任意。当出现价值冲突时，就需要选择用一种有利于人的自由全面发展的方式处理伦理困境，作为拥有个性、自由、权利、自我的主体来说，需要遵循和秉持"自然为人立法"和"需求优先于欲望"的价值准则，借助社会道德和其他社会规范抑制自我欲望，维持个体的道德感，保障人类与地球生命的基本需求。这种终极关怀是所有人与生俱来的能力，即便在某些具体实践中会发生与自然利益不能两全的情境。这也就意味着作为人类个体来说，社会给予其充分权利选择以何种样态维系其生存和发展，但同时也要求个体按照符合人类、社会、自然等利益的方式履行相应的责任。疫情之前，我们需要先对动物不伤害，先表现出个人的宽容、体谅、服从；在疫情当中，善待自然、拯救生命重于一切，在善待自然、拯救生命的过程中同样尊重每个人平等存在的价值；在疫情之后，我们应当反思作为生命共同体一分子的个体，更重要的是以整体性思维和长远眼光，限制眼前利益、自我利益，实现"社会之爱""人类之爱"，坚守正义、仁爱、真诚等道德原则。人与自然同命共生，同时，人与人也应当突破国界成为人类命运共同体。新冠肺炎疫情给世界各国人民的生命安全和身体健康带来巨大威胁，是全人类面临的共同挑战，需要各国携手应对。我国始终坚持人类命运共同体理念，坚持生命至上、人民至上，既对本国和世界各国人民生命安全和身体健康负责，又对全球公共卫生事业尽责，充分展现了负责任大国的担当。

---

① ［美］奥尔多·利奥波德：《沙乡年鉴》，侯文蕙译，吉林人民出版社1997年版，第192页。

　　美好生活的实现体现在社会秩序良好、矛盾冲突处在合理范围内而不至于酿成社会危机,人们生活幸福指数提升,社会获得良性可持续发展。马克思认为,人的全面发展依托于物质资料的极大丰富和人们精神境界的极大提升。从物质手段来说,人依附于自然,因自然而生,人赖以生存的物质给养来自自然界,但自然界的生生不息的发展也依赖人的节制和维护。因此,作为生命共同体而言,人不断从自然所取以维系其基本生存,但更重要的是人应当以对生命敬畏的道德情感看待自然,超越人类中心主义狭隘的生命观,秉持人与自然生生不息的血脉之情,坚持人与自然的和谐共生。只有在全社会树立起生态发展伦理观念,人与人、人与社会、人与自然共处于一个统一体当中,"不伤害""同发展""共存亡"才是我们处理各种关系的根本原则。人类的实际行为也不应当以金钱、权利、地位等为根本的评判标准,而应当通过改变自己的生活方式和行为模式,转向敬畏自然、维护地球、关爱生命,实现人与人、人与社会、人与自然、人与自我之间的和谐平衡、同育共长。

第六章 人类命运共同体:世界历史通向自由人联合体

任何"新概念""新名词"的产生都具有一定的时代背景,人类命运共同体思想便是 21 世纪的最新产物,区别于世界历史上的一切新旧"共同体"思潮。当资本主义时期社会生产力得到迅猛发展时,市场打开了通向世界的大门,世界历史应运而生。世界历史向何处去? 21 世纪的人类命运共同体正表现出包容宽广的姿态,通过一系列创新改造,表现出与马克思"自由人联合体"不容置疑的关系,最终将走向共产主义。

第一节 人类命运共同体思想的创新体现

如今,人类交往的世界性比过去任何时候都更深入、更广泛,各国相互联系和彼此依存比过去任何时代都更频繁、更紧密。一场突如其来的疫情使我们明白,世界各国你中有我,我中有你,相互依存,无法摆脱。一体化的世界正在逐渐建成,谁拒绝这个一体化世界,这个世界也会拒绝他。习近平总书记提出了"构建人类命运共同体"的重大命题,并从政治、安全、经济、文化、生态等方面阐述了构建"人类命运共同体"的总体框架和实践路径。这种"建立平等相待、互商互谅的伙伴关系,营造公道正义、共建共享的安全格局,谋求开放创新、包容互惠的发展前景,促进和而不同、兼容并蓄的文明交流,构筑尊崇自然、绿色发展的生态体系",不仅是中国参加联合国、重建与美国和西欧关系的新主张,而且充满了创新,是一种新型全球文明观。

一、承认并尊重国家差异

马克思所构想的以自由人的联合为主体的共产主义社会,是以消灭一切国家和阶级为前提的。马克思认为,世界历史的发展趋势必然是——由一种无阶级对立的社会制度取代以阶级剥削和压迫为本质的资本主义私有制,国家和阶级的消亡是自由人产生的基础和条件。因此,马克思一直对资本主义制度秉持着强烈的批判态度。

人类命运共同体思想强调承认并尊重世界各国发展的差异性。当今世界的国家和阶级将会在很长的一段时间内继续存在,国家仍然是代表民族根本利益、维护领土主权独立的行为主体,且由于历史背景的不同,各个国家呈现出不同的社会制度和文化发展形态,这是历史发展的客观现实。人类命运共同体思想主张国际社会的多元化发展并不阻碍国际环境的和谐发展,因为和谐不是排除一切异己,而是在"求同"中以最大的限度"容异",理解并尊重这种差异的存在是维护世界和平及谋求国际合作发展的重要前提。可以说,资本主义制度在短时间内不可能消亡,中国共产党正是清楚地认识到了这一点,才提出了求同存异的人类命运共同体思想。因此,为了整个人类的共同命运着想,只有各方积极寻求理性、友好的交流与合作,才能尽可能避免由意识形态的差异性和对立性所带来的摩擦及争端。

民主性和独立性是当今世界国际关系发展的主流趋势,人类命运共同体思想针对这一发展现状,强调各国要以包容的姿态尊重每个国家的独立发展,这个共同体是遵循平等、民主、独立原则和谐发展的国际共同体,包容性是它的基本特征,而承认并尊重国家和民族差异则是构建人类命运共同体的基本前提。

二、实践性特征更加明显

实践性是马克思国际主义思想的重要特征之一。"哲学家们只是用不同的方式解释世界,而问题在于改变世界。"[①]马克思在《关于费尔巴哈的提纲》中首次从本体论的意义上确定了实践的重要地位,并开始以实践为基础构建自己的唯物主义哲学,自此,实践便成了马克思批判资本主义的有力武器。马克思第一次把关于人的解放的理论设想与实践相结合,提出了以实践唯物主义为理论根基的无产阶级革命理论。

马克思主义的国际主义思想的实践性主要体现在以下几个方面。首先,"阶级联合"的思想与"自由人联合"的思想均来源于所处时代的现实实践。正是通过对欧洲社会工人运动的分析与考察,马克思和恩格斯才喊出

---

① 《马克思恩格斯文集》(第1卷),人民出版社2009年版,第506页。

了"全世界无产者,联合起来"的口号,并为世界描绘了共产主义的美好蓝图。其次,马克思主义的国际主义思想在一次次的实践中得到检验和发展。为了分析巴黎公社革命失败的原因,马克思和恩格斯阅读了大量历史材料,并对东方社会的历史演进进行了深刻的研究,进而提出了国家发展的过渡性阶段理论。最后,它的实践特性还体现在对无产阶级现实革命的服务与指导上。随着世界范围内受压迫的无产者的增多和压迫程度的加大,各种反对资本主义的运动相继爆发,却因力量分散而频频受挫,无产阶级的联合意识觉醒,在马克思阶级联合思想的指导下,共产主义者同盟、国际工人联合会等相继诞生。不论是无产阶级阶级联合的思想,还是自由人联合的共产主义理想,都不是纯粹理论或口号意义上的存在,它们具有与共产主义现实运动相生相随的实践特性。

诞生于 21 世纪的人类命运共同体思想与马克思"自由人联合体"的思想一脉相承,且具有更多、更具体的实践特性。首先,中国采取了丰富的国际实践形式,为推进各国关系的友好发展贡献积极力量。经济上,中国高举"和平"旗帜,提出"一带一路"倡议,延续了古代"平等互补、合作共赢"的丝路精神,有效促进了与周边各国的经济合作与交流。民生上,中国多年来一直重视国际援助,迄今为止,已捐献大量资金帮助亚非贫困国家完善其基础设施建设,如铁路、学校、医院等,大大改善了受助国人民的生活质量。政治上,中国在实施国际援助时不抱有任何政治目的,始终坚持"不干涉他国内政"的国际交往准则,对其他国家的发展模式和道路选择给予充分的理解和尊重。其次,中国在以人文交往为主的各种实践活动中将"人类命运共同体"意识传递于全世界,增强了各国人民之间的交往密切程度。当今世界,文化多样化的发展趋势不可逆转,在这种环境下,不同文化之间难免存在矛盾和冲突,而这些冲突也是导致国家纷争的重要原因。为实现构建人类命运共同体的伟大目标,中国积极推进跨国文化交流,如建立丝绸之路博物馆及美术馆、举办金砖国家文化节等,有效带动了各国民众的文化沟通与交流。中国以文化分享促民心共融,为打造人类命运共同体奠定了坚实的民意基础。总之,人类命运共同体在新时代背景下,拥有更加丰富、更加具体的实践内容,为通往"自由人联合体"提供了崭新的实践方式。

三、更加注重人与人、人与自然的和谐发展

马克思认为,在共产主义社会中,人与自然已不再处于对立状态,而是和谐统一的。马克思在《1844 年经济学哲学手稿》中指出,"共产主义作为

完成了的自然主义等于人道主义，而作为完成了的人道主义等于自然主义"①。可以说，人与自然之间有着千丝万缕的联系，它们休戚相关、命运与共，是无法分割的有机整体。自近代以来，由于工业的发展，生态环境遭到严重破坏，在处理人与自然的关系时，人类总是习惯性地把自己置于"中心"之地，沉溺于使自然臣服于自己脚下的优越感之中，浑然不觉大自然的报复已然来临，人与人之间的关系亦逐渐趋于冷淡，拜金主义、利己主义等价值观影响着人们的社会交往，这种"唯利是图"的社会心态延伸到人与自然的关系上时，便是以牟取利益为目的的对自然永无止境地破坏。在21世纪的今天，很多国家意识到，这种"非自然"的现实状况必须得到改变，人类命运共同体思想便包含这一价值诉求。

"打造绿色发展的生态体系"是人类命运共同体的基本理念之一。首先，人类命运共同体跳出了"人类中心主义"的思想樊笼，将人在自然面前的位置摆正。习近平总书记指出："我们要构筑尊崇自然、绿色发展的生态体系。人可以利用自然、改造自然，但归根结底是自然的一部分，必须呵护自然，不能凌驾于自然之上。"②人类和自然同为世界整体的部分，地位没有高低之分，在自然面前，人类应改变自己"凌驾万物"的"唯我"心态，保护自然，打造人与自然和谐共生的生态共同体。其次，人类命运共同体强调人与人之间的相处模式必须转变。社会关系是人与自然关系发展状态的主导性因素。马克思认为社会是人与自然获得统一的基础，人与人之间的关系改善了，人与自然的关系便会趋于和谐。人类命运共同体强调以合作谋发展，用长远的目光审视眼前的既得利益，把资源、气候等问题看作人类共同面临的问题，各自肩负起相应的责任，建设起一个人与人、人与自然共存共生的和谐世界。

人类命运共同体是中国共产党针对当今国际形势所提出的具有创新性内容的新概念，它是马克思恩格斯国际主义思想的继承和发展。它强调接受和尊重世界各国社会制度的多样化发展，任何国家都无权抹杀这种多样性，将自己国家的意志强加于他国是违背时代潮流的错误做法。世界是一个整体，各国命运紧密相连，每个国家在谋求本国利益发展的同时，也要努力促进各国的共同发展，这样才能将世界历史的发展推向更高阶段。

① 《马克思恩格斯文集》(第1卷)，人民出版社2009年版，第185页。
② 中共中央文献研究室：《十八大以来重要文献选编》，中央文献出版社2016年版，第697页。

第二节　中国共产党人对人类命运共同体的价值理念阐释

撇开世界视野,站在共产主义的视域内考量人类命运共同体的意义。不得不说,承古萌新,人类命运共同体是中国共产党人以马克思主义视野中谱写中国与世界良性互动的政治实践。人类命运共同体以中国历史为基础,贯穿其中的主线是中华民族伟大复兴,关切现实,完美呈现了中国共产党人的政治智慧。正如上文所述,人类命运共同体超越各民族文明和冲突,追求善序良政,是以伦理价值为基础的共同体。人类命运共同体基于自由和平等这两大道德基石,观照时代背景,在超越中实现中国与世界的"互通、融合、分享"的全球治理景观。中国共产党人始终以持续奋斗,开拓创新的精神来突破时代的拘囿,赋予全球治理以担当和责任为主的"中国形象"。

一、毛泽东、邓小平为提出人类命运共同体奠定了思想基础

20世纪中期,毛泽东根据第二次世界大战结束和美苏对峙的国际格局,首次创造性地提出了"三个世界"划分的战略构想。具体说来,美国和苏联作为当时的超级大国,属于第一世界的阵营;日本、欧洲及加拿大和澳大利亚属于第二世界国家;而除日本以外的亚洲国家和全部非洲国家及拉丁美洲国家都同属第三世界。三个世界的划分从直接意义来看,可以视作人类命运共同体的最初畅想和实践。

在"三个世界"划分战略思想的指引下,邓小平同志精辟地提出时代主题已经由20世纪前半叶的战争与革命转换为和平与发展,并且认为根据时代条件的变化必须建立相应合理的新的国际规则和秩序。此外,他还认为,必须在和平共处五项基本原则的基础之上建立稳定和平和公正的国际新秩序。他还指出经济增长和人类生活改善为主要任务的发展问题必须要有全人类的高度和视角,这样发展不仅是发展中国家的第一要务,发达国家在发展过程中也必须承担相应的义务。国与国之间应当抛却意识形态偏见和社会制度的差别,齐心协力谋发展,既立足国家自身发展,也兼顾广大后发国家的利益。倡导主权平等,国家不分大小强弱都应当平等地受到尊重,以期妥善地解决国际问题,密切国际合作。邓小平对于时代脉搏的精准把握和对国际秩序的精辟阐释,为处理国际间关系和构建人类命运共同体提供了思想指南。

二、江泽民深入阐发建立国际秩序的新理论

以江泽民同志为核心的党的第三代中央领导集体,科学分析处于世纪之交的当代中国与世界关系,积极推动构建合理的国际政治经济新秩序。江泽民认为,要顺应历史发展的大势,维护全人类的共同体利益,从当今时代的实际情况入手,要反映世界各国人民尤其是广大发展中国家的普遍利益诉求,维护和平,促进共享式发展。各国人民所期待建立的国际政治经济新秩序,应当包括:各国政治上应相互尊重,共同协商;经济上应相互促进,共享发展;文化上应相互借鉴,共同繁荣;安全上应相互信任,共同维护。他还主张通过对话和协商来解决国际间争端和国际冲突,而不是恃强凌弱,以武力加以恫吓和威胁,反对任何形式的霸权主义与强权政治。江泽民的这些思想对于促进国际间友好交流和合作,坚持正确的发展方向和发展道路,营造和睦的国际关系氛围,提供了重要指引。

三、胡锦涛提出建设和谐世界和人类命运共同体的重要理念

21世纪以来,以胡锦涛同志为总书记的党中央面对世情国情和党情的变化,以及共同协作、谋求发展的时代潮流,提出世界各国人民应当携手努力,推动建设持久和平和共同繁荣的新世界。胡锦涛认为,应当遵循《联合国宪章》的基本规定和原则,恪守国际公法和国际关系的工人准则,共同促进世界繁荣发展和人类文明的进步,维护国际稳定。在党的十八大报告中,胡锦涛深刻阐发了关于构建和谐世界的相关思想,初步提出人类命运共同体的设想。他认为,国际合作中平等互信、包容互鉴、合作共赢是其基本精神,维护国际公平正义要依靠人类命运共同体意识,既立足本国利益,又不损害他国利益,寻求本国发展与他国发展间的动态平衡。胡锦涛的这些论断丰富和发展了党的三代中央领导集体关于国际新秩序的相关论述,是中国特色社会主义理论体系的重要成果。

四、习近平深入阐述人类命运共同体愿景与理念

在党的十九大报告中,习近平总书记提出"坚持和平发展道路,推动构建人类命运共同体"。习近平人类命运共同体思想内容丰富、体系完善,涵盖发展方式、国际秩序、时代主题等多方面内容,为促进国际交流与合作、和平与发展提供了宝贵的思想指导。习近平人类命运共同体思想继承和发展了中国国际关系理论,指导着中国外交实践不断走向新胜利。它与毛泽东、

邓小平、江泽民、胡锦涛等中国共产党领导人的共同体价值理念一脉相承，是信息化、全球化时代背景下对外交政策的重要拓展。习近平人类命运共同体思想丰富了科学社会主义理论，彰显了中国特色社会主义的国际影响力。马克思和恩格斯在《共产党宣言》中就曾指出："代替那存在着阶级和阶级对立的资产阶级旧社会的，将是这样一个联合体，在那里，每个人的自由发展是一切人自由发展的条件。"①科学社会主义以人的自由全面发展为目标，以无产阶级革命为路径和手段，以实现人的本质的真正复归为目的。习近平人类命运共同体思想是对科学社会主义理论的丰富和发展，致力于塑造健康的国际关系、公正的国际秩序，是当代全球化实践场域下的理论回应。习近平人类命运共同体思想植根于中华优秀传统文化，承载着中华民族的"天下"情怀和"大同"社会理想，又批判地借鉴了西方思想家关于"人类共同体"的思想资源。中国古代的"协和万邦""四海一家""天下为公"等思想，以及"东方乌托邦"即"大同社会"理想，不仅是中华文化和合精神的反映，而且也是习近平人类命运共同体思想的重要理论来源。西方历史上，从亚里士多德的城邦到康德的世界公民再到黑格尔的民族国家，西方的哲学家们着力构建的"人类共同体"无疑也成为习近平人类命运共同体思想的重要参考。从其内容来看，习近平人类命运共同体思想包括：建立平等相待、互商互谅的伙伴关系；营造公道正义、共建共享发展理念的安全格局；谋求开放创新、包容互惠的发展前景；促进和而不同、兼收并蓄的文明交流；构筑尊崇自然、绿色发展的生态体系。

第三节　人类命运共同体思想
与"自由人联合体"思想的内在关系

人类命运共同体思想以人类整体为主体，以"分享、合作、共赢、包容"为核心，以促进国际共同、长远利益为目标，坚持认为人类命运紧密相连、共为一体，这是中国对全球化形势下人类命运发展出路所给出的新思考。可以说，人类命运共同体思想与自由人联合体思想就其本质上来看是一致的，因为前者是实现后者的过渡性目标，后者是践行前者的总体价值导向，二者都是人类共同体意识的重要体现。

① 《马克思恩格斯文集》（第2卷），人民出版社2009年版，第53页。

一、人类命运共同体的"主体"与"自由人联合体"的"主体"尚有差别

在自由人联合体中，人全面地占有了自己的本质，全面地占有了自己的生产关系和交往关系，人与人之间存在着的并不是相互分离，而是相互结合和相互合作。然而，人类命运共同体，正因为整个人类斑驳复杂，各个集团之间有着复杂的民族传统和利益需求，人们的交往或者说人类社会历史的发展，总体上还难以摆脱交往异化，人们还存在着各种各样的纷争，发达国家与发展中国家还有着资本逻辑主导下的不平等贸易与交往。人类命运共同体从根本上体现全世界人民共同面对全球经济困境、气候困境和资源困境，同心合力，共度时艰。这是现时代的人道主义和共患难思想，惟如此才能拯救人类，共创未来。而共产主义社会，"自由人联合体"是一群相对利益较为相同的人的联合。马克思强调在世界历史中实现人的解放，建构"以类的依赖关系"为基础的社会关系，而不是以"物的依赖"为基础的"虚假共同体"关系，在物质丰裕的基础上实现人的全面发展。只有从"偶然的个人"到"作为世界历史性的、经验上普遍的个人"再到成为"有个性的个人"，人们才能在"类生活"中实现"类存在"，超越因物质匮乏和交往异化而带来的诸种问题，直至实现人的彻底解放。

二、人类命运共同体是基础，是中国立足于
当下国际形势所提出的新型发展战略

中国倡导并践行"人类命运共同体"是当今国际发展的现实诉求。在21世纪的今天，世界上的很多国家仍处于资本主义阶段，它们在国际上扮演着非常重要的角色，且由于科技发展水平、地理位置、自然资源、人才储备等方面的差异，各个国家的生产力发展严重失衡，这种差距尤其体现在发达国家和发展中国家之间，许多国家内部尚且存在固有矛盾，国与国之间出于利益相关更是冲突不断。当今社会，不论是物质基础，还是思想文化基础，都尚未达到理想状态，与共产主义社会更是相距甚远，人类命运共同体便是中国立足于当下国际形势所提出的新型发展战略，这是介于无产阶级国际主义和人类共同体意识之间的一种理念，同时也是发展马克思主义共同体思想的新路径和人类通往自由人联合体的新思路。事实上，真正共同体的建立在现实发展过程中却是艰难而又曲折的，马克思、恩格斯通过对欧洲社会共产主义运动的观察及对东方社会发展情况的分析，提出了无产阶级专政国家过渡阶段的理论，为世界历史的发展添上了浓墨重彩的一笔。马克

思对"共同体"所作的科学说明,最终体现在《德意志意识形态》之中。马克思对"共同体"问题的探讨经过了三个时期。这三个时期分别是:19 世纪 40 年代早期批判"虚幻的共同体",40 年代中期提出建构"真正的共同体",50 年代末期研究"自然共同体"。在马克思看来,在阶级社会中,尤其是资本主义社会中,存在着的是强制性的旧式分工,以及以"货币"为中介的"社会共同体本质"的丧失①,因而,"特殊利益和共同利益"之间还存在着矛盾和分裂;由于每个人都只追求自身的特殊利益,普遍的共同利益对他们来说则成为"异己的",就"使得通过国家这种虚幻的'普遍'利益来进行实际的干涉和约束成为必要。"②也就是说,"国家"这种虚幻的共同体的形式,它作为"表面上凌驾于社会之上的力量"③,是一个阶级反对另一个阶级的联合。当然,这是资产阶级的统治和发展战略。

三、虚幻的共同体转化为真正的共同体

马克思通过对"市民社会与国家"关系的澄清,得出了"市民社会制约和决定着国家"的科学结论。在《1844 年经济学哲学手稿》之中,马克思从人的自我异化的扬弃、对人的本质的真正占有,以及"人与自然界、人与人的矛盾真正解决"的角度定义了"共产主义",指出历史之谜的真正解答就在"共产主义"。

人类社会历史发展的必然趋势就在于实现人的自由和解放,而实现这一目标的过程也就是"真正的共同体取代虚幻的共同体"的过程。什么是"虚假的共同体"? 当共同体内部出现了巨大的利益纷争、主要矛盾方面突出,超过了外来压力之时,共同体的目标实际上土崩瓦解。马克思认为,当资产阶级揭开它那温柔的面纱时,资产阶级建立的所谓"自由""平等"的共同体是虚假而荒谬的,带有浓厚的普世主义道德属性及资产阶级利益属性,这种共同体无法解决阶级之间的利益冲突。只有扬弃资本主义制度,跨越种族和国家,建立以共产主义为基础的自由人联合体,抵达人类历史发展的最高阶段,为每个人都提供全面、自由发展的充分条件,才能使世界成为真正美好、和谐的世界。

人类命运共同体这一重大理论成果事关全球治理,它顺应了时代潮流和人类社会的发展趋势。构建人类命运共同体,就要扬弃以"资本逻辑"为

① 《马克思恩格斯全集》(第 30 卷),人民出版社 1995 年版,第 489—490 页。
② 《马克思恩格斯文集》(第 1 卷),人民出版社 2009 年版,第 537 页。
③ 《马克思恩格斯文集》(第 4 卷),人民出版社 2009 年版,第 189 页。

核心法则的人与人交往模式，探寻"资本的秘密"，深刻认识全球化时代工人阶级的根本利益。人类命运共同体也要体现包容性和世界精神，维护全世界工人阶级的利益，才能真正克服矛盾，走向全世界的大同。

第四节　人类命运共同体在世界历史
发展过程中走向"自由人联合体"

人类命运共同体的构建无疑是解决当前问题的最好思路。大疫当前，人类命运共同体愈发凸显出其现实意义和时代价值；构建人类命运共同体，首先尊重各国的社会制度选择和文化传统，以期积蓄能力，发扬光大，为世界各国人民的融合奠定基础。其次，在当前背景下，联合各国人民，求同存异，对抗霸权主义和恐怖主义。再次，超越零和博弈、冷战思维和种族主义，以合作代替挖坑与对抗，协商解决国际争端。通过一起努力，为国际社会闯过"至暗时刻"、赢得最终胜利注入宝贵信心和动力。这也是人类冲破险阻，最终实现共产主义的不二法门。

一、世界历史的开端：资本主义生产方式下的世界普遍交往

无论是古代思想家苏格拉底、柏拉图和亚里士多德，还是近代哲学家霍布斯和卢梭等人，抑或是德国古典哲学的集大成者黑格尔，均提出了独特的"共同体"思想。他们语境中的共同体，或者是"城邦共同体"，或者是"政治共同体"，或者是"契约共同体"，或者是"伦理理念的共同体"。黑格尔站在绝对理念的理性主义立场，以绝对的"伦理理念"奠定了其"共同体"思想的底色。世界历史在黑格尔那里，被演绎成了绝对精神的发展史。他把"理性"置于主宰世界历史的主体性地位，这种唯心主义的观点显然是本末倒置的，但有一点值得肯定的是，黑格尔所认为的历史不是由各种偶然性事件组成的静态堆积，而是有规律可循的动态发展过程。黑格尔的这种思想，直接地成为马克思共同体思想的营养的源泉，直接地为马克思的批判提供了坚实的基础。马克思和恩格斯汲取了黑格尔的这一思想成果，并在唯物史观的基础上对其加以批判和改造，最终构建了一套全新的世界历史理论。

马克思认为，历史向世界历史的转变不是纯粹、抽象的逻辑演绎，而是一种客观的现实发展过程。"当马克思把世界历史这一概念放置在'直接面

对真实历史的实证批判'中时,它就'不再是绝对观念的世界历史,而是资本的世界历史'。"①马克思指出,历史产生的前提是存在有生命的个人,而有生命的个人为了维持自己的生命存在,首先必须满足吃、穿、住等基本的生存需求,然而,满足这些需要的物质资料不可能凭空产生,因此,人们必须从事一定的生产活动,这便是人类的第一个历史活动。随着历史车轮的滚滚向前,生产力也在人的需要的多样化发展中得到不断提高,与此同时,人与人之间的物质联系也因生产活动的扩大而逐渐展开,资本主义的出现更是使这种联系从地方、国家迅速地扩展至全世界,可以说,世界历史的形成开始于人类社会的资本主义阶段。

世界历史的诞生是资本主义生产方式下生产力发展的必然结果。首先,生产方式变革所导致的生产力高度发展,带来了社会分工的极速扩大,且分工越是发达,各地区、各民族之间的联系与交往便越是密切,因为"各民族之间的相互关系取决于每一个民族的生产力、分工和内部交往的发展程度"②。其次,商品流通是资本主义社会经济发展的重要基础,不仅是物的流通,更是人的流通。资产阶级将工人视为商品,用工资购买工人的劳动力,这种既包括物、又包括人的世界性流通很大程度上推动了世界市场的形成与发展。再次,出于拓展商品销路进而累积资本的需要与目的,资产阶级把目标市场转向了全世界,他们到处建立工厂,低价征用当地的劳动力,这便无形地为世界各国建立起一个巨大的商品生产贸易网,而资产阶级在为各国带来各种商品和先进生产技术的同时,也带来了新奇丰富的文化和价值观。总之,一些民族、国家由于资本主义的发展或入侵,都主动或者被动地由封闭状态走向对外开放,并且这种开放越是彻底,世界范围内的交往就越是普遍,历史也就越是世界的历史。

资产阶级虽然是世界历史的先锋,但处于资本主义制度下的世界历史却是消极、反动的。资产阶级的目标是完成政治解放而不是人的解放,相反地,由于其狭隘的阶级偏见和利己主义本性,无产阶级被迫处于比奴隶更加悲惨的异化状态。更关键的是,人与人之间最原始的自然关系已经被货币关系所取代,金钱俨然成了人们精神上的最高统治者,在这里,人、共同体和自由都变成虚幻和抽象的了。

---

① 张一兵:《回到马克思——经济学语境中的哲学话语》,江苏人民出版社 2014 年版,第481 页。

② 《马克思恩格斯文集》(第 1 卷),人民出版社 2009 年版,第 520 页。

二、世界历史发展的必经之路:国际联合的无产阶级革命

人类命运共同体最终通过人类共同任务的完成,化干戈为玉帛,实现天下大同。人类命运共同体的实现路径其实是一条消亡路径,这并不是说,天下一统,制度同一,而是在丰裕的物质基础之上,实现世界历史的转化,用自由人联合体的所有制取代个人所有制,走向共产主义。

资本主义制度下的世界历史注定不是真正的世界历史,它违背了历史发展中"人的发展"的基本目的。资产阶级缔造的自由与解放仅仅是本阶级的所有物,与广大无产阶级无关,人类命运的整体性在严重的阶级分化下遭到割裂,一个阶级在另一个阶级的压迫下感到极度的痛苦和愤恨。这个时候,只有那些被压迫的阶级联合起来,为改变全人类的命运而进行义无反顾的斗争和革命,才能开启真正的世界历史,因此,马克思和恩格斯呼吁道:"全世界无产者,联合起来!"①

无产阶级的联合是建立一定经济和思想基础之上的必然联合,也是世界历史发展的必然要求。

首先,无产阶级在资产阶级的压迫下生存状况堪忧,他们有获得解放的迫切渴望。在资产阶级的统治下,无产阶级遭受着一切非人道的悲惨待遇,他们逐渐丧失自己身而为人所应有的种种情感,在日复一日毫无人性的压榨中彻底沦为资产阶级累积资本的牺牲品。只要是人,便有对自由的渴望,被欺压惨重的无产阶级更不例外,套在他们身上的枷锁越是牢靠,他们便越是想要摆脱这种束缚,这种渴望成为无产阶级联合反抗资产阶级的内在动力。

其次,无产阶级越来越意识到自己在社会中的现实地位,而这种地位导致他们只有解放全人类才能使自身获得解放。相比于资产阶级,就无产阶级的社会地位来说,一切好处都与它无缘,"它必须承担社会的一切重负,而不能享受社会的福利,它被排斥于社会之外——它已经不被承认是一个阶级"。②可以说,无产阶级作为人的地位已完全丧失,且随着资产阶级虚假本性的暴露无遗及无产者人数的不断增加,无产阶级的阶级意识得到树立,他们看清了整个人类的处境,自觉到全人类的解放是本阶级解放的前提,因此,必须铲除资产阶级,建立一个无阶级的共产主义社会将资本主义社会取

---

① 《马克思恩格斯文集》(第2卷),人民出版社2009年版,第66页。
② 《马克思恩格斯文集》(第1卷),人民出版社2009年版,第542页。

而代之。

最后,面对资产阶级本质上的国际压迫,工人阶级只能采取同样的联合措施进行反抗与斗争,才有可能获得最终的胜利。从表面上看,资产阶级对于无产阶级的压迫是在本国范围内进行的,事实上,一旦有任何一个国家存在无产阶级试图反对资产阶级统治的行动,便会遭到全世界资本主义国家的群起而攻之。面对无产阶级的反抗与攻击,资产阶级们总是显得格外团结,他们本能地联起手来对无产阶级实施镇压,以维护自己的阶级统治地位。纵观无产阶级的每一次斗争,大多以失败告终,国际因素便是原因之一,因此,无产阶级必须联合起来,并且这种联合不是一国或几国范围内的小部分联合,而是全世界无产阶级的联合,正如马克思所说:"胜利的行动,至少是各文明国家的联合的行动,是无产阶级获得解放的首要条件之一。"①

三、世界历史发展的归宿:自由人联合的共产主义社会

马克思以社会形态为依据对人类历史进行了划分,当人类社会从封建主义社会步入资本主义社会时,历史便扩大为世界历史。社会形态的这一更替为个人能力的提高和社会关系的扩大创造了一定条件,但与此同时,为人所创造的物质力量又反过来控制着人的思想和行为,这种控制首先表现为实质上的不自由。

从表面上看,资产阶级推翻了封建王朝的统治,把人从腐朽的专制制度中解放出来,确实使人自由了,但这种自由只是形式上的。事实上,不论是无产阶级还是资产阶级就其本质上来说都是"非自由"的,并且这种"非自由"也具有阶级性。首先,作为劳动者的无产阶级无法选择自己的生活方式,他们看似可以决定自己是否要从事某个工作,但实际上他们的命运早已被资产阶级牢牢地掌握在手中了,工人作为劳动力被资本家买下,由于竞争激烈,他们没有任何协商的余地,只能任人摆布。其次,资产阶级亦被虚假的自由所迷惑,他们有钱有权,自认为可以利用钱权交易得到一切,却没有意识到自己早已受控于这种异己的力量之下,比以往的任何时代都更加不自由。

世界历史的发展进程与人类个体从片面向全面、从自发到自觉的发展历程相吻合。马克思和恩格斯认为,只有在共产主义社会中,人才能获得真正的自由和解放,这也是世界历史发展的一般趋势和根本目的,而共产主义

---

① 《马克思恩格斯选集》(第 1 卷),人民出版社 2012 年版,第 419 页。

只有与世界历史相融合才能得到实现，并且前者是后者发展的最高阶段。由于共产主义运动必须依托于世界历史才能展开，所以单一民族、某一阶级的解放并不能称之为共产主义，共产主义解放的必须是全人类。因此，共产主义社会必须是这样的一个社会，在那里，"代替那存在着阶级和阶级对立的资产阶级旧社会的，将是这样一个联合体，在那里，每个人的自由发展是一切人的自由发展的条件"①，这是一个"自由人"组成的社会，这里每个人的命运都由自己掌控，他们既有全面发展的个性，又有高度的社会性，其工作和生活可以完全按照自己的意愿来安排。随着无产阶级社会解放的完成，世界历史将逐渐向共产主义靠拢，"人类命运共同体"亦在世界历史的前进过程中逐渐取代狭隘的民族和区域意识，各个民族的政治、经济、文化等也呈现出和谐共生之势，这是彰显和谐、自由、整体性发展理念的真正共同体。

人类命运共同体思想求同存异，认为世界将经历一个文化多样性的漫长时期。在这一时期，中国完成"两个一百年"目标，继续走社会主义道路。西方则"留出足够的自由不让政治干预并任由市场自己演化来回应这些挑战，那么市场经济就会'生长'出一个足以应对这些问题的制度"，②就是说仍实行市场资本主义，并不排斥其他各国自由选择，走自己的道路。世界历史的最终目标指向是人的自由和解放。人的自由发展是历史发展的核心。世界历史的完善形式是建立"自由人联合体"。

世界历史思想采撷的是马克思唯物史观，世界历史思想使马克思构建了历史的运动和人的解放、资本主义批判和共产主义辩证统一的逻辑框架。构建人类命运共同体，根植于世界历史的当代发展实践，是通向马克思所设想的"自由人联合体"这一真正共同体的必由之路。它展示了当代中国马克思主义者所具有的深邃的世界眼光、引领世界潮流的使命担当和浪漫的时代情怀，是对马克思世界历史思想的丰富和发展。

---

① 《马克思恩格斯文集》（第2卷），人民出版社2009年版，第53页。
② ［德］路德维希·拉赫曼：《资本及其结构》，上海财经大学出版社2015年版，第105页。

参 考 文 献

一、专著

1.《马克思恩格斯全集》,人民出版社 1956—1985 年版;《马克思恩格斯全集》(第 2 版),人民出版社,始自 1995 年。

2.《马克思恩格斯文集》(第 1—10 卷),人民出版社 2009 年版。

3.《马克思恩格斯选集》(第 1—4 卷),人民出版社 2012 年版。

4. 马克思:《资本论》,人民出版社 2002 年版。

5. 马克思、恩格斯:《德意志意识形态》,人民出版社 2003 年版。

6. 马克思:《1844 年经济学—哲学手稿》,人民出版社 2000 年版。

7.《列宁选集》(第 1—4 卷),人民出版社 2012 年版。

8.《列宁全集》,人民出版社 1984—1990 年版。

9.《列宁专题文集》,人民出版社 2009 年版。

10. 毛泽东:《毛泽东选集》(第 1—4 卷),人民出版社 1991 年版。

11. 邓小平:《邓小平文选》(第 1—3 卷),人民出版社 1995 年版。

12. 江泽民:《江泽民文选》(第 1—3 卷),人民出版社 2006 年版。

13. 胡锦涛:《论构建社会主义和谐社会》,中央文献出版社 2013 年版。

14. 习近平:《习近平谈治国理政》,外文出版社 2014 年版。

15. 习近平:《习近平总书记系列重要讲话读本》,人民出版社 2014 年版。

16. 习近平:《习近平谈治国理政》,外文出版社 2014 年版。

17. 习近平:《决胜全面建成小康社会 夺取新时代中国特色社会主义伟大胜利》,人民出版社 2017 年版。

18. 习近平:《之江新语》,浙江人民出版社 2017 年版。

19.《中国共产党第十九届中央委员会第四次全体会议公报》,人民出版社 2019 年版。

20. 中国人民大学科学社会主义系:《国际共产主义运动史文献史料选

编》(第一卷),中国人民大学出版社 1983 年版。

21. 中国人民大学马列主义发展史研究所:《马克思史》(第 1—4 卷),人民出版社 1994 年版。

22. 中共中央宣传部理论局:《深度解读中国梦》,学习出版社 2014 年版。

23. 中共中央文献研究室:《十八大以来重要文献选编(上)》,中央文献出版社 2014 年版。

24. 袁贵仁:《价值观的理论与实践:价值观若干问题的思考》,北京师范大学出版社 2006 年版。

25. 虞崇胜:《政治文明论》,武汉大学出版社 2003 年版。

26. 卢风、肖巍:《应用伦理学概论》,中国人民大学出版社 2008 年版。

27. 张一兵:《社会批判理论纪事·第 3 辑》,江苏人民出版社 2009 年版。

28. 庞朴:《文化的民族性与时代性》,中国和平出版社 1988 年版。

29. 中国发展研究基金会:《中国发展报告 2008/2009:构建全民共享的发展型福利体系》,中国发展出版社 2009 年版。

30. [英]汤因比、[日]池田大佐:《展望 21 世纪——汤因比与池田大佐对话录》,荀春生、朱继征、陈国梁译,国际文化出版公司 1985 年版。

31. [美]E.博登海默:《法理学——法哲学及其方法》,邓正来、姬敬武译,华夏出版社 1987 年版。

32. [美]罗尔斯:《正义论》,何怀宏等译,中国社会科学出版社 2001 年版。

33. [法]居伊·德波:《景观社会》,王昭风译,南京大学出版社 2007 年版。

34. [法]托克维尔:《旧制度与大革命》,沙迎风译,光明日报出版社 2013 年版。

35. [意]葛兰西:《狱中杂记》,曹雷雨译,中国社会科学出版社 2000 年版。[德]马克斯·韦伯:《新教伦理与资本主义精神》,康乐、简惠美译,广西师范大学出版社 2010 年版。

36. [德]维尔纳·桑巴特:《现代资本主义》(第一卷),李季译,商务印书馆 1958 年版。

37. [英]托尼·本尼特:《宗教与资本主义的兴起》,赵月瑟译,上海译文出版社 2006 年版。

38. [美]里亚·格林菲尔德:《资本主义精神　民族主义与经济增长》,

张京生、刘新义译,上海人民出版社 2004 年版。

39.［德］乌尔里希·贝克:《风险社会》,何博闻译,译林出版社 2004年版。

40.［英］安东尼·吉登斯:《现代性与自我认同 晚期现代中的自我与社会》,夏璐译,生活·读书·新知三联书店 1998 年版。

41.［英］安东尼·吉登斯:《现代性的后果》,田禾译,译林出版社 2011年版。

42.［比利时］厄尔奈斯特·曼德尔:《晚期资本主义》,马清文译,黑龙江人民出版社 1983 年版。

43.［以色列］尤瓦尔·赫拉利:《未来简史 从智人到神人》,林俊宏译,中信出版社 2017 年版。

44.［法］埃德加·莫兰:《伦理》,于硕译,学林出版社 2017 年版。

45.［美］R.尼布尔:《道德的人与不道德的社会》,蒋庆、阮炜、黄世瑞译,贵州人民出版社 2009 年版。

46.［美］塞缪尔·亨廷顿:《文明的冲突与世界秩序的重建》,周琪、刘绯、张立平、王圆译,新华出版社 2010 年版。

47.［美］迈克尔·赫德森:《金融帝国 美国金融霸权的来源和基础》,嵇飞、林小芳译,中央编译出版社 2008 年版。

48.［德］彼得·科斯洛夫斯基:《伦理经济学原理》,孙瑜译,中国社会科学出版社 1997 年版。

49.［秘鲁］索托:《资本的秘密》,王晓冬译,江苏人民出版社 2005 年版。

50.［法］雅克·德里达《马克思的幽灵:债务国家、哀悼活动和新国际》,何一译,中国人民大学出版社 2008 年版。

51.［英］梅扎罗斯:《超越资本:上》,郑一明译,中国人民大学出版社 2003 年版。

52.［美］马歇尔·伯曼:《一切坚固的东西都烟消云散了》,徐大建译,商务印书馆 2003 年版。

53.［美］大卫·哈维:《新自由主义简史》,王钦译,上海译文出版社 2010 年版。

54. Simon Clarke, Marx, *Marginalism and Modern Sociology*［M］. Basingstoke: Macmilan, 1982.

55. Merleau-Ponty. *Sense and Non Sense*［M］. Northwestern University Press, 1981.

56. Anthony Giddens. *The Consequences of Modernity*［M］. Stanford University Press，1990.

57. David Harvey. *Spaces of Hope*［M］. Edinburgh University Press，2000.

二、论文

1. 王家荣：《论我国一些领域社会主义意识形态的虚化现象、成因及应对》，《探索》2014 年第 4 期。

2. 魏波：《以共享理解发展》，《中国特色社会主义研究》2016 年第 1 期。

3. 宋希仁：《商品交换中的伦理关系——〈资本论〉经济伦理思想研究》，《湘潭师范学院学报（社会科学版）》2002 年第 1 期。

4. 宋希仁：《论伦理关系》，《中国人民大学学报》2000 年第 3 期。

5. 张文喜：《马克思对"伦理的正义"概念的批判》，《中国社会科学》2014 年第 3 期。

6. 余达淮：《马克思对贫困问题经济伦理意蕴的揭示》，《河海大学学报（哲学社会科学版）》2010 年第 1 期。

7. P.伯克特、B.坎贝尔：《资本与自然》，万冬冬译，《马克思主义与现实》2014 年第 3 期。

8. ［美］Jeanne A. Schuler，Patrick Murray：《重塑价值和资本的概念》，吴静、钱梦旦译，《南京社会科学》2013 年第 12 期。

三、报纸文章

1. 中共中央党史文献研究室：《习近平在中共中央政治局第十二次集体学习时发表重要讲话》，http：//www. wxyjs. org. cn/zyldrhd_547/201401/t20140101_147332.htm.2014-01-01。

2. 习近平：《青年要自觉践行社会主义核心价值观——在北京大学师生座谈会上的讲话》，《人民日报》2014 年 5 月 5 日。

3. 新华社：《习近平主席在中共中央政治局第十八次集体学习》，http：//www.gov.cn/xinwen/2014-10/13/content_2764226.htm.2014-10-13。

4. 习近平：《习近平在省部级主要领导干部学习贯彻十八届五中全会精神专题研讨班上的讲话》，《人民日报》2016 年 5 月 10 日。

5. 习近平：《在庆祝中国共产党成立 95 周年大会上的讲话》，http：//news. xinhuanet. com/politics/2016-07/01/c_1119150660.htm.2016-07-01。

后　记

　　这个国家基金课题结题已经两年了，但还是迟迟不愿交编辑李莹，因为《新时代特色社会主义的伦理问题》究竟涉及哪些范围，还一直在我的思索当中。现在的情况是分成六章，尤其绪论，谈到五部分，包括中国特色社会主义伦理思想的形成与发展、传统伦理精神与当代伦理精神的契合、主要成果、关键问题和中国智慧在构建新时代伦理学中的作用与价值等，仍然意犹未尽。正文中谈到共享伦理，还有想把疫情问题、气候问题、资本问题和大数据问题等都能纳入新时代特色社会主义伦理的思考；然而这样的写作，能归入伦理学的终极关怀，即对良善生活的证成吗？比如现在的疫情，表面上看是医院的事情，但是为什么中国和西方出现这样大的差别？那就是实际上疫情背后反映的是国家治理水平问题，而治理水平又体现在基本理念、基本人权和基本权利方面。承认不承认健康权仍然是当前形势下人类的一种基本权利，进而不能用所谓人权压制健康权，这是当前最大的政治，是我们理应关注的伦理问题。鲍曼在《流动世界中的文化》一书中指出，西方强调文化的多样性，强调应当超越西方文化而走向世界文化；然而，西方骨子里的世界文化就是欧洲化，是基于罗尔斯、威廉斯构建的民主、自由为主旨的"基本益品"而形成的"道德偏好"，这样的道德认知焉有"正义"？今天基于疫情而表现出来的意识形态争斗，明显地说明了这一点。

　　当然，本书仍然有很多遗憾之处。比如对于疫情和气候、大数据问题的描述，没有很好地上升为生命哲学或者生命伦理问题的研究，没有在新的理论和方法基础上对科技伦理提出命题。今天的气候条件是人类无限制地制造二氧化碳产生的，人类如果忽视这一问题必将受到毁灭性打击；但是似乎政治的纠纷、伦理原则的冲突却超过了这一险境。对人类命运共同体问题的研究也只是粗浅的看法，还未涉及可能的问题。比如人类命运共同体的伦理主体是谁？虽说自从古希腊以来，人类一直在构建"共同体"，但是在今天的条件下，基于利益而形成的"主体"本身已经满目疮痍，或者说很可能利益已经不能再作为"主体"的必要条件和目标。这说明,当前的应用伦理问题仍然很棘手,还有待进一步探索。

本书由我创意并统领。具体写作上,我的博士生花了大功夫。刘沛妤负责绪论第一、三、四、五部分,第一章、第二章和第三章第三部分的写作;张文彬负责绪论第二部分,第三章第一、二部分和第五章第二、三部分的写作;伍丽负责第五章第一部分和第六章的写作;她们各自有 7 万字以上的贡献。博士生甄学涛、聂楠、贾正宇则负责第四章的写作。后期刘沛妤和张文彬又与我讨论,反复修改、订正。不足之处,敬请各位朋友批评指正。

世事如烟,人生如梦,生活如此美好,何来忧伤? 用一首叶芝的诗《日出》来结束:

听见海涛声,
溪水大欢腾。
……
远处山头上,
清晨的红光。

余达淮
南京紫薇园,2021 年 11 月

图书在版编目(CIP)数据

新时代中国特色社会主义伦理问题/余达淮等著
.—上海:上海人民出版社,2022
ISBN 978-7-208-17579-2

Ⅰ.①新… Ⅱ.①余… Ⅲ.①中国特色社会主义-政
治伦理学-研究-中国 Ⅳ.①B82-051

中国版本图书馆 CIP 数据核字(2022)第 007460 号

责任编辑 李 莹
封面设计 夏 芳

新时代中国特色社会主义伦理问题
余达淮 等著

出　　　版　上海人民出版社
　　　　　　（201101　上海市闵行区号景路 159 弄 C 座）
发　　　行　上海人民出版社发行中心
印　　　刷　上海商务联西印刷有限公司
开　　　本　720×1000　1/16
印　　　张　15
插　　　页　4
字　　　数　247,000
版　　　次　2022 年 3 月第 1 版
印　　　次　2022 年 3 月第 1 次印刷
ISBN 978-7-208-17579-2/D·3903
定　　　价　65.00 元